孩子18岁前，母亲要做的50件事

聂丛丛 / 编著

Haizi 18suiqian Muqing Yaozuo De 50jianshi

中国华侨出版社

图书在版编目(CIP)数据

孩子18岁前,母亲要做的50件事／聂丛丛编著. — 北京：中国华侨出版社, 2013.1
ISBN 978-7-5113-3143-4

Ⅰ.①孩… Ⅱ.①聂… Ⅲ.①青少年教育-家庭教育 Ⅳ.①G78

中国版本图书馆 CIP 数据核字(2012)第 299436 号

孩子18岁前,母亲要做的50件事

编　　著	聂丛丛
责任编辑	棠　静
项目策划	紫英轩文化
经　　销	新华书店
开　　本	710×1000 毫米　1／16　印张／17　字数／180千字
印　　刷	北京中振源印务有限公司
版　　次	2014 年 2 月第 1 版　2018 年 1 月第 2 次印刷
书　　号	ISBN 978-7-5113-3143-4
定　　价	45.00 元

中国华侨出版社　北京市朝阳区静安里 26 号通成达大厦 3 层　邮编 100028
法律顾问:陈鹰律师事务所
编辑部:(010)64443056　64443979
发行部:(010)64443051　传真:(010)64439708
网　　址:www.oveaschin.com
e-mail:oveaschin@sina.com

前言 Prface

为了研究母亲对孩子的影响，美国一位知名心理学家在全美挑选了50位成功人士和50位有犯罪记录的人，分别给他们去信：谈谈母亲对自己的影响。其中有两封回信非常引人深思。其中谈的事情，有一件是相同的，妈妈分苹果的故事。

一封来自监狱，正在服刑的犯人在信中这样写道：

小时候，有一天，妈妈端来几个红红绿绿的苹果，大小各异。我一眼就看中了其中那个又大又红的，十分眼馋。这时，妈妈问我和弟弟："你们想要哪一个？"弟弟抢先一步说要吃最大最红的那个。妈妈听了，眉头一皱，责备地说："好孩子要懂得先人后己。"于是，我赶紧改口："妈妈，我就要那个最小的，把最大那个给弟弟吃吧。"妈妈顿时非常欣慰，高兴地在我脸上亲了一口，并把那个最大最红的奖励给了我。

就这样，我得到了自己想要的东西。从此，我学会了撒谎。之后，又学会了打架、偷窃、抢劫……为了得到想要的东西，我不择手段。直到现在，我被关进了监狱。

一封来自白宫，一位著名的成功人士则在信中写道：

小时候，有一天，妈妈端来几个红红绿绿的苹果，大小各异。我和弟弟都想要那个最大的，妈妈把那个又大又红的拿在手中，对我们说："这个苹果又红又大，一定最好吃。谁想得到它？很好，现在请你们做个比赛，我把门前的草坪分成三块，你们一人一块，谁修剪得最好最快，谁就能得到最好的那个苹果！"于是，我们比赛，最终我赢了。

我非常感激母亲,是她让我明白了一个最简单也最重要的道理:要想得到最好的,就必须努力争第一……生活很公平,你想要什么,要多少,就必须为此付出相应的努力代价。

同样的一件事,不同的教育方法,导致了截然不同的人生。我们不得不承认:母亲,是孩子未来命运的创造者。

如果不想孩子输在人生的起跑线上,那就首先不要让孩子输在教育的起跑线上。

母亲,是孩子人生的第一任老师,也是任期最长的一位老师,至少到18岁成年。很大程度上,孩子的未来掌握在母亲的手中。这个世界上,没有教不好的孩子,只有不会教的母亲,母亲的教育观念和手段决定着孩子的命运。

《孩子18岁前,母亲要做的50件事》,这50件事囊括了爱的教育、理智的教育、人际的教育、能力的教育、品质的教育……这50件事是孩子在18岁前,母亲必须做的;这50件事并非惊天动地,也非难如登天,而是一些很平常却容易被忽视的事。然而,这50件事,却可能成就孩子非凡的人生。

在孩子成长的每个阶段,总有一些事需要为人母去做,否则会让孩子的成长留下遗憾,耽误孩子的一生,而看这本书,是第一步。

目录 Contents

关于爱

1. 给孩子布置一次亲情作业 …………… 3
2. 请孩子为加班的爸爸送一次盒饭 …………… 8
3. 和孩子一起搀老人过马路 …………… 13
4. 请孩子帮帮路边受伤的小动物 …………… 18
5. 让孩子请朋友来分享自己的生日蛋糕 …………… 24
6. 带孩子去一次孤儿院 …………… 29
7. 让孩子做一回"小爸爸"或"小妈妈" …………… 34
8. 让孩子用自己赚的钱请你吃一次饭 …………… 39
9. 让孩子负责照顾家里的一株植物 …………… 44
10. 鼓励孩子帮助班上的一名后进生 …………… 49
11. 蹲下来和孩子一起看蚂蚁搬家 …………… 54

关于理

12 教孩子正确对待自己的成绩单 …………… 61
13 和孩子聊聊班上他喜欢的那个人 …………… 66
14 跟孩子一起谈谈梦想 …………………………… 71
15 让孩子止步于暴力倾向的门外 …………… 76
16 掐灭孩子无理取闹的气焰 …………………… 81
17 让孩子主动为自己做的错事道歉 …………… 86

关于学习

18 帮孩子树立一个梦想 ………………………… 95
19 让孩子制订切实可行的短期学习计划 …… 100
20 教孩子合理安排学习时间 …………………… 105
21 鼓励孩子多问"为什么" …………………… 110
22 给孩子树立一个学习的榜样 ………………… 115
23 让孩子对学习产生浓厚的兴趣 ……………… 120
24 释放孩子的想象力 …………………………… 125

关于独立

25 帮孩子制订一个作息时间表 …………… 133
26 教孩子学会自我管理 …………………… 138
27 让孩子主动跟你说"我自己来" ………… 143
28 让孩子自己解决伙伴间的争吵 ………… 148
29 多给孩子独立处理事情的机会 ………… 153
30 让孩子养成独立思考的习惯 …………… 158

关于修身

31 带孩子去听一场音乐会 ………………… 165
32 帮助孩子成为情绪的主人 ……………… 170
33 把孩子培养成时间"战斗机" …………… 174
34 鼓励孩子主动跟闹矛盾的同学道个歉 … 179
35 给孩子讲一个守信履诺的故事 ………… 184
36 让孩子每年拜访一次恩师 ……………… 188
37 教孩子成为一个环保主义者 …………… 193

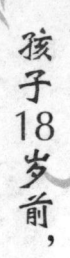

关于能力

38 让孩子尽情发挥自己的创造力 …………… 201
39 鼓励孩子参加一次演讲比赛 ……………… 206
40 教孩子学会如何与人合作共赢 …………… 211
41 鼓励孩子去挑战一次极限运动 …………… 215
42 树立孩子自我保护的能力 ………………… 219
43 教孩子抵制眼前的诱惑 …………………… 224
44 让孩子集中注意力于一个目标 …………… 228
45 让孩子直面挫折微笑以对 ………………… 232

关于交往

46 带孩子一起去拜年 ………………………… 239
47 鼓励孩子自己去调解纠纷 ………………… 244
48 让孩子自己招待一次他的小客人 ………… 249
49 鼓励孩子大胆向路人问路 ………………… 254
50 让孩子走出封闭,摆脱孤独 ……………… 259

大学之道,在明明德,在亲民,在止于至善。

——《大学》

关于爱

关于爱

1 给孩子布置一次亲情作业

法国大文豪雨果说过:"人生是花,而爱是花蜜。"我们每一位家长都希望自己的孩子德才兼备,希望他们的人生如花蜜般甜美。然而,现如今很多孩子却欠缺爱的宝贵品质,他们不懂得爱他人,甚至不懂得爱家人。

据网上某亲子情感状况调查显示:大约有63%的中学生不知道自己父母的生日,43%的中学生不清楚父母的年龄,76%的中学生从来不曾给父母庆祝过生日。与之形成强烈反差的是:高达93%的父母都给自己的孩子过生日。更有报道称,一些以"爱心"作为题目的中考作文中,几乎很少有学生抒写父母对孩子的拳拳之爱。

很多父母烦恼地反映:"为什么孩子上了中学就完全变了?随便顶撞父母,一不高兴就赌气出走……"我们不禁疑惑不解:我们的孩子究竟是怎么了?为什么离我们越来越远?

这恰恰是因为我们没有重视对孩子进行亲情教育。比如,学校给孩子布置一些特殊的"回家作业":给父母写一封感谢信,感谢父母多年来对自己无微不至的照顾;多花些时间陪伴家人,和家人聊聊天;做一些力所能及的家务活……表面看起来,这类"亲情作业"完成起来并不难。可是,很多父母却不以为意,在他们看来,最重要的是培养孩子"成才",而非"成人"。

于是,在孩子完成亲情作业的过程中,遇到了父母有意无意的"阻挠"和"无视",从而切断了与孩子的一次次沟通机会,并剥夺了孩子关心他人所带来的快乐。作为母亲,应该多多自我反思,要明白亲情的流失和亲情教育息息相关。

一个缺乏美好情感体验的孩子,将缺失对自我价值的认识,并逐步失去爱的能力。一味在意孩子的成绩,而忽视亲情,是一种舍本逐末的行为。亲情，是各类情感中最为重要、最不可缺失的一种。试想，如果连最基本的亲情都没有，那么孩子又如何拥有"德"和"爱"呢？只有爱的教育才能培养出爱的品质，而亲情教育尤为重要，理当被放在首位。

蕾蕾5岁了，在幼儿园里特别懂事，对老师的话也言听计从，但是却不怎么合群。回到家里她总是喜欢一个人玩，别人跟她说话，她也爱答不理的。对此，蕾蕾的妈妈郭芙并没有太放在心上。

一次，郭芙坐公车时，看到一个大约四五岁的小男孩和年迈的老奶奶一起乘车。小男孩坐着，奶奶则站着。过了一会儿，奶奶实在站不住了，便对小孙子说："奶奶有点累，让奶奶跟你一起坐一会儿吧。"谁知，小孙子皱起眉头一口拒绝："不嘛，我要一个人坐。"看到这一幕，郭芙心里非常不是滋味，她不希望自己的女儿也变成这样一个冷漠的孩子，她决定对蕾蕾进行亲情教育。

看了一些儿童心理学家的书籍后，郭芙把蕾蕾叫到跟前，认真地问道："爸爸、妈妈和家里人是怎么关心、照顾蕾蕾的？"蕾蕾歪着头想了一会儿，然后摇了摇头。郭芙随即说："这是妈妈布置给蕾蕾的重要任务，妈妈明天还会来检查的。"随后几天，蕾蕾总是有意识地去观察家人，但是没多久注意力就开始不集中了，最后交任务的时候总是满脸通红、支支吾吾。于是，郭芙又对蕾蕾说："妈妈教你一个聪明的方法：把我们大家都画在纸上。"

自此以后，蕾蕾每天都拿着油彩笔，边观察边画画。慢慢地，蕾蕾爱跟爸爸、妈妈沟通交流了，甚至变成了十万个为什么，总是追着爸爸、妈妈问这问那，偶尔还会从她幼小的嘴中说出一两句温暖的话语。吃完饭，她也会帮着收拾碗筷了。

有一次，蕾蕾在纸上画了一张床和卡通人物田螺姑娘。郭芙问她什么意思，蕾蕾正儿八经地说："妈妈在家里干活很辛苦，蕾蕾让妈妈在床上睡一会儿。"这幅画虽然画得很粗糙，却透露出女儿浓浓的关切之情。郭芙觉得女儿长大了、懂事了，那些操劳和烦恼瞬间烟消云散了。随后，郭芙把蕾蕾的画都裱了起来，挂在家里的墙上。

　　经过郭芙的一番努力，家庭氛围变得其乐融融，并且培养了与孩子间的那份珍贵的亲情。

很多父母认为，亲情是孩子与生俱来的，不管是父子之情、母子之情，还是兄弟姐妹之情，都是依赖于血缘关系而建立起来的。这其实是一个教育误区。亲情，也是需要母亲去培养和经营的，尤其是那些个性强、容易叛逆的孩子，他们的感情，更需要母亲加倍地关注和呵护。

亲情作业——比如让孩子给家人画一幅画，正是一种培养孩子情感和人格的有趣方式。

油画家罗中立就画过一幅叫作《父亲》的油画，只要看到这幅画，人们无一不深有感触，引起共鸣。

画中，父亲沧桑的脸黑而干瘦，布满弯弯曲曲的沟壑般的皱纹，他端着一碗清水，眼窝深陷，表情凝重，犹如在等待千里之外归心似箭的孩子。当你静心凝视这幅画像时，似乎能感觉到一位父亲殷切的盼子之情。顿时，血脉贲张，想起和家人共处时其乐融融的景象，脑中浮现出父母慈爱的脸。

对孩子来说，从呱呱坠地开始，最熟悉的莫过于父母的脸庞，让孩子给每位家人画一幅像——正是一种爱的表达。当孩子观察家人，并一笔一画把家人的音容笑貌描画于白纸之上时，孩子画的将不仅仅是一个眼神、一个表情，而是一份亲子之爱。

在鼓励孩子动笔描画家人，并培养孩子亲情的过程中，母亲可以通过一些引导性的举措来加深沟通和了解。比如：

1. 与孩子一起分享童年

在平时生活中，母亲应该多向孩子叙述一些家人儿时的趣事和生活经历，跟孩子一起分享自己的童年，共同探讨生活和时事，在轻松愉快的闲谈中慢慢培养亲情。如此，孩子也会更乐于倾吐自己的小故事，并说出自己的小秘密，母亲便能更加真实地了解自己的孩子。

2. 亲子共读

善加利用周末或者其他空闲时间,陪孩子一起读书看报,并大声朗诵出来,或者亲自指导孩子的功课。在培养感情的同时,又能提升孩子的学习能力。

3. 参与孩子的玩乐

在孩子玩耍时,不要一味站在一边旁观,而应该积极参与其中,因为陪孩子游戏,共同玩乐,不仅可以联络双方的感情,而且还能帮助孩子建立起对母亲的信任,增进双方的沟通。其次,在嬉笑玩耍的过程中,母亲还能了解孩子内心的想法,对教育大有益处。

4. 共同看电视

母亲应该和孩子一起看一些关于亲情的动画片或纪实片。在看电视过程中,一旦碰到一些和实际相关的内容和问题,应当即提醒孩子,让孩子引起注意,同时对其进行思想上的亲情教育,以达到"近朱者赤"的效果。

5. 全家出外旅游

郊游和旅行,是培养亲情的一个好方法。全家老小一起出动,在大自然的怀抱中踏青、赏景、采摘、吃喝……侃大山,互相交流,这显然是一种最愉快的沟通方式,可以最好地增进感情。

6. 让孩子享受劳动的喜悦

在家庭生活中,母亲应该让孩子一起参加家务劳动,比如,洗碗、扫地、擦窗户等。通过这些互动,孩子可以和家人一起享受到劳动的辛劳和喜悦,从而培养更加深厚的亲情。

总之,亲情的培养,离不开母亲创造的滋养土壤和母亲对待孩子情感问题的态度。通常,孩子和家人的情感出现问题时,母亲会有以下4种不同的反应:

第一种,一味忽视型。这类母亲总是不去关注、了解孩子的内心情感，当孩子遇到挫折，产生一些消极情绪时，她们往往不是积极去为孩子提供必要的帮助，而是抱着无所谓的态度去淡化、忽视孩子的心绪，把关注点和解决方式放在外在的东西和物质供给上。

第二种，暴力相向型。这类母亲缺乏对孩子的耐心和同情心，自认为"棍棒底下出孝子"，觉得最佳教育手段是批评和惩罚。一旦孩子表现出消极情绪时，她们会采取痛打或谩骂的方式来压制孩子正常的"情感叛逆"。

第三种，盲目包容型。这类母亲爱心泛滥，不管孩子如何无理取闹，如何目无尊长，如何自私狂妄，她们一律听之任之，放任自流，甚至大加袒护。她们认为孩子还小，不能太"严肃"对待，这种态度，反而会令亲子关系慢慢疏远，并且扭曲孩子的品格。

第四种，理性指导型。这类母亲重视孩子的情感教育，并且注意观察孩子日常的情感细节，她们会从细微处体察孩子的情感动态，引导孩子正确处理和家人的关系。她们不会做孩子的"代步工具"，她们会交给孩子一支画笔，一张纸，让孩子自己去认识世界。

在亲子关系中，有两句话是万恶之言，一句是："我这样做是对的。"另一句是："我这样做都是为了你好。"每位母亲都应该成为"理性指导型"的长辈，让孩子说出自己的感受，不要代替孩子成长，试着让孩子用画笔了解、明白大人的世界和情感，并描述自己的感受，如此，亲子之间才会产生信任，才能绽开爱的花朵。

智慧背囊

梵高说："爱之花开放的地方，生命便能欣欣向荣。"家庭就像一块土壤，如果这块土壤太过贫瘠，孩子的爱之花将难以绽放。

2 请孩子为加班的爸爸送一次盒饭

古语有云:"百善孝为先。"由此可见,"孝"是中华民族最古老的一种善和美德。而孝顺父母,更是每一个孩子最基本的品德功课。鸦有反哺之义,羊有跪乳之恩,鸟兽都能如此,更何况人呢?

面对养育之恩,其实,我们并不需要孩子涌泉相报,但是,我们无不希望自己的孩子能有一颗体贴、孝顺父母之心。所以,作为母亲,一定要让孩子懂得感恩。因为,一个不懂得感恩的孩子,必然无法孝顺父母,不孝之人又如何能关爱他人、关爱社会呢?

中华美德数之不尽,其中之一便是孝顺。让我们一起来看看古时候货真价实的"小皇帝"是如何孝敬父母的,看看在那个时代的这一美德是如何完美表现的。

公元前206年,刘邦建立了西汉王朝。刘邦有一个儿子叫刘恒,也就是后来的汉文帝。刘恒是出了名的大孝子,尤其是对自己的母亲,尊敬有加,从来不敢怠慢。

当时刘恒的母亲生了一场大病,这一病就病了3年,而且卧床不起。这可把刘恒急坏了,他没日没夜地守护在病床前,每天亲自照料母亲,亲手替母亲煎药。药一煎完,他并不急着端上去,而是自己先尝一下,试试药是否苦、是否烫,觉得万无一失了,才喂给母亲喝。每次,都是看见母亲睡熟了,他才敢趴在床边小睡一会儿。

有诗这样赞道:"仁孝闻天下,巍巍冠百王。母后三载病,汤药必先尝。"就这样,刘恒孝顺母亲的行为在朝野广为传唱,世间人都颂赞他是一代仁孝之子。

这便是古时候《二十四孝》中非常有名的文帝"亲尝汤药"的故事。

孝顺,这一美德一直被一代代很好地传承着。可是,在如今的一些"小皇帝"和"小公主"中,却很难找到了。反面教材反倒是数不胜数,比如,吃饭时,只要是自己爱吃的,"小皇帝"就不准父母吃,只能自己独乐乐。吃完饭,小皇帝扔下饭碗,一溜烟就跑去玩了,全然罔顾满桌的狼藉,更别提帮着妈妈收拾碗筷或擦洗了……凡此种种,无不令人忧虑。

父母的百般关爱和细微照顾,换来的却是孩子的冷漠和理所当然的接受。作为"新生代",他们为何渐渐将这种美德淡化了呢?是不是我们的家教方式出现了问题?作为母亲该怎么样才能让孩子懂得尊重、感恩自己的父母呢?

再让我们看看这个叫希希的"小皇帝",他又有怎样的小故事呢?

希希今年10岁了,父母把他视为掌中的宝贝,宠爱有加。而希希,虽然他觉得爸爸、妈妈很好,但从来不懂得去心疼他们。每天晚上,爸爸、妈妈工作了一天,拖着疲惫的身体回到家中,希望好好休息一下。希希却看不到,还缠着爸爸陪他玩"骑大马"的游戏,边玩还边催促妈妈快点做晚饭。

对此,希希的父母感到很伤神,很无奈,并且,他们意识到,自己对希希的宠爱令孩子遗失了孝顺父母的意识和品格。于是,希希的父母当下决定,从生活小事着手,培养希希的孝顺意识。

有一回,爸爸在单位加班,很晚了还没回家。妈妈把晚餐装进饭盒里,正准备送去公司,刚走到门口,一眼看到在客厅玩耍的希希,心里想:"这正是一个教育希希的好机会。"于是,她对希希说:"希希,帮妈妈一个忙吧。"

难得妈妈"有求于他",希希便雄赳赳气昂昂地走过去,大声说:"啥忙?您尽管说。"

"帮妈妈把盒饭给爸爸送过去吧,妈妈怕黑。"

"好嘞,交给我吧!"希希像勇士一样拿着饭盒出门了。

虽然单位就在小区附近,但是要通过一条又黑又长的羊肠小道。希希摸着黑,胆战心惊地到达了爸爸的办公室。看到希希拿着饭盒出现，爸爸大为惊喜，抱起希希亲了一口，高兴地说："希希真乖，知道心疼爸爸了！哈哈！"

被爸爸又抱又亲，希希不好意思地脸红了，随即大声宣布："下次我还给爸爸送饭！"

经过这次事情后，希希知道了妈妈为爸爸送饭的辛苦，更知道了爸爸饿着肚子工作的辛苦，希希一下长大了。之后，每次送饭，希希都抢着帮妈妈送。爸爸、妈妈一回家，他也不闹腾了，甚至会给爸爸、妈妈捶肩膀。

让孩子为加班的爸爸送盒饭，希希的妈妈这一做法是非常聪明的，因为孩子不仅明白了送饭的不易，也看到了父母工作的艰辛，从而让孩子心疼父母、孝顺父母。

就像教育专家所说的，孝顺父母，这并非一个简单的习惯问题，它能体现出孩子是否能关爱他人，站在他人角度上看待问题。作为母亲，心里必须清楚，如果一个孩子连最基本的孝顺父母都无法做到，那么，以后任何事情都不可能做好。因此，母亲一定要加以重视，努力培养孩子养成孝顺父母的好习惯。

进行孝顺教育，一来可以增进父母和孩子之间的关系，二来可以增强孩子爱的能力。那么，在日常生活中，母亲应该如何培养孩子孝顺父母、敬爱父母呢？以下几点可供各位母亲参考：

1. 平衡父母和子女的关系，让孩子主动孝顺

在很多家庭中，父母并没有把和孩子的关系放在一个合理的平衡点上。要么，就是宠爱过度，变成溺爱；要么，就是过分严苛，变成压力。总之，左右难调，不易权衡。但只有把这个平衡点保持在一个最好的位置上，家人和孩子的关系才能稳健地发展。

切记，在让孩子从内心深处懂得孝顺前，母亲首先要学会尊重孩子。当母亲给予孩子一个合理、恰当的自由空间时，孩子才能独立思考，才能树立自己的价值观。否则，一味按照母亲预先设定好的模式走，就变成了"要求"孩子孝顺，而非孩子发自内心主动去孝顺了。

2. 多多沟通，让孩子明白父母的艰辛和不易

如今的孩子，大多数从来不明白父母养育自己有多么辛苦；而另一方面，父母自认为孩子还小，不通世故，跟他们去沟通工作的辛苦纯属对牛弹琴。因此，要么，孩子想要什么就通通满足，于是，让孩子产生事事皆能如意的错觉；要么，一旦孩子伸手要钱，就不管三七二十一，大声呵斥，而孩子完全不明就里。

不管哪种方式，都是在树立父母的"高大、权威"形象，而牺牲了无辜的孩子。

为了让孩子明白真正的道理，为了让孩子养成合理的消费观，母亲有必要让孩子了解父母养育自己的艰辛和不易。在适当的时候，母亲应该提起一些工作上的事情，让孩子明白赚钱不易，不能一看见喜欢的东西就伸手要钱，更不能撒泼。

如此，孩子不仅获得了"知情权"，也会更珍惜眼下的生活，从心里感激、尊敬父母。日后，一旦再次看见喜欢的玩具想要买时，就会经过思考后再下决定。

3. 着眼日常小事，培养孩子孝顺父母的好习惯

所有的父母都希望自己的孩子能够听从父母的教导，给父母多一分关心，分担父母内心的忧虑，主动干一些家务劳作，不给父母添乱……这些，可以称其为"孝顺指标"。若想让孩子把这些"孝顺指标"变为生活中的一种自然习惯，我们就应该着眼于日常小事，从孩子年幼时就开始大力培养。

比如，饭后让孩子自己收拾碗筷，孩子的袜子让他自己洗，孩子的房间让他自己整理，等等。这些都是孩子力所能及的小事，母亲千万不要干涉和参与，应该给孩子一个自由发挥的空间。只有经过不断的练习，孩子才能形成良好的习惯。

一开始，可能效果不是很明显，但是不要操之过急，好习惯可不是一朝一夕就能培养而成的。根据孩子的年龄和个性特点，母亲要具体指导、耐心培养，并给予鼓励。这样，孩子不仅养成了爱劳动的好习惯，也培养了孝顺父母的意识，一箭双雕，何乐而不为呢？

4. 以身作则，给孩子树立一个好榜样

你是不是经常会为孩子对自己的恶劣态度而恼怒、困惑、不安？那么，你不得不先问问自己对待长辈时是何种态度。通常，孩子的好习惯是由父母培养的，那么，那些坏习惯又从何而来呢？答案在你自己身上。

孩子具有超强的模仿力和观察力，而母亲会成为孩子一个好或坏的模具。母亲对待长辈是何种态度，那么孩子对母亲就会是何种态度。这是一种非常直接的影响。

所以，在日常生活中，母亲自己要多和老人相处，要多体贴长辈，自己首先要孝顺长辈。所谓，近朱者赤。在潜移默化下，孩子才会慢慢养成孝顺父母、尊敬长辈的好习惯。

智慧背囊

孟子曰："惟孝顺父母，可以解忧。"孝顺父母，是一种最高贵的精神，每一个孩子都应该具有这种精神。

3 和孩子一起搀老人过马路

一个小女孩非常认真地问妈妈:"一个人要如何才能快乐呢?"妈妈笑着告诉她:"帮助那些身处困难中的人。"

"为什么呢?"

"因为,助人为乐呀。"

小女孩笑了,大声说:"可是,这不过是个成语而已呀。"

妈妈严肃地说:"不,孩子,那是真理。帮助别人,确实是一种快乐。"

如果说,在从前,"学雷锋,做好事"的口号流行于大街小巷,成了孩子的口头禅。那么,现如今,当我们问:"孩子,你知道3月5日是谁的纪念日吗?"大多数孩子会摇头。显然,助人为乐这一美德,正渐渐从孩子的生活中流失。

有很多孩子甚至对"为善"心存怀疑。一个初二的小男孩这样说道:"在马路上,如果看见一个老人突然跌倒在地,我可不敢上去搀扶,要是赖上我麻烦就大了。"这个小男孩以前一旦看到落魄的乞丐或者流浪汉,一定会很有爱心地掏点零花钱给他们。但是,当这类情况见多了,年龄渐长,他就慢慢变得"理性"了。于是,每次他都冷漠而过。他淡淡地说:"我自己都不快乐,我也无能为力。"

人们常说,助人为乐,助人便能快乐。"助人为乐"这四个字,其实包含着一种人世间最美丽、最纯真的感情。然而,很多孩子并不明白,助人何以会感到"快乐"呢?

因为,在帮助别人的过程中,孩子能发现自己的另一种生存价值。孩子的付出和援手,可能救他人于绝望之中,可能改变他人的人生。当帮助了别人后，孩子会高兴地想道："原来我还挺有用的。"这是一种非常特殊的成功体验。正如德国大诗人歌德所说："你若要喜爱你的价值，你就得给人创造价值。"

现在的孩子，大多是独生子女，在家庭中，处于一个众星捧月的地位，任何事，不论大小，父母总是以孩子为轴心，即便再忙再累，也甘之如饴。在这种环境下，孩子只有"自我意识"，而没有"他人意识"，他们完全不懂得帮助他人。其实，这对孩子的心理健康非常不利。

从心中只有"我"，到眼里还有"你"，从只知自我满足，到体贴顾及他人，对孩子来说，是一个思维发展的大跳跃，也是品德和修养的大升华。所以，从小开始，母亲就要在孩子心里撒播下关怀他人、助人为乐的爱心种子，这不仅能使孩子的心理得到健康发展，也是培养孩子宽厚、乐天、善良人品的基础。

从小，妈妈就告诉维维："一个人的高贵，并不在于出身是否高贵，而是内心是否高贵。一个真正高贵的人，具有一颗爱心，具有一份对弱小者的人文关怀。"与此同时，她常常以实际行动来教育维维：每次出门，只要看到需要帮助的人，她都会助人一臂之力。

维维家的邻居，有一位90岁的老太太。这位老太太每天中午都会出门晒太阳，但是年纪大了，活动起来很困难。每次遇见老太太，如果凑巧维维也在，妈妈就会让维维去搀扶老人家。当冬天下雪的时候，母子两人还会早起把门前的积雪铲掉，为老太太清路，以便老太太或者其他邻居出行。

妈妈会告诉儿子她这样做的道理，而维维也为能帮助老太太而感到万分自豪。

久而久之，维维养成了一颗温柔的心。并且，他明白了一个深刻的道理，即真正高贵的人，绝不会踩踏他人的卑微来彰显自己的高贵。帮助别人，仅仅是因为助人本身是一件快乐的事。

有一年，班里来了一个乡下孩子阿波，他和维维成了同桌。没多久，两人便形影不离了。一天，他们班的张老师病了，没来上课。于是，维维特意买了一个小蛋糕，让阿波陪他一起去医院看望张老师。阿波虽然跟着去了，但心里有点不舒服，因为维维带着探病礼物，而他自己却两手空空，这不是故意让他出丑吗？

到了医院，张老师高兴地打开蛋糕盒。那一瞬间，阿波惊讶无比。只见蛋糕的落款上，刻着他的名字，维维的名字反而在后面。一时间，阿波又感动又羞愧。

维维的体贴和默默关爱，在无声中温暖了一颗自卑的心，从此以后，也换来了朋友的一颗真心。

面对弱者，孩子有一颗怜悯、博爱、助人之心；面对弱者，孩子不恃强凌弱，而是伸出善意之手，付出真心，这才是真正的强者，才是真正高贵的人。

每位母亲都应该告诉孩子：很多时候，帮助一个人，不会得到什么实质的回报，但是却在他人心中留下了爱。这种爱，会促使他人去帮助其他需要帮助的人，不管双方是否相识，在助人之时，彼此心中都会充满快乐。

正所谓："种瓜得瓜，种豆得豆。"如果母亲在孩子心灵的田野上撒播下"助人为乐"的种子，长大成人后，孩子就会关心他人疾苦，就会站在他人立场上看待事物，就会以雷锋精神为导航，如此，孩子才能真正体验到完美的快乐人生。如果你的孩子心中只有自己，看到的只是眼前的芝麻绿豆小事，他将来怎么可能有所作为，他的内心又怎么可能获得真正的快乐与充盈？那么，如何培养孩子"乐于助人"的品德呢？我们给出以下三点建议：

1. 当孩子产生怜悯之心时，大加鼓励

辉辉看见小伙伴燕燕哭了，便立马把自己心爱的玩具递给了燕燕，像小男子汉似的哄道："燕燕，你别哭了，你不哭我就给你巧克力吃，怎么样？要不，我给你讲小红帽和大灰狼的故事好吗？"在辉辉的努力下，燕燕终于收起了眼泪。

在一旁的辉辉妈妈看见了这一幕，立刻大声夸赞道："辉辉真厉害，不仅主动帮助小朋友，还想出了这么多办法！真了不起呀！妈妈看到你这么懂事，真是太高兴了！"给予鼓励后，辉辉

妈妈又邀请辉辉一起商量出更多的办法，以便帮助燕燕尽快从悲伤的情绪中走出来。

这位妈妈的做法非常正确，也十分得体，不仅鼓励了孩子的同情心，还让孩子自己想办法去更好地帮助别人。

同情，是一种对他人产生怜悯之心，并感同身受，从内心体恤他人心情的情感，它是助人的重要心理条件。其实，乐于助人是孩子与生俱来的，他们从小便能表现出同情。比如，当你的孩子还是婴儿时，当他见到或听到其他婴儿啼哭，自己也会大哭。等到再长大一些，孩子会因为伙伴的疼痛而感到难过，并试图和父母一起去关心对方。此时，母亲应立刻鼓励孩子助人的行为。

随着孩子年岁渐长，母亲可以为孩子提供一些情境，教孩子帮助比他年幼的孩子或弱势人群。比如，搀扶年迈的老人，帮年幼的小宝宝穿鞋子，扶起摔倒的伙伴，给他拍去尘土，吹吹破皮的小手，说："没事没事，很快就不疼了。"在同情和助人的过程中，孩子不仅能和周围的伙伴建立起牢固的友谊，还能培养修养和品格。

2. 帮助孩子树立"助人为乐"的价值观

助人为乐，第一步就是要培养孩子的价值观，教育孩子体贴他人。

比如，爸爸、妈妈下班回来，教孩子主动端茶递水；长辈休息时，教孩子要轻手轻脚地走动，不打扰他人休息；年龄稍大些时，提醒孩子帮助周围的人群；当邻居大妈、大爷需要出门买油盐酱醋时，可以让孩子主动去跑一趟；当公共汽车上有老人或更年幼的孩子时，要让孩子把座位让给他们；当小伙伴有困难时，鼓励孩子伸出援手；当哪里发生自然灾害时，让孩子捐出零花钱……

如此，在帮助他人的过程中，孩子不仅丰富了情感和心智，也体认到了自我价值。

作为母亲，要教导孩子在交际中诚恳待人，乐于助人，做一个值得他人信任的人，要让孩子明白，遇事为他人考虑，当自己身处险境时，他人也会伸出援手。在与同伴的交往中，彼此会产生心理上的满足，从而滋生更进一步交往或合作的意向。

对每一位母亲来说，为孩子树立良好的人生价值观是一项非常艰难的工作。诚实、仁慈、真诚、博爱……这些理念很抽象、很模糊，孩子很难掌握。但是，我们必须锲而不舍地去教导孩子。

3. 在潜移默化中施加教育

在对孩子进行助人为乐教育时，母亲不要着急，也不要好高骛远，应该从身边小事做起。在幼儿时期，母亲每天都要不遗余力地对孩子进行"是"和"非"的教育，并且自身要做出一个好榜样。因为，母亲的行为是孩子的一面镜子。

只有母亲自己以身作则，孩子才能在日久天长的教育中耳濡目染，从而养成好习惯。比如，邻里之间要互相照顾，多去照料孤寡老人的生活，同事遇到难事出手相助，哪怕是在公车上给老弱病残让个座，也会"润物细无声"，感染孩子。

另外，要孩子养成助人为乐的好习惯，必须让他多多融入集体。因为在集体活动中，孩子能增长社会经验、开阔视野、培养广泛的爱好，也只有在集体中，才能有足够的发挥余地。

智慧背囊

高尔基说："真诚的关心，让人心里那股高兴劲儿就跟清晨的小鸟迎着春天的朝阳一样。"助人为乐，是道德风尚，也是情操，就从搀扶老奶奶过马路开始。

4 请孩子帮帮路边受伤的小动物

一个善良、充满爱心的孩子，必然对世间万物都怀有悲悯之心。从"孩子如何对待比自己弱小的动物"之上，便可以看出孩子内在的品质。

身为教师的张老师从小便教育自己的学生要关爱生命，然而，她没想到的是，自己的儿子却成了一个"冷漠无情"的孩子。

她悲哀地说道："一个周日，我听到家里的大花猫突然喵喵地哀号起来。去阳台一看，发现9岁的儿子正用竹竿使劲地鞭打它，花猫害怕地往角落里躲。问及原因，才知道，花猫不过是把他的袜子弄脏了。"

类似的事情张老师见过不止一回，也不止在自己孩子身上出现。

有一次，她在公园池塘边看到这样一幕：一个10岁左右的小女孩把一盒没开封的果奶扔到水池中，她的小狗立刻跳进水中，把果奶叼了回来，送到小女孩手中。见到围观者为小狗叫好，小女孩暗自得意，再一次把果奶扔进了池塘。就这样，一遍又一遍。

那天，寒风凛冽，小狗在冰水中瑟瑟发抖，而小女孩却得意着、炫耀着："看，我多能干，把狗调教得多听话！"

德国哲学家康德曾说："人必须以仁心对待动物，因为对动物残忍之人对人也会变得残忍。"

一些教育学家经过验证表明，儿童时期对动物粗暴的孩子，成年后往往更容易犯罪。据《虐待动物与人类间暴力行为》统计，因为暴力行为锒铛入狱的人中有25％曾向动物施虐过。捏死小鸟、弄死金鱼、踩踏蚂蚁……这样的场景，想必很多母亲都不会陌生。有的母亲会及时劝阻，但有的却不以为意，认为这是小事。

每一个孩子来到这个世界时，都是善良的，心中充满爱的，没有天生"十恶不赦"的捣蛋鬼。很多时候，他们捉弄小动物并非出于恶意。然而，我们不禁要思考，倘若母亲不及时引导，长大后，孩子也许会成为冷酷的人，甚至制造无法想象的残暴事件。到时候，就悔之晚矣了。只是在懊恼之余，你可曾想过，也许，这一切早在孩子伤害小动物那一刻就已埋下了悲剧的种子。

当然，激励孩子爱护动物，不能仅仅把关注点放在家宠身上。因为，有些时候，孩子会爱护"自己拥有的"小动物，却不懂得怜悯那些自然界的小动物。所以，真正考验孩子爱心的是，当孩子看见路边受伤的小鸟时，他会不会伸出援手？

有一个小男孩，看到一只翅膀受伤的老鹰在猎人的陷阱中悲伤地哭泣。小男孩顿时动了恻隐之心，便对猎人说："叔叔，把这只老鹰卖给我吧，我很喜欢它。"

猎人同意了。小男孩把老鹰带回了家，替它洗了伤口，并仔细包扎好。在小男孩的悉心照料下，老鹰的伤口好得很快。

一天，小男孩从外面玩耍回来，发现老鹰不知何时从屋里飞走了。小男孩很懊悔，无奈地自语："亏我救它一命，现在连一句感谢都没有就飞走了，以后再也不多管闲事了。"

第二年的冬天，小男孩正靠着墙根晒太阳，那堵墙摇摇欲坠，而男孩惘然不知。正在此时，突然飞来一只老鹰，用爪子抓走了男孩头上的帽子。男孩赶紧站起身去追，发现偷他帽子的正是曾经自己救过的那只鹰。

小男孩义愤填膺，边追边骂："你这只臭鸟，我好心救你一命，你不报答我，反而恩将仇报……"话还没说完，只听身后"轰隆"一声巨响。

小男孩回头一看，刚才自己靠着的那面墙轰然倒塌了，而他的帽子，已经从天空稳稳掉在了脚下。

只要有一颗善良的心，多做善良的事，必然就会得到善报。因为收受恩惠者也会在适时伸出援手，即使是小小的动物也不例外。

德国哲学家叔本华曾说过："对于一切有生命之物的同情，是对品行端正的最牢固和最可靠的保证。谁满怀这种同情，谁就肯定不会伤害人、损害人、使人痛苦。如果能宽容地对待他人，宽恕他人，帮助他人，那么他的行动将会带有公正和博爱的印证。"

在德国，孩子一出生，母亲最急需做两件事：一是教孩子懂得自立；另一个是教孩子具备爱心，也就是所谓的"善良教育"。他们总是从爱护小动物开始"善良教育"。在很多德国家庭中，孩子都会饲养小猫、小狗、小龟等各种小动物。这些并非单纯的宠物，更是为孩子精心准备的"实体教材"。母亲会手把手地教孩子如何去饲养、关心它们，并鼓励孩子帮助那些受伤的小动物。在潜移默化中，让孩子学会关爱动物。

珍妮斯和女儿莉莉在阳台上折纸飞机的时候，突然听到几声"叽叽"的鸟叫声，抬眼看时，窗外空无一物。循声而望，发现在阳台的柱子旁躲着一只惊恐万状的小燕子。在珍妮斯走近的一刹那，小燕子扑腾起灰色的翅膀，然而并没有飞起来。想来，鸟儿是受伤了。

莉莉也发现了这只受伤的小鸟，顿时非常兴奋，高兴地奔过去，想要伸手去抓它。珍妮斯立刻制止了女儿："莉莉，小鸟是很胆小的动物，它是益虫，专吃粮食上的坏虫子，我们不可以肆意捕捉，而应保护。你要心怀慈悲，尽自己所能去帮助身边那些需要帮助的人和物，要以美好的心灵去看待世界，知道吗？你看，它现在受伤了，一定很疼。"

是的，小燕子非常害怕，边瑟瑟发抖边使劲地往角落里躲，一双水汪汪的眼睛里满是惊恐。见此，莉莉赶紧退后，珍妮斯则小心翼翼地捧起小燕子。果然，它受伤了。不知是不是被人打了，脚上的皮掉了一大块，血已经结痂了。

珍妮斯对莉莉说："可怜的小燕子掉队了，它一定很想妈妈。莉莉，快去拿紫药水和纱布来，我们来给它包扎。"

莉莉赶紧拿来药箱，给妈妈打下手，仔细地看妈妈包扎，眼神里充满了同情。包扎完后，莉莉懂事地拿来一小块面包，搓开，放在小燕子跟前，随后又端来一碗清水，小燕子抬头看了看，确定不会伤害自己后，才探进碗里喝起来。

看着小燕子安心地喝水，莉莉和妈妈都笑了。

真正富有爱心的人，不仅对亲人或同胞怀有深情，对鸟兽也应存有爱心。培养孩子的这种爱心，让他们愿意为受伤的鸟儿奉献出一点点温暖，让他们体会到生命的美好和生活的真谛，让他们更快成长。这是每一位母亲应尽的义务。

那么，母亲应该如何纠正孩子的不当施暴行为，让他们同情动物，发挥爱心呢？你可以这样：

1. 探知孩子做出不良行为的动机和原因

幼儿时期是一个孩子形成健全人格的重要时期。如果母亲在这个时候没有及时调整，没有让孩子学会爱，孩子就可能人格偏离，失去爱的能力。很多时候，他们不知道自己的行为对小动物造成了伤害，所以，他们需要母亲的正确引导。

另外，当孩子遭遇心理压力、心中郁闷、情绪紧张时，会通过对动物施虐来发泄。母亲应该先明确"内中乾坤"，然后再根据实际情况采取相应措施去缓解、疏导孩子的心理压力和心理障碍。

2. 让孩子从内心深处喜欢上动物

经常对孩子讲述小动物的可爱、忠诚和对人类的益处，多讲一些动物和人之间的感人事迹，从而让孩子尊重动物，友善对待它们，激发他对动物的爱和同情心。告诉孩子，动物也是有生命的，它们也会疼，也会伤心，就跟人被欺负时的感觉一样。

当孩子不小心伤害动物或有动物需要帮助时，母亲千万不可熟视无睹，而应引导孩子，让孩子懂得尊重生命。

3. 把小动物拟人化，培养孩子的情商

一个小女孩看到几只鸽子停在家门前，想要上前逗玩。然而，她一走近，鸽子就飞走了。小女孩非常不高兴，捡起小石子，想要砸鸽子。她的妈妈看见了，走上前，对小女孩说："鸽子也有妈妈的，你看，它们都找妈妈去啦！"小女孩顿时充满了好奇，放下小石子，坐在角落里悄悄地观察鸽子。

这位妈妈便很有心，她通过一个小小的细节，把动物拟人化，培养孩子的爱心，同时令孩子抛却暴躁情绪，转而充满求知欲地去观察动物。

4. 适当利用"奖罚手段"纠正不良恶习

有少数孩子恶习难改，虐小动物成"癖"，母亲这时应该给予严肃的批评教育，促使孩子认识到这是错误的行为。有的孩子幼稚地希望通过伤害小动物来显示自己"了不起"，对于这种恃强凌弱的行为，母亲应从严教育。当然，作为教育者，母亲要奖罚分明。

很多时候，奖励可以强化惩罚的后果，使惩罚的效果得到巩固。在利用惩罚手段的时候，母亲要让孩子了解为何受到惩罚以及之后该如何做。

5. 身教优于言教，母亲要做好爱护小动物的榜样

当孩子漠视小动物的生命时，母亲千万不可恼羞成怒，打骂孩子。因为，在孩子面前，打骂教育只会成为"什么是暴虐"的实体示范。如果母亲凡事只会"动手"，又如何能劝服孩子不粗暴对待小动物呢？

家庭教育，并非真的"叫"育，而是母亲身体力行，用行为教育来影响孩子。母亲希望孩子如何做，自己应该先如何做。比如，当遇

关于爱

到路边受伤的小鸟时,母亲应该像珍妮斯那样先去施与援手,给孩子树立一个正确的爱心榜样。

让孩子把关爱小动物视为美德,如此,孩子才能以怜悯之心关爱别人,才能更珍爱自己和他人的生命。

智慧背囊

非洲之父史怀哲说道:"当悲悯之心能够不只针对人类,而能扩大涵盖一切万物生命时,才能到达最恢弘深邃的人性光辉。"生命教育,应该从幼儿时期做起,而培养孩子的爱心,应该从关爱小动物开始。

5 让孩子请朋友来分享自己的生日蛋糕

一位年轻的妈妈在网上倾诉道：

> 我的女儿雯雯今年3岁了，以前一直很听话，最近却越来越孤僻，总是霸占着自己的东西，不让任何人碰。前几天，雯雯过生日，我特地给她买了一大堆她爱吃的东西，然后全家带着她去游乐园玩。玩了大半天，她奶奶感到有点饿了，就问雯雯能不能把她小书包里那些好吃的分一点给她。结果，雯雯立刻把小书包抱得紧紧的，生怕奶奶抢了似的。雯雯的这一举动，让我感到很心寒。虽然说，雯雯还小，可是出现这种情况实在太不应该了。

这种尴尬的情境，想必很多母亲都曾经历过，也烦恼过。

"这些玩具都是我一个人的，你们不准动。""巧克力、蛋糕、鱼干是我爱吃的，你们不可以吃。""我要看这个动画片，你们都出去。"……生活中，很多母亲难免会忧心忡忡，自己的孩子占有欲太强，他们不懂得、不愿意分享自己的玩具和食物，有时甚至显得有些"自私自利"。为什么会这样呢？

其实，1岁的孩子往往无法区分主体和客体，虽然他们已经有了自我意识，但是对"你的"、"他的"等概念仍旧比较模糊。当周围的事物令他们感兴趣时，他们便认为那些事物是自己的。在孩子成长的过程中，这是一种正常的心理。等到3岁以后，经过进一步的发展，他们对客体才会具备新的认识。这时，孩子便不会那么"自私"了，比如，他们会慢慢愿意请朋友来分享自己的生日蛋糕。

从前,有一个小女孩住在一座金色的房子里,红色的墙,绿色的窗,金色的屋顶,闪闪发亮,漂亮极了。

一天,小女孩在草地上采花时,跑来了好多小动物,有小羊、小鸟、小狗,还有小猴。它们全都赞叹道:"您那金色的房子真好看!"小女孩听到大家都说她的房子好,心里别提有多高兴了,就和大家一起唱起了歌,跳起了舞。

快到中午时,小女孩要回家了,小动物们帮她采了很多花,一直送她到金房子跟前,并且求小女孩让它们进去玩一玩。小女孩一口拒绝了。因为她觉得,小鸟乱扑腾翅膀,会把房子弄脏;小狗汪汪汪乱叫,会闹得她睡不着觉;小羊和小猴在屋里乱跑,会把地板踩坏。于是,小女孩兀自走进屋子,"嘭"的一声,关上了门。

小女孩在金房子里唱了一会儿歌,又跳了一会儿舞,觉得闷极了,因为没人听、没人看。她打开窗户,看见小动物正开心地在草地上玩耍。于是,她悄悄地打开门,走向草地。小动物们看见了她,不计前嫌欢迎她一起玩耍,小女孩则邀请它们去金房子做客。

小动物们诧异地问:"你不怕屋子被弄脏,不怕被闹得睡不着觉,不怕踩坏金房子的地板?"小女孩摇了摇头。大家都高兴坏了,跟着小女孩到金房子里去了,房子里很快传来他们快乐的歌声。

这个故事告诉了我们一个简单的道理,即懂得分享才能带来快乐,而分享应该以快乐为前提。

一说到分享,很多母亲可能会错误地引导孩子:"乖宝宝,把你的玩具给其他小伙伴玩一玩。""来,把兜里那些好吃的拿出来和小伙伴一起吃。"通常,孩子会以实际行动反抗,有些敏感的孩子甚至会"看不懂"妈妈,心想:"妈妈,你怎么只想着别的孩子,一点都不关心我呀!哼,我就不给他,我还要打他呢。"于是,分享教育往往以惨败收场。这是因为,母亲的"剥夺手法"令孩子感到"不快乐"。

这里不得不提到分享教育的五大"不可":

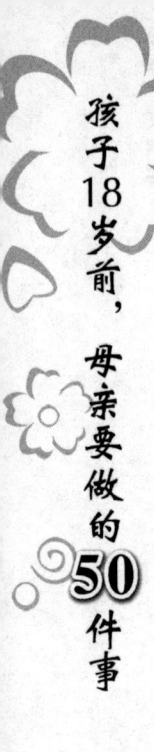

1. 不可强迫孩子分享

当你把孩子手中的玩具强行拿走，递给其他孩子时，你认为孩子会有何感受呢？假设你在办公室，老总突然跑过来抢走你的钢笔，并把它送给另外一个同事，你是否会心平气和？是否会甘心和你的同事分享？同样的道理，对孩子来说，母亲的强迫是一种伤害。

所以，在实际生活中，母亲千万不可强迫孩子跟人分享。一旦使用强制手段，不仅无法使孩子学会分享之道，有时更会令孩子误以为母亲也要"强占"他的东西，反而引发他更强烈的占有欲。

2. 不可对孩子不公平

小孩子总喜欢向大孩子看齐。比如，当哥哥在玩球时，一旁的小妹妹也会闹着要玩。不管哥哥手里的是什么，哪怕妹妹原本不感兴趣，她也会想要一个同样的。这时，大多数母亲都会做同一件事，即劝告哥哥把手里的球让给妹妹。

传统思想认为，大孩子就应该让着小孩子。然而，这其实是非常不公平。如果这个让球的哥哥是个敏感的孩子，他就会质疑母亲对他的爱，内心就会受到伤害。而妹妹在这种"被宠爱"的环境中，也将难以体会到分享的快乐。

3. 不可强迫孩子轮流玩

让孩子轮流玩一个玩具，这是很多母亲教孩子分享时最常使用的招数之一。可是，有用吗？事实告诉我们，孩子总是会在其他小朋友刚拿到玩具的时候就急不可耐地将玩具抢夺回来。对3岁以下的孩子而言，由于他们的时间概念还没有完全建立起来，因此，"轮流玩"绝非有效解决孩子之间争端的好方法。

4. 不可随意抢走孩子手里的东西

当孩子之间因为玩具而引发矛盾时，你千万不要为了尽快解决问题，抢走孩子手里的玩具交给另一个哭泣的孩子。这种做法，无异于在向孩子传达一种错误的信号：只要哭闹就能够达成一切目的，只要使用蛮力就能够解决一切难题。显然，这种做法产生的负面效应是非常大的。

5. 不可因为"小气"而惩罚孩子

不要因为孩子喜欢"吃独食"、"霸道"、"小气"而"收拾"孩子。如果你责骂孩子小气，并强迫孩子把自己喜欢的东西拱手相让，只会令孩子爆发出怨恨情绪，而不是你所希望的慷慨大方。让孩子学会分享应从正面去引导，而非惩罚或责骂。切记，孩子实在不愿意割舍自己的所爱，不用强求，随着孩子的成长，他会慢慢懂得分享比独自拥有更快乐。

那么，母亲应该如何教导孩子学会分享呢？

1. 让"分享"变得有趣

多教孩子一些合作性游戏，在这类游戏中，孩子们必须通过合作才能达成一个共同的目标。比如，一起拼图，让孩子一起想办法把图片拼出来。另外，像整理房间、养花、给小狗洗澡等这些活动都可以让孩子们共同去完成。同时，可以额外给孩子一些小玩意，让他和其他小朋友分享，比如，一本五颜六色的贴纸或者一副五子棋。

2. 让孩子讲出自己的感受

一旦孩子之间因为食物发生争执，先要让他们明白这一切到底是怎么回事。比如，其他小朋友拿着蛋糕不放，我们要向孩子解释对方可能是怎么想的。我们可以这样说："因为小明真的很喜欢吃那种蛋糕，他现在也许很饿。"另外，还要鼓励孩子说出自己的感受。如果孩子表现得很"小气"，就打听一下是怎么回事。也许我们会发现，孩子之所以珍惜这块蛋糕，恰恰是因为这是送给奶奶的礼物。

3. 教孩子寻求解决问题的方法

如果孩子紧紧拽着小伙伴想要的玩具赛车不放，他心里或许正在想："这个玩具要么归我，要么归他。"所谓的分享玩具赛车，孩子可能根本没有概念。这时，我们可以鼓励孩子和小伙伴一起比赛，给他们一个计时器，看谁玩得好。这样，孩子就会明白，分享并不是把东西送给别人。我们应该告诉孩子："如果和小朋友分享玩具，小朋友也会愿意拿出自己的

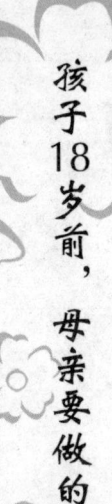

玩具和你一起玩儿。"

4. 让孩子提前做好分享准备

让孩子懂得分享，并不是让孩子绝对毫无保留地将所有东西都与伙伴分享。如果孩子对某些东西很珍视，理由正当的话可以让孩子保留起来。所以，当别的小朋友来家里玩之前，可以让孩子自己选出哪些东西是不愿意与人分享的，母亲可以帮忙收起来。这样孩子心里会更明晰分享的概念，做好分享的准备。如果前来家里做客的小朋友也能带着玩具来，就更好了。因为当孩子感受到来自小伙伴的分享时，他也会变得大方起来。

5. 对孩子的东西保持尊重态度

没有人愿意把自己爱惜的东西，分享给一个不爱惜它们的人。孩子也是如此。如果孩子觉得让你接触那些东西就会使它们遭殃，他一定不会心甘情愿给你。所以母亲不妨主动对孩子发出分享的请求，让孩子自行判断是否同意。如果孩子同意了，母亲在使用时一定要表现得同样爱惜，并在归还时对孩子表达谢意。当孩子学会这种尊重的态度后，对别的伙伴也会如此，这在孩子中间会互相影响，从而形成良性循环。

缺乏爱心的教育是残缺的，是不完美的。作为母亲，一定不希望自己的孩子变成一个能力强却不懂得分享、不愿关爱、冷漠自私的人。因此，母亲必须做个有心人，从小给孩子进行分享教育，让孩子成为一个有爱心、乐于分享的人。

智慧背囊

马克·吐温说道："悲伤可以自行料理，而欢乐的滋味如果要充分体会，你就必须有人分享才行。"让孩子分享自己生日蛋糕的同时，也是在得到欢乐。

6　带孩子去一次孤儿院

一位母亲这样问自己的儿子:"你认为什么才是生活中最有意义的事情?"

男孩给出了一堆回答:一双明亮的眼睛,一些好朋友,一个聪明的头脑……最后,母亲告诉孩子的答案是:一副好心肠。

母亲继续问:"那么,生活中,什么事情最应当避免?"

男孩歪着头又搜出很多答案:一个坏朋友,一个讨人厌的邻居,一个言而无信的人……母亲笑着说:"是一副坏心肠。"

其实,最好的事物和最坏的事物都来自一个人的"心"。孩子的内心是否博爱,决定了他的人生是否精彩。

德国教育家卡尔·威特说道:"父母要重视培养孩子具有良好的品质。只有培养出好的品质,学会做人的孩子,将来才可能成为优秀的人才,走出卓越幸福的人生。"博爱之心,可以使孩子从稚嫩走向成熟,从渺小走向伟岸。所以,母亲一定要对孩子进行"爱"的熏陶,教孩子懂得博爱,培养其博爱之心。

然而不幸的是,在教养过程中,很多母亲发现,在浓浓爱意的浸染下,自己的宝贝疙瘩渐渐变成了骄横霸道、以自我为中心的刁钻"小皇帝"和野蛮"小公主"。他们不知道爱为何物,总巴望着世界围着自己转,对无关自身的事物他们毫不关心,他们自私自利,眼里只有自己……总之,越来越多的孩子正在遗失那颗纯真、美好的博爱之心。

周六,趁着阳光明媚,艾芳决定带女儿莎莎去探望孤儿院的孩子。孤儿院建在山脚下,空气清新,环境舒适,是孩子玩耍的好地方。由于是第一次去这种地方,莎莎显得很兴奋,充满了期待。

当她们迈步到孤儿院的活动大厅门口时，莎莎却皱着眉头，站在门口，不愿进去。艾芳一踏进屋内，马上就明白了，原来屋里有一股奇怪的味道。想必莎莎是嫌弃这股怪味，才驻足不前。屋里的孤儿人数并不多，只有十几个孩子，环境布置类似于普通的幼儿园。艾芳好言劝说了半天，莎莎才心不甘情不愿地进了屋。

由于经验匮乏，莎莎完全不知道该如何和孤儿院的孩子们打交道。所以，当莎莎和他们接近时，视线和他们没有任何交流。艾芳赶紧悄声说："莎莎，把家里带来的那罐糖果分给小朋友们吧。"可是，莎莎竟然含着眼泪委屈地说："不嘛。妈妈，你去送。"

艾芳当即有点恼怒，但是当着那么多孩子的面，也不便教训莎莎，只能接过糖果，一个一个分给孩子们。孩子们拿着五颜六色的糖果，开心极了。

回家的路上，莎莎一边哭泣，一边埋怨："妈妈，你为啥把我的铁盒子也送给他们了！"当时，艾芳非常生气：为什么一向懂事的女儿这么冷漠？为什么女儿不能真心去关爱那些弱小的孩子？

一回到家，莎莎便把自己关到房间里。艾芳推门进去，莎莎叫道："不要进来，我知道你要批评我！"艾芳轻轻地坐在床边，问道："那你知道妈妈为什么要批评你吗？"莎莎回答："因为我不愿意把铁盒子送人，你觉得我小气！"

艾芳严肃地说："不仅仅是因为莎莎不懂得分享，而是莎莎把爱心给丢了。那些小朋友没有爸爸、妈妈疼爱，看到莎莎去探望他们，他们心里别提多高兴了，可是莎莎却那么冷淡……"经过一番思想教育后，莎莎低下了头，道歉道："妈妈，我错了。下次我们多带一些糖果去，如果每个人只有一两颗，他们一定舍不得吃。"艾芳满意地摸了摸莎莎的脑袋。

晚上睡觉前，莎莎拿起书本读书，当她读到《相遇白色鸟》中"如果心里装的是友爱和温暖，就应该快快送给你、送给他、送给大家"时，抬起头对艾芳说："妈妈，你心里装的是友爱和温暖。下次去孤儿院的时候，我也要装着友爱和温暖。"

艾芳听了很高兴，看来这次孤儿院探访没有白去。

为了让孩子懂得博爱，我们不妨带孩子去一次孤儿院，关注弱势群体，帮助同龄孩子。通过这种实践活动，让孩子对关爱他人有一个亲身的体验，从中明白探访的真正内涵，渐渐养成博爱之心。

孤儿会因为孩子的关爱而不再感到孤单，同时，这也会触动孩子纯真的心灵，从而学会珍惜自己现在所拥有的幸福。不仅如此，在关爱其他孩子的过程中，孩子也会变得更有亲和力。作为母亲，应该帮助孩子去开发心中那块最柔软、最纯净的圣地，让孩子因为奉献、无私而变得快乐、美好。

若想让孩子的"博爱之心"茁壮成长，在日常生活中，母亲还可以这样做：

1. 以身示教，胜于"长篇大论"

如果我们希望自己的孩子拥有博爱情怀、思想高尚、受人敬仰，那么，作为母亲，就应该身体力行，示范给孩子看。一旦自身言行不一，只会变成糟糕的坏榜样，即便将道理说得天花乱坠、头头是道，也于事无补。爱心，就应该在不知不觉中被培养起来。

丽丽小的时候，妈妈就有意识地培养她的爱心。当看到其他小孩子摔倒时，妈妈就会适时地从旁启发丽丽："快看，那个小朋友摔倒了，一定疼死了！丽丽摔倒的时候也很疼吧？我们一起去把他扶起来吧！……哎呀，小弟弟哭得好伤心呀，快把你的小手绢拿出来给他擦擦眼泪吧？"

母亲，是爱心传递的使者，自己要尊老爱幼、团结乡邻、同情弱者，然后花心思去影响孩子。在潜移默化中，让孩子感知到爱，并拥有爱。与此同时，还应告诉孩子何谓博爱，妈妈为何这么做，并结合生活中孩子打架闹事、欺负弱小等不良行为，对其进行教育，使博爱的概念具体化，让

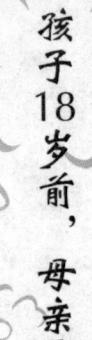

孩子从熟悉的日常生活中汲取爱的养分。

2. 创造机会，让孩子发挥爱心

很多时候，孩子欠缺爱心，完全是因为母亲呵护过度，剥夺了他们实践爱心的机会。

辉辉已经10岁了，平时怕耽误他学习，不管是洗脸洗脚、铺床整理，还是洗衣刷鞋，都是妈妈一手操办。假期里，为了让辉辉学会独立，妈妈决定让儿子分担一些家务，比如洗碗、刷鞋子、打扫卧室，等等。可是，干了没两天，辉辉就失去耐心了，并且还诡辩："暑假，是老师让我们休养生息的，不是让妈妈偷闲的！"

还有一次，妈妈感冒发烧了，下班回来后，直接躺倒在了床上。辉辉放学回来，不但不说一句关爱的话，反而冲着妈妈叫喊："妈妈，你要把我饿死吗？你要睡觉也先把晚饭给做好了呀，或者，打电话叫姥姥来给我做饭！"

如何为孩子创造机会？母亲不妨给孩子布置一些力所能及的任务，并引导孩子主动完成。比如，照顾家宠、给屋子大扫除、教更小的孩子画画，等等。有时，孩子无法自觉地去干这些事，因而母亲必须适时鼓励他们，督促他们。并且在孩子付出爱心后，及时给予肯定，报之以微笑、赞扬和嘉奖，从而让孩子感受到关心他人后的愉悦感，激起他不断进取的愿望，并慢慢把关爱他人作为一种乐趣。

3. 增强孩子"移情能力"，避免以自我为中心

"移情能力"指的是一种站在他人角度上，为他人着想、感受他人情感的能力，也可以称之为情感换位。母亲可以通过一些情境，帮助孩子进行情感分析和角色互换，从而使他们转换到他人的位置上，并产生情感共鸣。

比如，看到别人病痛时，让孩子联想一下自己的生病经历，去感受、体谅别人的痛苦，从而学会去关爱、同情他人。我们可以使用"假如你是

他……"这类句型，引导孩子"移情"。

  小凯感冒了，到幼儿园的时候戴着一个大口罩。老师对小朋友们说："小凯今天病啦，我们一起轮流来好好照顾他，好不好？"面对小凯的口罩，孩子们冷淡地点了点头。午饭时间到了，小凯随意地找了个位置坐下，然后摘下口罩准备用餐。坐在一旁的晓晓一见小凯摘下口罩，立刻大叫起来："不要坐在我边上，你会把感冒传给我的！"其他孩子也嫌弃地看着小凯，不准他坐在自己身旁。

  这时，晓晓的妈妈凑巧看到了这一幕。她把晓晓叫到一边，问道："你生病的时候，难受不？""难受。""如果晓晓生病了，妈妈不理睬你，你会是什么感受？""那就更难受啦！""那你们不理小凯，小凯是什么感受呢？"晓晓不说话了，随即走过去跟小凯坐在了一起。

不管身处何种境地，每个人都会遇到困窘、陷入绝境，每个人都会需要他人的关爱和援手。因此，让孩子怀有一颗博爱之心，这是家庭教育中的一个重要课题。

智慧背囊

  "思想巨匠"史蒂芬·柯维曾说过："想要成功，必须行善。而要行善，自己必先是个善人。"可见，成功和"善"是紧密相关的。而一个良善可亲的孩子，必有一颗博爱之心。

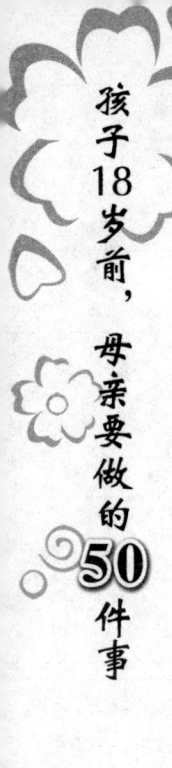

7 让孩子做一回"小爸爸"或"小妈妈"

一位妈妈给儿子操办了一个隆重的生日聚餐，儿子不仅不领情，还挑三拣四，埋怨妈妈这里装扮得太难看，那里做得不好。妈妈觉得很难过，问自己的宝贝疙瘩："妈妈花了那么多时间和精力为你筹备这个生日聚餐，你难道没有一点点感恩？"

儿子理直气壮地答："你弄得好，我当然会感恩。可是，你没有让我满意，我为啥要感恩？"

"就算你不满意，但是妈妈这么辛苦，你就不会付出一点点感恩之情吗？"

"我一点儿都不觉得这有啥辛苦的，为什么要感恩？"

"好，筹备不辛苦，但是妈妈生养你，就不值得你感恩吗？"

"你和爸爸结婚生我，不是也为自己开心嘛，我为啥要感恩？"

母亲语塞，伤心地痛哭起来。

这是一个典型的缺乏感恩意识的孩子。

据调查统计，有84%的父母认为现在的孩子根本不懂得感恩。很多独生子女，犹如小祖宗，一家人以孩子为中心，围着他团团转，他在家的地位可以用"位高权重"形容，从小便扮演"被爱"的角色。久而久之，孩子会觉得接受家人给自己准备的一切是理所当然的，只知索取，不知感恩，不会为别人着想，更不会感激他人。

在生活中，母亲总是竭尽所能地爱着自己的孩子，她们的爱甚至超出了自身的能力，可是，这种付出不但没有换来孩子的真心感恩，孩子还总认为自己不够幸福，稍有不如意，就怨声载道。为何会出现这种情况？不

关于爱

是孩子不感恩，而是母亲在教育过程中没有重视树立孩子的感恩意识，没有加以正确引导，从而埋没了孩子的天性。

感恩，是积极向上的思考和谦恭的态度，是一种自发性的行为。当一个孩子懂得感恩时，便会珍惜手中拥有的、人们赐予的、人生经历的所有东西，便会把感恩心理化为一种爱意满满的行为，实践于他人身上。在所有情绪中，爱心是最有威力的，它会以各种面貌呈现出来，比如感恩。它是一种最美丽的生活智慧，是一种处世哲学和生活态度，来自于对生活的爱和希望。如果孩子能常常心存感恩，人生就会过得更阳光、更快乐。

只有让孩子感恩父母、感恩社会，孩子才会懂得关爱和回报。教孩子学会感恩，应该先从感恩父母开始，要让孩子明白，即使是简单、质朴的关怀，也倾注了父母满满的爱意。在一生中，父母的恩情深似海。所以，孩子必须牢记恩情，感恩父母。

俗话说：养儿方知父母心。当孩子不懂得体恤父母时，母亲不妨让孩子做一回"小爸爸"或"小妈妈"，让他体验一下做父母的艰辛。

默默是一个聪明的孩子，在幼儿园非常讨大人喜欢。但是，他却有点"以自我为中心"，受到别人的帮助从不知道感激。在家中，也从来不会体贴家人。父母下班回家，累得坐倒在沙发上，别提捶背了，连水都不会倒一杯。为此，妈妈有点苦恼，不得不咨询了心理专家。

这天，默默一时兴起，想要尝试一下洗碗。若是在以前，妈妈绝对把默默"赶"出去。可是，这一次，妈妈痛快无比地答应了这个要求，让默默当回"小妈妈"。默默也非常高兴，但没多久就有点力不从心了。对于第一次洗碗的默默来说，这活干起来着实有点"束手束脚"——力使大了，怕碗碎了；力使小了，又怕洗不干净，洗得胆战心惊。

默默满头大汗地问妈妈："妈妈，您平时洗碗也是这么累吗？"妈妈答："妈妈的力气当然比你大一些，不过，每次要洗这么多又脏又油的碗碟，确实很累。"默默听后，想了一想，拍着胸脯说道："妈妈，我是小男子汉，以后家里的碗我来洗吧。"

听了默默的话，妈妈心里别提有多高兴了，当即夸赞道：

"默默真是长大了,越来越懂事了,知道心疼妈妈了!"

在妈妈由衷的夸赞下,默默不好意思地笑了。从此以后,默默真的懂事了,不仅主动帮爸爸、妈妈分担一些力所能及的家务,还会关心和体贴家人了,在幼儿园里的人缘也越来越好了。

在日常生活中,母亲应该随时创造一些条件,比如,做一回"小妈妈",去启发孩子,让孩子用感恩的心态去面对家人的付出。通过一些小事情、小情绪来刺激孩子的情感,让孩子慢慢熟悉那种感恩的情绪和状态,并最终了解如何表达自己的感恩。

"让孩子学会感恩,并非我们想向孩子索取什么,而是在孩子心田种下爱和回报的种子,让他能善意地面对世界。"感恩,是孩子的人生中一笔不可或缺的财富。学会感恩,是一堂情商必修课。当然,让孩子学会感恩,必须先让孩子知恩、懂恩。

1. 给孩子树立感恩意识

母亲应该为孩子创造一个感恩的氛围,让孩子在潜移默化中受到影响,从而把感恩的感觉和观念融汇于每一件小事上。

比如,安静的夜晚,在临睡前,我们可以有意选取一些感恩的故事讲给孩子听,诸如乌鸦反哺、羊儿跪乳这类知恩图报的故事,让孩子明白,好孩子要知道感恩,要有情有义,要像乌鸦那样,翅膀硬了之后还要回报父母。

比如,在马路上看到洒水车,"哗哗"地向路旁洒着清水,却把水珠喷溅到孩子的衣服上时,母亲可以旁敲侧击地告诉孩子,这是环卫工人在为大家服务,让城市更清洁,不可以埋怨,而应该从内心感激叔叔阿姨们的贡献,正是有了他们,才使我们的居住环境更加美好。

2. 记录生活中每一件令人高兴的事

早晨,在一家破旧的小房子里,两个孩子趴在大桌子上写着什么东西。他们的表情认真无比,好像正在做一件极其神圣的事。

他们的妈妈说:"这是孩子们每天必做的一项功课——写感

恩信。"

为何要写感恩信呢？这些信又是写给谁看的呢？

只见哥哥在纸上写了八行左右的字，妹妹则只写了两三行。纸上的内容其实并没有多么特别，只是一些非常简单的话："放学回家路上的蒲公英开得很漂亮！""昨天那顿晚餐真是太好吃了！""晚上睡觉前，妈妈给我讲了一个非常感人的故事。""今天老师夸奖我的衣服很整洁！""邻居家的大花猫生了很多小猫咪！"

原来，这些短小、稚嫩的感恩信不仅是写给妈妈，以感谢妈妈照顾他们的，也是用来记录生活中的美好和内心感觉到的点滴幸福，他们对此心存感激。孩子懂得感受美好之时，也就是他们懂得感恩之时。

3. 利用游戏，开展感恩教育

在游戏中，直接体验、接受友爱，是让孩子学会感恩的良好途径。孩子往往热衷于游戏，游戏是孩子童年的好伙伴，或者说每个孩子都离不开游戏。所以，当孩子快乐地游戏时，开展感恩教育往往能起到事半功倍的良效。比如，在"我来做小妈妈"的游戏中，让孩子扮演好妈妈，照顾"布娃娃"吃饭、走路，从而使他真切感受到做妈妈的难处。

在家中，母亲可以多找些机会跟孩子角色互换。比如，让孩子代替父母规划一天的柴米油盐等琐事或家务安排。这样的角色互换，可以令孩子真正体会到，一粥一饭，当思来之不易，还会让他理解爸爸妈妈持家不易，感受到家人之恩深似海。

4. 在家人的榜样下，进行感恩教育

电视上一度有这样一句广告词："妈妈，我帮你洗脚！"相信很多人都被它感动过。可见，家庭是孩子的第一所学校，而父母则是孩子的第一任老师，孩子的所有习惯和行为必然先学自于家人。

所以，当孩子接受他人的帮助时，母亲应该先行示范表示感激；当母亲为孩子操劳后，要提醒孩子感谢自己；无论工作多么忙碌，都要记得在假期领着孩子去看望家里的老人；风和日丽时，带上孩子陪老人一起去公园散步；过年、过节或老人过寿时，带孩子一起去为老人挑选礼物；朋友

送来的特产先给老人留一份……在这样的氛围下，时间一久，孩子就会不自觉地有感而发，变得感恩。

5. 不要空谈，让孩子体验真实的生活

感恩教育，不可单单停留在理论上，更要付诸实践，必须要做到"知"和"行"合二为一，只有在具象的、真实的生活环境中活动、体验、磨合，才能真正让孩子知恩。

在家庭中开展"感恩活动"尤为重要，比如，让孩子时常对父母说一些"爸爸、妈妈，你们辛苦了"等感谢的话；让孩子给家人写感恩信，交流感情和生活；让孩子制作一些"感恩卡"、"生日卡"、"节日卡"，并在上面写上感恩的话语；让孩子为父母做一些捶捶肩、洗洗脚、擦擦背等"奉承"性的事。

如此，才能以点带面，把"感恩之情"由父母延伸到邻舍、师长以及全社会。如此，才能让孩子成为一个懂得体验生活、懂得感恩的人。

智慧背囊

有位哲人曾说:"世界上最大的悲剧或不幸，就是一个人大言不惭地说没有人给我任何东西。"为了避免这种悲剧或不幸，母亲应从小教孩子学会感恩。感恩，似清新的海风，感受海风，让孩子的内心变得广阔而博大。

8 让孩子用自己赚的钱请你吃一次饭

莎士比亚曾说道:"金钱可以使黑的变成白的,丑的变成美的,错的变成对的,卑贱的变成尊贵的。"金钱的威力总是很大,不管是权势、地位,还是名誉、尊严,只要沾染上铜臭味,这些非商品就会衍变成待价而沽的物品。面对金钱,总会有人丢失良知,堕入邪道。所以,如何帮助孩子树立正确的"金钱观",成了人们广泛关注的一个重要话题。

何谓"金钱观"?

简而言之,金钱观可划分为两个方面:一个是对金钱的认识和态度,一个是对金钱的使用和分配。前者,关于世界观问题,后者则属于方法论范畴。

现在的母亲越来越懂得替孩子的未来做规划,不仅为孩子在婚前筹备一笔可观的结婚基金,有些甚至连奶粉钱也事先储备。有的母亲认为,自己小的时候穷,要什么没什么,现在家境好了,孩子只是想要个玩具而已,花不了几个钱,没什么可犹豫的。更何况,玩具对孩子的成长大有好处。然而,我们都忘了,再丰富的资产也有穷尽的时候。

从购买玩具开始,正是孩子学会如何对待金钱和欲望,如何合理分配金钱的时候。无穷无尽的索取,任何愿望都可实现,得到物质条件的完全满足……这不是对孩子好,在如此环境下长大的孩子,将难以担当大任,也难以在学习和生活中得到真正的快乐和满足。

人们常说:由俭入奢易,由奢入俭难。这正是因为忽略对金钱观的认识而造成的影响。

所谓"授之以鱼,不如授之以渔",让孩子从小树立正确的金钱观、价值观和在金钱上的责任感,这才是给孩子留下的真正的财富。母亲能给孩子的,不只是"零花钱",更应该是"钓鱼"的方法。

许多母亲很传统，认为不能让孩子过早接触金钱，因为"钱"会让孩子变得"世俗"，变成"小人"。然而，孩子终不可避免要跟金钱打交道。对每一位母亲来说，在经济上把孩子培养得富有责任感才是最重要的。

金钱，是生活的一个重要组成部分，是孩子认识世界如何运转的一个重要视窗。母亲平时就应该让孩子明白，钱并非从天上掉下来，也并非由树上长出来，而是通过工作获得的。如此，孩子也能慢慢知晓工作的价值。有一些母亲在提及金钱问题时，要么欲言又止，要么顾左右而言他，导致孩子成年后才知道父母月薪是多少。其实，孩子具备足够的理解力，他们也有权知道金钱的意义，只要母亲坦然地用他们可以理解的语言加以解释。

在日常生活中，我们应该教孩子记录下自己的点滴生活支出，这样孩子便能渐渐了解金钱的使用时机和节约的好习惯。另外，应该让孩子通过切身体验，自己去认识金钱和工作。

从小，李莎便对儿子小辉讲一些勤劳工作和社会上各行各业的小故事，让儿子知道，任何一份收获都需要耕耘，都需要个人付出辛勤的汗水，若想得到钱买喜欢的东西，就需要不懈地努力，就必须工作。

虽然李莎家里经济富裕，可是，她从来不给儿子零花钱，如果儿子需要钱花，就必须自己出去打工。所以，小辉从小便有打工的经历，并且非常节约，买日用品不是去大超市，而是路边摊。假期里，他会去一些大公司从底层做起，认真学习工作技能。靠着自己的双手，他的零花钱比同龄孩子多出好几倍，并且还能经常"摆阔"，如请父母吃顿大餐。

正因为李莎的这番金钱观教育，小辉大学毕业后，在适应社会和工作时方能得心应手。

这位母亲的理性和深思远虑很值得钦佩，她让孩子从小便明白工作的价值和工作所带来的快乐感，而非凭着祖荫坐享其成，这不仅有利于日后对工作的适应度，更能令孩子的人生具有真正的价值。

那么，具体该如何树立孩子的"金钱观"呢？

1. 鼓励孩子承担工作

我们应该经常向孩子解释为什么爸爸、妈妈要每天上班，让孩子明白，上班不仅仅是一项任务，而是一项自己喜欢的工作，并且上班能得到一份可观的报酬，有了这些报酬就可以买自己喜欢的东西。其实，孩子天生就热爱工作，工作是人的本能。

虽然人们原始的工作动机之一是生存，但在选择工作种类时应该以兴趣为主要条件。如果把赚钱作为工作的唯一目的，那么没有人可以长久地热爱一份工作。我们要告诉孩子，真正的工作是把生存和实现自我价值相互结合起来。作为母亲，千万不要让孩子对工作产生恐惧感和厌恶感。

2. 让孩子掌握小数额的零花钱

当孩子完成一定的工作后，母亲可以给孩子一定数额的零花钱。这个工作指的是擦桌子、扫地、洗碗等，而不是刷牙、洗澡等个人管理方面的事情。当然，孩子不能立刻掌握数额太大的钱。大额的金钱，比如叔叔、伯伯给的大笔压岁钱，应该先用孩子的名义将其存到银行中，等到合适的机会时，再把银行卡还给孩子。

平时，母亲应该鼓励孩子把每周的零花钱积攒起来，让孩子明白，攒够一定数额的钱后，才能买更好、更喜欢的玩具。

3. 在一定范围内，让孩子自己管理金钱

以往的传统教育，往往强调外力，而忽略了个人的能动性。让孩子自行管理个人金钱，可以培养这种能动性。比如，我们大可拒绝给孩子买玩具，让孩子自己想办法购买。作为母亲，可以在大方向上否决、约束孩子，但实现个人愿望的途径，要让孩子自己去发现。

在美国，许多母亲从孩子3~4岁开始，就让孩子自己管理自己的零花钱，让孩子学会合理分配金钱。比如，一些孩子在要求父母买冰激凌时，总是挑那些最贵的，一旦孩子有了自己可以支配的固定资源时，当他去负责购买冰激凌时，他就会明白如果买稍便宜一些的，就可以多享受几次。

出外郊游的时候，你可以给孩子一些钱，让孩子负责自己的饮食。这可以培养孩子的主动性，使他花钱不至于大手大脚，并且很快能发现各地

的物价差异，甚至还能搞清汇率。

4. 教孩子慷慨，懂得"散财"

懂得"散财"的另一层意思便是，懂得分享，这种分享绝不仅限于对家人慷慨。清朝军事家曾国藩在呼风唤雨、权倾朝野之际，仍然诚惶诚恐，通过各种手段让家人"散财"，比如接济穷人、捐献祖产等。他之所以最后能够在政治上全身而退，并且子孙昌盛，与他的这种家教理念是分不开的。

一些家庭育儿"圣经"，也反复强调母亲应该让孩子参加一些公益活动，尤其是那些富裕的家庭。家庭好的孩子从小衣食无忧，不需要为生存资本"斤斤计较"，长大后却很容易缺失幸福感或生活动力，他们更需要在生存之外找寻工作和生活的意义，而社会公益事业显然是绝佳的锻炼方向。金钱的积聚只是一个简单的方面，金钱的使用和分享才是一门学问。

5. 坦然面对贫富差距

母亲必须让孩子认识到，金钱并非评判一个人的唯一标准，品质、性格、特长等才是真正的财富。孩子常常会幼稚地与其他孩子攀比，但我们不必视其为洪水猛兽，这是孩子认识世界的一个过程。遇到这类问题，我们不要简单地告诉孩子：因为那个小朋友家有钱，所以他家的车子贵。这会给孩子一个错误的引导。我们应该从节能、性能、便捷、车主对这款车的情感等方面帮助孩子认识昂贵的意义。如此，孩子的价值观才能更多元化，才能在别的孩子面前坦然地做一个自己。

大千世界，迷乱双眼，能够坦然面对贫富差距，并用多元的标准去看待事物，对孩子未来健康的金钱观极其重要。

刚开始进行金钱观的教育，一些孩子可能会突然变得"唯利是图"，"掉到钱眼里"。比如，爸爸皮夹里掉出来一元钱，孩子便要占为己有；买块口香糖，就几毛钱，孩子却犹豫再三，拿捏不定，让母亲于心不忍；父母让孩子帮忙倒杯水、拿双拖鞋，孩子竟然为"服务费"讨价还价。不少原本谋划给孩子进行金钱观教育的母亲，觉得孩子失去了童真，大大受挫，就此偃旗息鼓。

其实，出现这类问题，再正常不过了，这也是帮助孩子进一步认识金钱其他方面的好机会。比如，他人的钱不能占为己有，因为丢钱的人必然焦急万分；用自己赚的钱请父母吃饭或帮助家人，是一种爱的体现，不能用金钱来衡量。这些道理，都需要母亲在日常生活中慢慢地教给孩子。

智慧背囊

古人言："爱之适足以害之。"若想避免孩子因为错误的金钱观影响今后的发展，就要让孩子从小便懂得不劳无获，懂得工作的意义，懂得金钱真正的价值所在。

9 让孩子负责照顾家里的一株植物

很多母亲常常在周末带孩子去肯德基、大型游乐园、超市等场所。孩子会笑、会闹、会叫、会得到短暂的快乐，可刺激过后只留下一片"空洞"。母亲除了满足孩子口腹之欲和感官刺激外，还应留给孩子一些什么呢？与其让孩子留下肤浅的回味，不如让孩子亲近大自然。

平时，我们不妨让孩子负责照顾家中的一株植物，通过观察激发孩子对自然界的好奇心，从而对其产生浓厚的探索兴趣。在节假日，你也可以带孩子去植物园或更辽阔的大自然，让孩子运用各种感官接触大自然，比如，摸一摸粗大的树干，侧耳倾听树上的鸟叫，观察各种花草树木……通过这些，让孩子认识并热爱上美丽的自然。

亲近大自然，对孩子至少有两大益处：一是，大自然给予孩子新鲜的空气、充沛的阳光，可以让孩子身心更加健康；二是，可以强化孩子的视觉、听觉、记忆力和模仿能力，尤其有利于孩子对色彩、自然科学的学习能力和辨别能力。

人们常说，没有亲近过大自然的孩子，没有真正的童年。自然赠与孩子的美好，是课本或者老师远远比不上的，所以就应该让孩子和大自然和谐共处。

和许多父母一样，张丽云希望孩子从小沐浴在大自然的气息之中，自从儿子小伟出生后，她便一直在行动。

在小伟5个月的时候，张丽云就带着小伟去了中国北部的山区，之后每年都会出游好多次。直到小伟上了幼儿园，他们的长途旅行才改为每年两次。平时张丽云会让小伟养花养草，周末时会带他爬山、野营、钓鱼……花样层出不穷。

如今,这个热爱大自然的孩子已经9岁,皮肤黝黑,活泼开朗,性格随和,适应环境的能力极强,并且认识各种各样的植物,喜欢动物,也爱运动……总之,小伟看上去比一般同龄孩子更懂事,更有爱心。

在小伟成长的过程中,张丽云带着他经历了其他同龄孩子不曾经历过的新鲜、刺激和神秘。他们在内陆的湖泊上采过蘑菇,在大兴安岭纵情狂奔过,在海边帮渔夫捕捉到过一条难得一见的大鱼,在内蒙古大草原上追赶过羊群,在东北的冰天雪地中滑过雪,在险峻的高山上看过日出……对小伟来说,大自然的魅力是无穷的,他像热爱玩具一样热爱旅行。

张丽云希望通过和大自然的亲近,让小伟的性格变得坚韧。小伟1岁多时,张丽云带着他去了九寨沟,他曾经因为高原反应而发烧。还有一次,在海南的一家饭店吃海鲜时,小伟差点中毒。这些,都曾令张丽云不知所措,然而她从不曾因为这些意外而中断孩子体验大自然的旅程。

对张丽云来说,工作之余就是等待小伟放假,然后实现一次妙趣横生的旅行;对小伟来说,他的童年不曾错过一道美丽的风景……

张丽云说道:"比起其他母亲,我并没有多做些什么。我只是希望孩子出了校园能有一个不同的精彩生活。如今,很多孩子生活在城市中,与大自然接触极少,知之也甚少,我希望小伟能更多接触大自然,从而开阔视野……在不同的环境中,让孩子接触各种不同的人和事,长大后,他才能面对生活的压力,也才能懂得如何释放生活压力。"

自然,对孩子来说是一个无穷无尽的宝库。北宋文学家王安石在《游褒禅山记》写道:"古人之观于天地、山川、草木、虫鱼、鸟兽,往往有得,以其求思之深而无不在也。"这就是所谓的"师法自然"吧。让孩子身处自然,去思索,去探秘,去求知,如此,孩子自能体会自然的奥秘。

环境,对孩子的影响是巨大的。如果长期生活在一个封闭、非自然的空间里，孩子会容易产生情绪波动，人际关系也不易处理好。但如果投进开放、富有朝气的自然的怀抱中，那么孩子往往心绪安宁、心如明镜。

孩子的天性和绿色的自然有着一些共同的特征：自由自在、无拘无束、生机盎然……神奇的大自然，拥有安抚万物的力量。既然如此，何不带着孩子投向大自然的怀抱呢？

1. 让幼儿领略植物的安宁

不要小看一棵小草、一株小花，这都是大自然的一份子，所以，母亲应该让孩子和家中的植物成为朋友。在一个受到良好照料的花园里，聚集的不仅仅是植物，更是一种对孩子说话的氛围。

把哭闹不休的婴儿放到花园的植物旁边，婴儿就会慢慢安静下来，就能在自然中安睡一个小时左右，或者，只是让孩子在那儿看、听、呼吸，他也能吸收大自然所提供的一切。对两个月以上的孩子来说，即使是沉浸在花园中片刻，也是有益于健康的。

2. 让孩子欣赏大自然的繁华和美丽

在广袤的田野中狂奔，在散发青草味的泥路上滚铁环，在微波荡漾的湖边钓鱼……在玩乐的过程中，让孩子欣赏自然界的美丽，这会成为孩子童年美好的回忆，并滋养孩子的心灵。

人们总是把大地比喻成母亲，因为它包容万物，无私奉献而不求回报，播撒爱与希望。在大地慈母的怀抱中，孩子能够得到太多免费的"礼物"，这些礼物虽然廉价，但却无比珍贵。如何让孩子去欣赏繁花似锦的自然呢？

比如，我们可以让孩子自己去收集一些植物的种子，然后拿回家，栽到家中的花盆里，从发芽，到开花，让孩子认识植物的生长。再比如，让孩子观察石缝中的野花野草，学习它们夹缝中生存的智慧。

3. 让孩子从大自然中得到强大的内在力量

试想一下，如果你的孩子把耳朵贴俯在一棵大树的树干上，雀跃地叫:"妈妈,妈妈,我听到了大树的心跳。"这幅画面,是不是很温馨?美国最富盛名的自然教育家约瑟芬·科奈尔在《与孩子共享自然》一书中曾讲述过"如何倾听大树的心跳"。他认为,母亲应该带着孩子玩玩这个游戏。因为,大树会给孩子很多启示。树虽无言,却昭示着大自然的奥义。

我们都知道,在山间行走很容易迷路,那时,孩子难免慌张。如果让孩子倾听一番大树的心跳,就能让孩子平静下来,待到化险为夷;踩着山间小道向山脚走去,回首看一眼渐渐消逝的金黄色余晖,心中便会涌起一股幸福感。而这场有惊无险的迷路,将会磨砺孩子的意志,也将培养孩子坚韧的性格。这样的经历,绝非任何关于勇敢的儿童故事所能代替的。

对孩子来说,户外探险能带给孩子强大的内在力量,大自然无疑是一位得天独厚的最佳励志老师。

4. 让孩子在家门口探寻自然

欣赏自然和探索自然,必须要跑去草原、山坡或者湖泊吗?如果没有车呢?如果经济不宽裕呢?如果没有时间呢?如果身居闹市、离山川河流十万八千里呢?那么,孩子是不是就无法接触自然了呢?

不绝非如此。其实,在家门口或者在家中,也可以享受自然。即使条件不允许,我们还是可以在一盆植物上、楼下的花圃周围、小区的花园里展开自然教育。

很多楼房门前都会有一片草坪或花圃,那里有泥土、绿树、花卉,甚至鸟巢,同样是自然。大自然是无处不在的:在钢筋水泥遗漏的路面上;在被清洁工人疏忽的角落里;在潮湿的河畔……那里,依然有顽强生存的野花野草,它们昂首不屈,它们春风吹又生。而这也正是孩子应该学习的。

如果很不幸,居住的地方连一个草坪都没有,看不到一点绿地,那么,你仍然不用忧虑。我们可以在室内养几株植物,如果条件允许,可以让那些绿色植物遍布整个屋子。让孩子当个小园丁,去照顾一株,浇灌它,爱护它。孩子可以从中学到很多东西,比如生命的周期循环、养料、授粉和对生命的关怀、尊重等。

让孩子学着种植植物，长大后他们往往能做出更健康的营养选择。所以，不管是自家阳台，还是小区内的花园，我们都可以让孩子种植花草，造福环境。

智慧背囊

孔子说："智者乐水，仁者乐山。"罗丹也说："生活中不是没有美，而是缺少发现美的眼睛。"若想孩子好，请去大自然。

10 鼓励孩子帮助班上的一名后进生

一个自命不凡的孩子对妈妈说:"我最讨厌别人叫我帮忙了,人家一过来,我就头皮发麻,我要么赶走他,要么不答理。上个星期,老师留的语文作业有点难,一个后进生就跑来问我,我赶紧眯上眼睛,无精打采地打发走他。然后,他就不太高兴地走了……"

听到孩子这番作为,妈妈语重心长地告诉孩子:"你以为自己这样做很聪明吗?其实你是一个大傻瓜。"

孩子挑眉怪道:"妈妈,我怎么是大傻瓜了?!"

"因为,你这样做,其他孩子就不会和你交朋友,你将感受不到帮助别人的快乐。哪天一旦你需要帮助,也没人会理睬你。"

于是,独来独往的孩子改变了心态,不仅朋友多起来,在帮助别人的同时自己温故而知新,成绩变得更好了。

踏入幼儿园或学校,正是孩子跳出"家庭围城"的第一步,他们将在一个小型的社会团体中获得崭新的生活和学习体验。除了父母,孩子将与老师、同学建立起一个长期、紧密的联系。然而,刚刚脱离母亲怀抱的孩子,仍然具有通常独生子女所具备的心理特点——以自我为中心。

于是,外在的人际环境和内在的独立世界发生了剧烈的碰撞。一方面,他们需要开放自我融入集体;另一方面,他们自我封闭,不懂得关心他人的感受,也难以为他人着想。

解决这一难题的教育措施,就是通过母亲的耐心引导,让孩子逐渐学会关怀、爱护那些落单的同伴,并在帮助同伴中得到身心的愉悦,从而健康成长。

要培养孩子互帮互助的习惯，母亲要善于在集体活动后或者放学后与孩子谈心，有意识地对他进行互助友爱的教育。当孩子有帮助同学的愿望时，母亲应大力鼓励，并出谋划策，提供切实帮助。

遇到相对弱势的孩子时，我们应该教育自己的孩子诚恳待人，主动提供帮助，做一个他人信得过的好孩子。让孩子明白，只有遇事为同伴着想，当自己遇到难题时，他人也同样会伸出援手，在打交道的过程中，彼此就能得到心灵满足，从而坚固友谊。

恩雅是一个4岁的小女孩，在她班里有一个叫晓峰的男孩。在所有孩子的印象里，晓峰常常打扰别人，随便拿同伴的东西，动不动就打架，幼儿园的老师经常批评他。所以，大多数孩子都不喜欢跟他一起玩。恩雅也是如此，每次晓峰违反班级的规则，她都会当仁不让地去告发晓峰："老师，晓峰又违反校规了！他总是这样，他实在太令人讨厌了！"

在妈妈的一番助人友爱教育下，这种不友好的状况发生了巨大的改变。

恩雅开始跟晓峰一起玩了，并且发现了一个有趣的游戏，即陪晓峰午睡。每天中午吃完饭，一进寝室，恩雅就像个小大人一样忙得不亦乐乎：帮晓峰脱鞋子，命令他躺下，然后替他盖上被子，最后轻轻坐在晓峰床边，学老师的样子，摸一摸晓峰的额头，或者轻轻拍一拍晓峰的背，不断小声说道："睡吧，睡吧，乖宝宝。"

说来也真是神奇，平日老师陪晓峰入睡，他往往翻来覆去，折腾半天才能睡着，但是，恩雅这样一"玩"，不到10分钟，晓峰就甜甜地入睡了。

晓峰生病不愿意喝苦药的时候，恩雅也会坐在他身旁，鼓励晓峰："我喝这种药的时候，可是很厉害的，一口就干了！你不会那么孬吧！"边说边拿起杯子凑到晓峰嘴边。于是，晓峰很顺利地喝完了苦口良药。

户外活动时，恩雅会拉着晓峰一起玩，教他怎么拼图，怎么组装玩具，教他各种有趣的游戏。对集体游戏兴趣全无的晓峰竟然玩得异常开心，充分感受到了交往的乐趣。

经过一段时间的帮助，晓峰有了突飞猛进的进步。打架、闹事、攻击他人的行为越来越少，他学会了用和平的方式与人交涉，也不随意打扰别人了；面对老师布置的作业，他的专注度越来越高，越来越会控制自己的情绪，对规则和概念也越来越清晰了。而这一切与恩雅的帮助和接纳是分不开的。晓峰感受到了自己被接纳，被肯定，被友好对待，因此他也变得和善、懂理，并且上进。

同时，恩雅也在照顾后进生的过程中，获得了极大的满足。每次帮助晓峰完成一件事情后，她心中都会充满成就感，由衷地感到快乐和自豪。而且她的这种行为也感染了其他孩子，一旦看到别人需要帮助，孩子们不再置之不理，而是争先恐后地给予支援。

就这样，一份良好的品质，在孩子们之间慢慢延伸。

赠人玫瑰，手有余香。孩子在帮助别人的同时，也会赢得更多同龄孩子的友情。不管是在幼儿园，还是在校园，或者在各类社会团体中，乐于帮助弱势的孩子往往会更受大家的欢迎。

不过，在帮助别人之前，孩子首先要能站在他人的立场上为他人着想。对孩子来说，这并非与生俱来的本领。母亲应该帮助孩子，让孩子学会如何正确地判断情况，如何做出最好的帮助。通常情况下，年龄越小的孩子，就越需要母亲的引导和指点。

其实，只要母亲能给予充分鼓励，孩子是很乐意帮助弱势的人的。比如，在玩游戏或者进行一些体育运动时，能力强的孩子就很愿意帮助动作不规范的孩子，教他们怎么玩游戏，如何轻松运动等。

那么，如何才能让孩子养成互帮互助的美德，感受共同成长的力量，变得更友善呢？我们要让孩子记住以下这三句话：

第一句话：互相帮助，大家受益。

很多事情，往往一个人无法办成，需要群众的力量才能做得很好。我们应该告诉孩子："当你为弱者照亮前路时，也照亮了自己脚下的路。你帮助别人，别人会因为你的帮助而感激，从而在你需要帮助的时候雪中送炭。而你在帮助别人的时候，也是在'复习'自己的技能，让自己变得更加强大，成为更厉害的孩子。所以，你帮帮我，我帮帮你，大家才能彼此受益。"我们要让孩子明白，帮助弱者是一件两全其美的事。

第二句话：互相帮助，不再孤单。

"我原来不是一个人……"当孩子受到别人的帮助时，就会恍然大悟自己不是孤单的。通常，在孩子陷入烦恼、情绪不佳之时，如果有其他孩子出手相助，孩子就会感到不再势单力薄，就会产生勇气，就会增强自信。比如，当一个孩子不会系鞋带，另一个孩子提供了帮助。那么，在这个帮助的过程中，系鞋带会演变成一项有趣的游戏，帮助人的一方得到了快乐，被帮助的一方则在学会系鞋带的同时，感受到了友情的温暖。

第三句话：互相帮助，心情愉悦。

快乐和知足，也是孩子之间互相帮助的一个宗旨。孩子一旦为别人提供了帮助，他反过来也会受惠：孩子会得到他人的真诚相待和宝贵友情，在帮助别人之时自我会得到满足，内心会产生体贴、同情、感恩、与人为善等心理活动。所以，帮助弱者，就好像一帖强效疗伤剂。有了它，孩子在人际交往中就不会感到无助和绝望。我们要提醒孩子："去帮一下那个为折纸而头疼的孩子吧，这是一件快乐的事情。"

友爱互助行为的培养和调教，是一个长期的不断引导、指正、渗透的影响过程，我们必须注意以下三个问题：

1. 根据孩子自身特点有针对性地进行教育

我们可以看到，在友情的建设中，能跟同伴友爱、谦让的孩子，往往更容易被接受。而那些攻击性强、脾气暴躁、不懂得关爱弱者的孩子往往步履维艰。如果孩子是前者，那么我们要鼓励孩子多与其他孩子合作，共同帮助后进生，发挥在班级中的核心作用，带动整个群体共同成长。如果孩子是后者，那么我们必须帮助孩子克服自己的人际障碍，引导孩子关心弱者、关爱同伴，促进品德的健康发展。

2. 加强"真刀实枪"的实践

孩子在形成某种品德前，必须通过一番行为实践。只有通过反复的操练和实践，孩子才能形成和发展自己的友爱互助习惯。因此，在教育过程中，我们要利用各种方法进行练习，组织各种关爱同伴的活动，并以正面引导为主。比如，班里的一个小朋友生病了没来上课，我们可以鼓励孩子去同学家中探望，以示关心，这样孩子才能切实体验到友爱同伴的情感。

3. 配合学校，发挥各自优势

通常，孩子在家中会模仿母亲的行为，从而关爱他人，但孩子可能会欠缺一些对品德动机的官方分析。所以，母亲在以自己良好品德影响、感染孩子的同时，还应该和幼儿园、学校里的老师经常沟通，相互配合，发挥家庭和学校各自的优势，使孩子接受的友爱互助教育更全面、更具体，从而形成个性和品德。

智 慧 背 囊

埃尔伯特·哈伯德说过："聪明人都明白这样一个道理，帮助自己的唯一方法就是帮助别人。"作为母亲，所要培养孩子的，不仅仅是互帮互助互学，更是一份友爱之心。

11 蹲下来和孩子一起看蚂蚁搬家

据调查，那些出类拔萃的社会精英和人才，在童年时便懂得什么是双赢，什么是团队合作。可见，在成功者、仁者身上，都具备合群、团队合作的精神。在这个合作共赢的时代，单枪匹马、孤军奋战的竞争模式，早已成了"非主流"。让孩子怀有合作的态度，懂得团结他人，他才会更有前途，也才会踏上通往成功之路。

暑假的时候，丽丽被妈妈带去外婆家里玩。经过一个小巷子时，看见路口有一长条黑色的"绳子"，远远看过去就像一长条蠕动的黑色腊肠。丽丽蹑手蹑脚地走过去，仔细一看，原来是一群正忙着搬家的小蚂蚁。只见有的蚂蚁叼着馒头屑，有的衔着虫卵，有的抬着幼虫……浩浩荡荡地沿着一个方向前进。

"丽丽，你有没有仔细观察过蚂蚁搬家呢？很多小朋友从来不去注意这些不起眼的小家伙，但是它们身上却有值得我们敬佩和学习的地方呢。你看出来了吗？"妈妈在一旁意味深长地问道。

丽丽听了，好奇地俯下身，观察起来。只见一只顽皮的小蚂蚁跑出了搬家队伍，这时，在前面领头的蚂蚁赶紧跑过去，用触角碰了碰掉队者。小蚂蚁好像知道自己犯错了，又快速跑回了队伍中。看来，蚂蚁们纪律严明啊。不一会儿，爬过来一条小青虫。蚂蚁队伍中立即出来几只身强体健的大蚂蚁，它们伸出钳子，在青虫身上刺出了几个裂口，小青虫疼得在地上翻滚，压死了好几只蚂蚁。毫不气馁的蚂蚁随即又派出几员大将，爬到伤口上，然后使劲往里钻。虽然死伤了一些蚂蚁，但是它们团结协作，最终战胜了庞大的敌人，凯旋而归。

看着这番情景，丽丽说道："妈妈，蚂蚁让我想起了一首歌，团结就是力量！团结就是力量！"妈妈笑着说："是啊，团结就是力量，这种力量比钢铁还强硬。我们应该学习蚂蚁的这种精神。"

丽丽开心地说："我喜欢蚂蚁，我更喜欢蚂蚁的精神。"

很多孩子身上都有一些致命的弱点：自私、孤傲、偏执……这些负面特质必须在团队中加以导正。小时候，孩子可以快乐地生活在家庭中，但是长大后，他们不得不去面对复杂多变的社会。所以，母亲应该及早松开双手，让孩子从小在团队中接受锻炼，加强集体主义精神的培养，让孩子懂得，个人的成长离不开母亲，离不开老师，更离不开团队和伙伴的协助。

当孩子在集体生活中遭受委屈时，母亲应理智对待，切不可横加干涉，应鼓励孩子自己去想办法解决冲突和矛盾。让孩子明白，感受集体生活是每个人必经的一个人生过程，只有经过集体生活的磨炼，他才能健康成长，才能懂得如何与他人相处，才能懂得通力协作。

有的孩子可能自视甚高，认为自身某些方面比其他孩子优秀，不愿跟"笨"孩子、"蠢"孩子一起游戏，他们欠缺合作意识，觉得很多事情独自就能搞定。为了证明自己的能力，他们总是拒绝他人的援助，从而变得越来越自私，越来越自大。

一位母亲发现自己的儿子在跟其他孩子一起玩耍时，表现得目空一切，趾高气扬，并且不屑与同龄人为伍。见此，母亲认为有必要让孩子明白与他人合作的重要性。她把儿子叫到跟前，让儿子摊开手掌，说出每个指头各有何用处和优势。

孩子觉得这个问题实在太过简单了，不以为然道："大拇指嘛，可以用来夸赞人；食指嘛，可以为人指点方向……"

等儿子自以为很完美地回答完毕后，母亲故意把桌上的钢笔弄倒，掉在了地上。孩子正要捡起来，母亲却拦阻道："等等，你可以用那根最有本事的手指去捡，记住，是最有本事的那根，千万不要借助其他手指。"

孩子一听觉得很有意思，跃跃欲试起来。几分钟过去了，不管他如何用力，都没有办法用他那根厉害的食指把钢笔捡起来。这时，母亲允许他再派出一根手指加以协助。这回，孩子不费吹灰之力就捡起了钢笔。

看到孩子若有所思的样子，母亲旁敲侧击道："一个人无论多么有能力，也需要靠跟别人合作才能获得成功。"

团结合作，是一个人成长的需求。让孩子学会合作，善于合作，这是他将来生存发展所必需的品质，也是搞好人际关系必不可少的关键步骤。然而，现实中有很多孩子极其不合群。面对这些孤僻的孩子，我们应该按照孩子的不同个性，采取不同的应对措施。

如果孩子不合群的原因是母亲本身不善交际，孩子没有机会与外界接触，无法习惯与陌生人交往，才形成孤僻性格。那么，我们应设法让孩子的穿着、举止、言谈习惯等方面接近周围的孩子，以避免孩子在集体中"鹤立鸡群"，从而导致浑身不自在。我们可以鼓励孩子邀请玩伴来家中做客，并热情招待，为孤僻性格的孩子做出榜样。

如果孩子不合群的原因是在家中称王称霸，在集体中闷声不响。那么，孩子多半是因为在家中经常受到家人的夸赞，而在集体中则愧不如人，因此丧失自信，遇人退缩。这种情况，母亲应与学校的老师接洽，相互配合，把孩子的某些长处公之于众，当孩子被老师和同学肯定时，便能自如自在地加入集体了。

如果孩子不合群的原因是在与同龄人相处时，不愿意吃亏，事事争强争锋，而遭人排挤。那么，母亲应对孩子严格要求，严加管束，让孩子懂得和谐共处的道理，并矫正孩子与其他伙伴玩耍的心理素质。这样，孩子便能在集体中与人和睦相处，从而建立深厚友谊了。

我们可以通过以下方法培养孩子的团结协作精神：

1. 给孩子树立与人合作的思想意识

很多事必须靠两人或两人以上的合作，才能顺利完成，单凭一己之力难以达到。我们应该善加利用这一点，让孩子切身体验一番不跟人合作，独自一人无法成功的挫败感和独来独往的痛苦,从而让孩子自己意识到与人通力协作的重要性。

比如,在平日的饮食起居上,我们可以试着给孩子分派一些简单却无法独自完成的任务,或者让孩子演一出独角戏。如此,孩子便能深刻体认到何谓团结,何谓合作共赢。与人合作的意识,也就能烙印在孩子的心中了。

2. 运用游戏,让孩子受益匪浅

游戏不但能使孩子身心愉悦,还能让孩子从中获益良多。我们应尽可能多地让孩子玩一些需要团队完成的游戏项目,比如积木、拼图、接力赛等。带孩子去进行一些需要与人配合的运动,不但对培养团队合作有帮助,更能强身健体,增强抵抗力。

足球、篮球、排球这类剧烈且需要很多肢体碰撞的运动中,孩子可能会受伤,也不一定喜欢,那么进行羽毛球、乒乓球等双人运动,将是一个不错的选择。如果孩子有文艺方面的兴趣,例如舞蹈、乐器,那么这也是培养孩子团队合作的绝佳机会,这些技能本身就极具群体性,孩子在学习、表演过程中,不可避免地会与他人进行配合。

3. 教孩子如何与同伴合作

一些年纪比较小,思想比较幼稚的孩子,在起初可能无法明白在一个团队中该如何自发地与人合作。这时,母亲必须对孩子进行指导,并在活动开展前,让孩子们一起坐下来商讨每个人各自的任务,进行分工。比如,积木类游戏的话,事先要教孩子做好数量上的分配,并达成共识,一旦哪个孩子的材料不够用,其他人要提供帮助,并谦让有礼。

或者,可以试试角色扮演类的游戏。在游戏中,让孩子明白,不能因为个人喜欢某一个人物,而霸占着一直扮演,应该大家轮流合作。一旦孩子之间发生矛盾,大家要先停下来,共同商量如何解决难题。如果有伙伴遇到问题,大家要共同去帮助他。通过这些非常具象化的合作演练,孩子们很快就能从中学会合作的方式方法,并真正明白合作是怎么一回事。

4. 要及时给予孩子鼓励和褒奖

作为母亲，千万不要吝啬对孩子的夸赞。尤其是在孩子完美完成一件需要团队合作的事情后，我们一定要向孩子投去赞许的眼神，并大加鼓励："你和小朋友们配合得很不错嘛！"同时，可以把孩子当大人一样，肯定地拍拍孩子的肩膀。母亲的这些言行举止，会对孩子起到莫大的鼓舞作用，并强化孩子团结合作的技巧。

智慧背囊

鲁迅曾说过："天才并不是自生自长在深林荒野里的怪物，是由可以使天才生长的民众产生、长育出来的，所以没有这种民众，就没有天才。"让孩子懂得协同众人之力，学会团结合作，是成功的一门必修课。

人要明理，若止一物上明之，亦未济事，须是集众理，然后脱然自有悟处。

——《二程集》

关于理

12 教孩子正确对待自己的成绩单

孩子一旦开始上学,很多母亲就开始紧紧绷住一根弦:绝对不能让孩子掉队呀!一定要让孩子名列前茅呀!于是,每当孩子放学回来,母亲的第一句问候就是:今天测试了吗?得了什么名次?上课认真听讲了吗?而不是关注孩子的成长和心理:今天你在学校开心吗?有没有积极参与老师的活动?班里谁是你的好朋友?

比起成绩和分数,孩子的情感教育、交往教育、健康教育、行为能力、道德意识等才是最重要的。在家庭教育过程中,我们应该保持良好心态,让孩子多一份坦然少一份焦躁,多一点沟通少一点说教,多元化地教养孩子。

只关注孩子的"分数",而忽视孩子的心理健康,会造成很可怕的后果。在青少年教育网上,曾有这样一篇报道:

2010年7月20日晚,应届高中毕业生李勇家中愁云惨雾,哭声一片。李勇17岁的年轻笑颜将永远地高挂在灵堂之上,哭得死去活来的李勇妈妈手中紧紧攥着儿子的成绩单……

17岁,花一般的年纪,然而这个花季少年却选择了一条不归路。为什么呢?只因一纸高考成绩单。当李勇拿到与预计分数相差甚远的分数时,便知自己和重点大学失之交臂了,心灰意冷下他选择了自杀。

据李勇妈妈回忆,那天,高考分数线揭晓,李勇的分数比估计的分数少了整整70分,李勇沉默了半响,看上去并没有什么异状。第二天,母子俩一起去查询志愿,并打听是否可以上复习班,晚上8点多他就上楼睡觉去了。谁知,在晚上10点左右,李勇妈妈上楼睡觉时，却发现儿子已经上吊自杀，孩子他爸赶紧把他送去医院，但为时已晚。

李勇过世后，李勇妈妈在他房里发现了一封简短的遗书："亲爱的爸爸、妈妈，这次高考我太失败了，你们花了那么多时间那么多钱来栽培我，对我寄予厚望，可我太不争气了，实在愧对你们。我真的太累了，我想真正休息一下……妈妈，我不是不愿读书，在阴间我还是会好好学习的，争取考一个让你们骄傲的好成绩……"

如果孩子对自己的成绩单缺乏正确认识，错误地认为成绩代表一切，那么就可能会酿成李勇这样的悲剧，后悔也来不及了。所以，我们应该教孩子正确对待自己的成绩单，而母亲则先要有一个正确的心态。

在学校，很多孩子面对各种大大小小的考试都会产生很大的压力，甚至一临场就开始心绪不宁，这跟母亲过于"认真"地对待孩子的分数脱不了干系。孩子的学习成绩一出现下跌，母亲马上跳起，采取各种措施，这必然会给孩子带来很多负面影响。

每位母亲都应该切记：考试，仅仅是对孩子各阶段学习状况进行检查的一种手段，某一次测验的成绩，不过是显示了孩子某一阶段的知识掌握状况，并不能全面否定或肯定孩子。作为母亲，在监督孩子学习的时候，不要死死盯着考试成绩，不要过于较真，也不要把压力施加在孩子身上，而应该看孩子实际的知识储量和学习效果。

分数，绝不是评判孩子学习成果的唯一标准。我们应怀着一份平和的心态去面对孩子的考试成绩。孩子考得好，可以对孩子大加鼓励；如若考得不好，不要责骂，不妨帮助孩子认真分析一下答题错误和失误的原因，并鼓励孩子再接再厉。如此，孩子才会不钻牛角尖，自信心会大幅增加，身心各方面也会更健康地发展。

孩子需要掌握的不仅是基础知识，还有技能和方法，这些都需要母亲配合学校对孩子加以积极的引导。当孩子成绩下滑时，我们必须记住以下几点：

1. 孩子情绪低落之时，更需要母亲的鼓励

没有哪个孩子会把考砸当成乐趣，也没有孩子会喜欢失败的滋味。所

以，当孩子在考试中因为种种原因而考得不理想时，我们千万要控制住自己的情绪，尽力在孩子失败的试卷上找出孩子成功的地方，并及时给予鼓励和褒奖。原本，孩子低着头，站在我们面前，准备接受一场"狂风暴雨"，但在沐浴过我们的"和风细雨"后，孩子内心一定会感激涕零，从而激发孩子奋发向上的学习热情。

2. 除了结果，更要关注过程

　　彩儿是一个小学五年级的女孩，活泼可爱。彩儿在妈妈眼里，女儿是一个非常出色的孩子。在看女儿写的作业、考的试卷、画的图画时，她总是带着一种欣赏的眼光。女儿的卷面总是特别干净、整洁，她便把这些试卷当作书签，宝贝地夹在书中。彩儿很喜欢看书，写的作文总是生动而有趣，又具真情实感。不过，在考试成绩方面，彩儿妈妈从来不会特别关注。因为，她认为重要的不是结果而是过程，她享受着女儿的成长给家人带来的无限快乐。

让孩子在一个宽松、民主的环境下成长，孩子才能充满创造性，才能发挥个人所长。无须母亲的监督，孩子也会自我教育、自我反省、自我关注学习成绩。我们不妨来看看彩儿的日记：

　　今天上午，张老师说下节课要公布数学期末考试的成绩，我觉得自己考得不错，心里很高兴，可是意料之外的事发生了……上课铃响了，我兴高采烈地坐到位子上，等待张老师宣布分数。老师开始念了，从第一名一直到第三名，竟然都没有我的名字，我才得了个第四名，我感到难以置信。拿到试卷后，我一看，才知道因为粗心弄错了好几个地方。虽然妈妈不会怪我，但我真的很难过，因为我落在了三个人的后面。我告诉自己，我一定要赶超他们！

很多孩子会抱怨："几乎每次考试失利之后，我都会很伤心，可是妈妈却还要批评我，甚至大骂一通，真是雪上加霜。"是啊，当孩子成绩不理想而伤心时，作为母亲，千万不能再"落井下石"，而应该敞开胸怀，关注过程。

3. 和孩子一起分析考砸的原因

当孩子成绩下滑时，我们可以先让孩子自己说一下其中的原因，一定要让孩子给出一个合理的解释。比如，题目难度太大、基础功不扎实等正面因素，或者是太过粗心大意、复习不到位、上课懒散注意力不集中等负面因素。知道原因之后，我们才能对症下药。

当然，我们也可以多和老师沟通，方便我们综合评估孩子的学习现状。在追踪原因的时候，一定要态度平和、语气中肯，不要责骂孩子，否则将难以找出孩子成绩下滑的真正原因。

4. 有针对性地帮助孩子补救学习成绩

当明了孩子考试失利的原因后，我们可以和孩子一起分析错题，帮助孩子搞清楚哪些是因为大意而失分，哪些是因为知识欠缺而失分。如果是前者，我们要教孩子一些应试的技巧，帮孩子克服不良应试习惯，培养良好学习习惯。如果是后者，要引导孩子弥补欠缺的知识，同时，检查自己在家庭教育过程中是否存在某些漏洞。

5. 不管成绩如何，孩子都是最优秀的

陆涛在班中的成绩一直处于中游，功课平平，尤其是数学，始终不见任何起色。光顾数学老师最多的人，可能就是陆涛的妈妈了，每次老师都让她多抓抓陆涛的数学成绩。

陆涛妈妈有一位朋友，是名心理咨询师，有一次咨询师问："你给陆涛的未来定的目标是什么？"陆涛妈妈脱口而出："只要他能赚钱养活自己就够了。"出乎意料的是，这个回答得到了咨询师朋友的赞赏："在众多父母中，你是唯一一个回答得让我感觉言之有理的人。"

很多母亲可能不太理解咨询师眼里的"有理"，其实这份胸怀非常难能可贵。

陆涛喜欢阅读，陆涛妈妈便不顾他人嘴里的"不务正业"，

给陆涛买了很多课外读物和世界名著；陆涛数学成绩总是死气沉沉，陆涛妈妈就不好意思地对他说："其实吧，妈妈小时候数学也不太好……"

这些举动和说辞，并非陆涛妈妈不管不顾孩子的学习，而是她认为成绩只是衡量孩子才能的一个方面，在孩子成长的道路上，还有更多、更重要的技能需要孩子去掌握。比如，陆涛数学不好，但写作非常出色，不仅因为他平时庞大的阅读量，还因为他懂得观察生活。所以，不管成绩如何，在陆涛妈妈眼中，只要儿子努力了，就是最优秀的。

智慧背囊

吉格斯说："态度决定成败，无论情况好坏，都要抱着积极的态度，莫让沮丧取代热心。生命可以价值极高，也可以一无是处，随你怎么去选择。"孩子未来的路在哪儿，关键在于母亲如何选择。

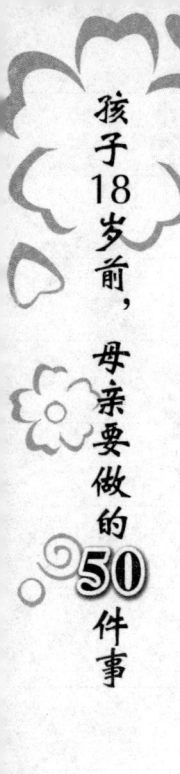

13 和孩子聊聊班上他喜欢的那个人

很多母亲聚在一起闲聊时，都会有这样的感慨："如今的孩子实在太早熟了，小小年纪就知道交男女朋友了。"年龄渐长的孩子开始和异性交往过密，面对这种"早熟趋势"，母亲们如临大敌，心中忐忑。当孩子踏入高年级时，在男女生交往上母亲变得更加敏感，孩子接触稍一频繁，母亲就唯恐天下大乱，立即出马干涉，直至浇灭孩子间的"小火花"才罢休。

母亲的出发点自然是保护孩子，但这种做法却对孩子的心理造成了一定的伤害。日后，在选择朋友和伙伴时，孩子会对异性产生恐惧和排斥心理，从而令他在正常交友上发生心理障碍，不懂得如何和异性孩子打交道，这对孩子的身心健康发展极其不利。

实际上，在低年级阶段，在孩子眼里异性并没有什么特别之处。他们的认识仅仅停留在幼儿期，而所谓的"女朋友"只是对成人世界称呼的一种模仿。在孩子眼中，女朋友或男朋友，只是一些比较谈得来的小伙伴。

正常的异性交往，对孩子的身心健康有益，这是每位母亲都要懂得的心理学，绝不要为以防不测就把孩子和异性隔在两个世界。

小卓是一名初三的学生，对于青春期的女儿，小卓妈妈总是防范有加，甚至避免小卓和男生交往。中考结束后，小卓和同学相约去毕业旅行，其中不乏一些男生。

一开始，小卓妈妈并不知情，也没有太过在意。可是，不知谁透露了风声，被这位严母知晓了。对小卓一番审问和逼供后，小卓妈妈断然拒绝女儿参加毕业旅行。小卓大惊失色，请求妈妈："我跟同学都约好了，怎么可以食言呢！"在小卓的苦苦哀求下，小卓妈妈终于妥协了，但是必须答应她一个条件，那就是不准和男同学单独相处。

还有一次，一个远方表哥从外地来家里玩，凑巧小卓妈妈赶着出差去，临行前她千叮咛万嘱咐，在接待好表哥的同时，更要保护好自己。并让小卓把她的临行交代复述了好几遍才罢休。本来小卓认为妈妈这下该放心了吧，谁知，晚上睡觉时收到妈妈的一条短信："你睡哪儿？表哥睡哪儿？"小卓无可奈何地回道："放心，没在一个屋睡觉。"小卓妈妈这才安睡了。

不少母亲都干过小卓妈妈这样的傻事吧？其实，孩子比我们想象中要懂事，他们能够自行处理好和异性同学的关系。真正的爱，不是把孩子捧在手心里，而是放手让孩子自己去独立处理问题。没有过摔倒和碰壁，没有经历过风雨，孩子如何能真正成长见到彩虹呢？

与其横加干涉，不如和孩子一起聊聊班上他喜欢的那个孩子。让我们换一种方式爱孩子吧！

1. 让孩子当一回情感案例分析员

李女士一直当儿子辉辉还是小孩子，直到有一次亲戚来家里聚会时，小外甥追着她问："大姨，为什么男孩子的嘴唇也红彤彤的呢？"李女士还没来得及回答，辉辉就在一旁打趣道："笨，被女孩子亲的呗。"听到这话，李女士一下子意识到儿子已经长大了。

放寒假的时候，辉辉的手机每天都响个不停，李女士经常看见他蒙头发短信。李女士心里其实很想知道儿子在和谁联系，是不是女同学，但她明白如果方法不当，很容易让孩子感到反感。于是，她找了个合适的机会对辉辉说："妈妈要写一篇关于中学生人际交往方面的论文，其中有一点是关于如何引导孩子与异性保持正常交往尺度。我想'聘请'你当我的案例分析员，给我举几个现实案例，你愿意吗？"

李女士的不耻下问招来了辉辉的好感，他认真地把班级里男女同学之间的关系分为了三大类：第一类，只是同学，没有任何私下来往；第二类，类似"好哥们儿"，平时会一起讨论功课，放假了会成群结队外出游玩；第三类，可以称之为"知己"，相互间会有一些好感，会偷偷离开团队单独来往。辉辉补充道："如果遇到麻烦，还是找哥们儿帮忙最好，知己太拘束了。"

我们可以学习李女士，通过和儿子促膝长谈来了解孩子对异性关系的见解，从而有的放矢地引导孩子。

2. 旁敲侧击，巧用迂回战术和孩子沟通

每次丽丽跟朋友约好出去玩，丽丽妈妈总会用不经意的语气问她和谁去玩，丽丽一般都会毫无戒心或不耐烦地随口告诉妈妈。这样，丽丽妈妈就知道孩子一如往常，没什么可担心的。一旦丽丽回答得很乖，并很认真地告诉她玩伴是谁，而报出的名字都是女同学时，丽丽妈妈便知道，一定有情况了。

通过观察，每次丽丽跟男同学来往时，她都会随身带着手机，包括在家里的时候，而且一定会把手机调成振动。遇到这种情况，丽丽妈妈就会通过迂回战术来和丽丽沟通。在聊天的时候，丽丽妈妈会不失时机地把话题引到早恋等问题上，探讨一些相关的新闻评论，并发表一下自己的中肯观点，同时也从丽丽口中套出一些内容。在不直接针对丽丽的前提下，沟通自然就能畅通无阻地进行下去。

孩子一旦进入青春期，就注定母亲要比从前更操心。不过知子莫若母，只要通过细心观察，孩子的小心思很容易就能被捕捉到，然后再旁敲侧击一番，便可知道孩子是否走错路。

3. 孩子与异性同学往来，母亲不要小题大做

芳芳妈妈发现，隔三差五就会有一个男孩子打电话找芳芳，两个小孩儿聊得特别起劲，芳芳还总对着电话呵呵傻笑。芳芳妈妈寻思：女儿肯定是早恋了！马上就要期末考试了，在这节骨眼上，可绝不能让芳芳因为早恋而分心呀！

为了制止芳芳和那个男同学再打电话，每次芳芳妈妈接到那个男同学打来的电话时，都推说芳芳不在家。有时，她还悄悄去翻看芳芳的书包，希望从书包里翻出一些女儿早恋的"罪证"。可是，除了书本、作业本和文具以外，书包里没有任何其他不该有的东西。

这天，芳芳放学一回到家，就哭着对妈妈叫喊起来："你干吗偷偷不让我接电话？妈妈，你太过分了！"芳芳妈妈马上知道，自己做的事肯定是被芳芳知道了。于是，她直接跟芳芳摊牌："我这还不是为了你好嘛！马上就要考试了，你不好好复习功课，却跟男同学早恋，我要是纵容你，还指不定你变成啥样呢！"

听了妈妈的话，芳芳哭得更委屈了，她掏出一封信塞到妈妈手里，叫喊道："谁早恋啦！你凭什么怀疑我！呜呜……"芳芳妈妈打开信，看完后心里懊恼极了。

原来，芳芳班里的班长转学了，而芳芳是中队委员，以前都是芳芳跟班长两个人一起处理班级事务。班长走后，班里的事太多，芳芳一个人实在忙不过来，所以，班长才会定时打来电话，帮芳芳出谋划策，一起商量事情，根本跟早恋扯不上关系。芳芳妈妈知道是自己把事情往坏处想了，她跟芳芳保证，以后再也不会私自干涉她的事情。

生活中有很多像芳芳妈妈这样的母亲，往往单方面根据片面情况来判断孩子出现的问题，并且把孩子单纯的世界复杂化，从而给孩子带来困扰。其实，像这种小题大做而引起的矛盾完全可以避免，只要我们在关注孩子的同时，信任孩子，能给予他足够的尊重，如果孩子真遇到难题，自会找母亲帮忙。

4. 当孩子遇到"情感困扰"时，母亲可以幽默一把

小伟神秘兮兮地把妈妈叫到自己屋里，轻声说："妈妈，我告诉你一个秘密，你必须得保密哦！……我喜欢上隔壁班的班花了。"

"哦？能喜欢上班花，可见我儿子眼光很赞嘛！"

"那当然！"小伟无比自豪地说。

"嗯，不过你们学校漂亮女生不是很多，如果你以后上了初中，就会遇到更多漂亮女生，选择的机会一定比现在多；要是上了重点高中，全市最优秀的女孩子就都聚集到一起了，挑选范围就更大了；万一，你要是上了重点大学，那就……啧啧啧……"

"哇，那全国的漂亮女生都聚到一起了，哈哈。妈妈，我决定了，现在的目标是考上重点大学，找到最漂亮、最优秀的女生！"小伟说着，跟妈妈的目光碰到一起，立马笑成一团，随后便拿起书复习功课了。

面对儿子的信任，小伟妈妈并没有让小伟失望，她巧用这种幽默式"臆想"，不但解决了孩子早恋的问题，还让孩子认识到现阶段的首要任务是什么，并激发了孩子奋发图强的决心，值得母亲们学习。相对于冷冰冰的家庭禁令，这种方式更有效。

智慧背囊

青春少年，正是对万物浮想联翩之期。母亲应该正确引导孩子公开、大方地与异性交往，给予孩子沟通、信任和尊重，从而消除孩子的好奇心。

14 跟孩子一起谈谈梦想

童年,是多梦的年代,是梦想的故乡。当孩子心中拥有了梦想,就能抱着梦想不断去创造生命的奇迹。不要让任何人偷走孩子的梦想,因为只有拥有梦想,才能实现梦想。

有一个男孩,在刚踏入校门念书时,成绩总是不及格,但他却对写作情有独钟,把成为作家视为自己的梦想。同学们对此冷嘲热讽,他们认为男孩的梦想是不可能实现的。男孩没有因为他人的嘲笑而放弃,每天都坚持写东西,练习怎么写诗歌怎么写故事……很多年之后,男孩竟然写出了一本轰动一时的小说——《老人与海》,所有人都记住了海明威的名字。

梦想,是一种向前进的动力,是人生中非常宝贵的东西。只有梦想,可以使孩子的内心充满希望,也只有梦想可以令孩子保持想象力和创造力。孩子最可贵的本能就是对未来充满幻想,虽然这些幻想有太多不确定因素,孩子可能一辈子都无法实现,但是,只有憧憬未来,孩子才能为着憧憬而投入全部的努力。如果你有一个正在梦想着的孩子,千万不要让他停下脚步,意外的惊喜,或许就在明天降临。

很久很久以前,一位穷苦的牧羊人领着两个年幼的儿子,靠替别人放羊来养家糊口。一天,父子三人赶着羊爬上了一个山坡。这时,一群大雁鸣叫着从他们头顶上飞过,然后慢慢地消失在了孩子们的视野里。

"大雁要飞去哪儿呢?"牧羊人的小儿子好奇地问。

牧羊人答道:"为了能度过寒冷的冬季,它们要飞去一个暖和的地方安家落户。"

大儿子看着远方,眨巴着眼睛羡慕地说:"要是我们也能像大雁那样展翅飞翔,那该多好,那时我要飞得比大雁还高,飞去

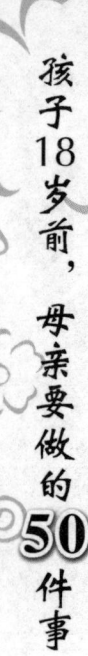

天堂看望妈妈。"

"当个会飞的大雁真好呀，可以想飞去哪儿就去哪儿，再也不用放羊了。"小儿子也憧憬起来。

牧羊人默默想了想，对孩子们说："只要你们想，你们就可以飞起来。"两个孩子立刻展开双手试了试，但没有飞起来，他们疑惑不解地望向他们的父亲。

牧羊人说："嗯，看看我能不能飞起来吧。"于是，他扑腾了两下，也没有成功，但是他言之凿凿地对孩子们说："也许是我年纪太大了，所以飞不起来。你们还小，只要愿意努力，就一定可以飞去你们想去的任何地方。"

这两个孩子一直牢记着父亲的话，并且不断努力，多年以后，他们真的飞起来了，这两个男孩就是发明了飞机的莱特兄弟。

黎巴嫩文坛骄子纪伯伦说："我宁可做人类中有梦想和有完成梦想愿望的最渺小的人，而不愿做一个最伟大的无梦想、无愿望的人。"面对孩子的"奇思妙想"，很多母亲会觉得孩子"好高骛远"。其实，正是梦想让不可能变成可能。

一些看似不切实际的梦想，最终却被人实现，这是因为梦想使人心潮澎湃，使人发挥潜能，从而实现目标。梦想，是一双飞翔的翅膀，不让孩子展翅高飞，就永远不会知道孩子究竟能飞多远。这个世界上没有绝对不可能的事，孩子有了梦想，就要让他相信自己能够实现。而要真正实现梦想，就要让孩子排除一切艰难险阻，始终意志坚定地朝着梦想的方向前进。

一个缺少梦想的孩子，就好像身体缺少了营养，思维会变得迟钝，会失去想象力和创造力。所以，若真爱孩子，我们就应该保护孩子的梦想，让梦想的种子开花结果，直至变成参天大树。

第一，不要轻易打碎孩子的梦想。

在孩子的成长过程中，母亲的职责应该是鼓励、支持孩子的梦想，而不是去打碎孩子易碎的梦想。

杰森从小便着迷于各地风格迥异的风景。一次考试，杰森得了第一名，老师奖励给他一本世界地图册。杰森别提有多高兴了，一有时间他就会捧着这本世界地图册观摩。

一天，妈妈让杰森帮忙照看炉子上的热水。杰森边照看水，边掏出世界地图册看起来。当看到一张埃及地图时，杰森万分激动，神秘的金字塔、尼罗河、法老和艳后……这些都让人惊叹，杰森心想以后一定要去一趟埃及。正做着梦，杰森被重重推了一把，原来水烧开很久了，沸腾的水浇灭了炉火，妈妈在屋里都听到了。

妈妈恼怒地问杰森："你在干什么？"

"我在欣赏埃及地图……"

"把火都看灭了，还欣赏什么鬼地图！"妈妈越说越气，把杰森推到炉火边，大声道，"我敢保证，你这辈子都不可能去那么远的地方！还不赶快重新生火！"

杰森愣住了，满脑子都是："我这辈子真的不可能去埃及吗？"被这个问题折磨了很久后，杰森终于下定决心，他的人生不需要由妈妈来保证。

20多年后，杰森第一次出国就直奔埃及。第一天到达埃及，杰森就坐在金字塔前，给妈妈写了一张明信片："亲爱的妈妈，我现在在埃及金字塔下给您写信。记得小时候，您下定论，认为我无法来到这个遥远的国度。然而，此刻我正坐在这儿给您写信。"

没有人可以保证孩子的人生，即使是母亲也不例外。而孩子，除了要有能超越束缚的梦想外，还要有对梦想持之以恒的精神。因为，在生活中，拥有梦想的人不少，但能实现梦想的人却不多，这是因为若想实现梦想，需要坚持和执著。

第二，尽全力呵护孩子的梦想。

有多大的梦想，就可能有多大的成就。而母亲所要做的，就是尽全力去呵护孩子的梦想。

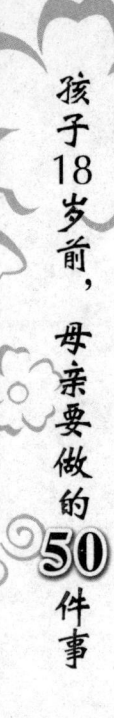

一天晚上，一位年轻的母亲在厨房里准备晚饭，年幼的小儿子则一个人在后院玩耍，在皎洁的月光下，孩子蹦蹦跳跳，玩得兴高采烈。不断听到"咚咚咚"的响声，孩子的母亲感到很奇怪，便朝着后院好奇地大声问："孩子，你在干什么？"

纯真无邪的孩子骄傲地回答："妈妈，我正尝试着跳到月亮上去。"

这位母亲并没有像其他母亲那样，责怪孩子不思进取，只知胡思乱想，而是幽默地说："好啊，不过别忘了回来吃晚饭啊！"

后来，这个孩子真的"跳"到了月亮上，成了人类历史上首位登上月球的人——美国宇航员尼尔·阿姆斯特朗。

还有另一个类似的故事：

一天，男孩的母亲有事外出，临出门前，她把正在酣睡的小妹妹交托给了男孩。母亲走后，无所事事的小男孩决定找点乐子，他在屋里找到了几瓶五颜六色的墨水，他很好奇，轻轻地打开了盖子，看着熟睡的妹妹，男孩便拿起墨水在地板上给妹妹画起了肖像。

当然，可想而知，房间里四处都被洒上了墨水的颜渍，家里被弄得脏乱不堪。当母亲回到家，便看到了惨不忍睹的一幕：到处是色彩斑斓的墨水痕迹。这位母亲也很快看见了地板上的那张肖像，或者说，那不过是一片凌乱的墨迹。但是，她却欣喜地叫道："啊，那是莎莉！"随即弯下腰亲吻了一手墨水的男孩。

后来，这个男孩成了一位鼎鼎大名的画家，他便是本杰明·韦斯特，他总是自豪地对人说："是母亲的一个吻，让我成了画家。"

如果尼尔·阿姆斯特朗的梦想被母亲掐断了，他也许就不是那个登月球的第一人。如果本杰明·韦斯特的天马行空没有得到母亲的呵护，他也许不会有如此辉煌的成就。对孩子来说，母亲的一个鼓励、一份谅解，可能就会成全自己一个伟大的梦想。

很多母亲习惯性地把"异想天开"视为贬义词，其实大错特错。记住，我们面对的是一群未成年但充满想象力和创造力的孩子，我们永远都无法事先预测这些孩子会利用何种方式、何种途径去实现个人价值和梦想，从而得到属于自己的那一份成功。

面对充满抱负的孩子，我们该如何赠与他们梦想，如何去保持他们的梦想，又如何能帮助他们实现梦想呢？

其实，作为母亲，我们能做且最应该做的，就是鼓励、呵护、理解。只要孩子的梦想是积极、闪亮、真诚的，那我们就不能去打击。而其余的努力，则交还给孩子自己吧。让孩子自己去选择，让孩子勇敢地追寻自己的梦，让孩子把"不可能"变成"不太可能"，最后成为"可能"。

智慧背囊

孩子必须要有梦想，并且一定要通过自己的努力去实现梦想。因为，梦想很重要，有了梦想，就有了精彩的未来。让孩子保持一颗做梦的心吧，不管它指向多么遥远的地方。

15 让孩子止步于暴力倾向的门外

让我们先来看一则报道：

据《北京青年报》的记者从中国青少年犯罪研究会了解到的统计资料显示：近几年，发生在18岁以下未成年人群体中的暴力案件每年都有所增加，而且暴力案件的实施者越来越低龄化，越来越有"团伙化"的趋势。2000年，未成年人暴力案件中的作案青少年主要集中在17～18岁，而到了2006年，其平均年龄已下降到15.6岁。在辽宁省抚顺市发生过一桩弑母案，轰动全国，其作案者年仅11岁！

这些数字在向我们预警：暴力倾向正出现在越来越小的孩子身上。"我们家孩子有严重的暴力倾向，怎么办？"如今人们的生活越来越好，但母亲在教育孩子方面，该担心的事情不仅一项没少，反而越来越多。

天弘才3岁，是个活泼开朗的小孩子。唯一美中不足的是，他一不高兴就爱打人。

这天在幼儿园里，小朋友们正一起做游戏。天弘找来找去就是找不见自己刚才从活动区拿来的小鸭子。一转头发现在琳琳那里，天弘也不问缘由，一脸怒气地冲过去，一把抢了过来，还顺手拿小鸭子敲了两下琳琳的头。琳琳"哇"的一声就哭了。王老师听见哭声跑过来的时候，天弘还掐着腰，一脸"正义凛然"的样子，一点都没认识到错误。问清楚情况，王老师要天弘给琳琳道歉，他这才软下来。

老师叫来了天弘的妈妈，跟她讲了事情的来龙去脉，并告诉她，天弘聪明懂事，是个不错的乖宝宝，但是稍一不高兴就动手打人，在幼儿园已经犯过好几回了。这个毛病需要家长配合帮他改一改。

　　天弘的妈妈犯了愁，她也是知道自己儿子的毛病的。天弘上幼儿园之前是由奶奶照顾的，老人家心疼宝贵的独苗孙子，对天弘极尽宠溺，导致这小子稍一不顺心就对身边的人"不客气"，抓人头发、扭人耳朵是常有的事。还有一次，她见到儿子蹲在地上跟家里养的小狗玩，突然狠命地去揪狗狗的耳朵。小狗养得好，从来不咬家里人，只是惨叫一声跑开了。天弘蹲在那里高兴地拍起手来。当时天弘妈妈没当一回事，以为儿子一时兴起，就一笑而过了。哪知这一幕过了几天又重演了。天弘把小狗塞到胳肢窝底下，一只手控制住小狗，另一只手不断地打小狗的头，还一边打一边叫："打你，打你，你倒是给我哭啊！"天弘妈妈吓坏了，赶紧给孩子讲道理。谁知道一讲道理，这孩子立马变了个人似的，头点得像捣蒜。看来道理他全都明白，那这是怎么回事呢？这下妈妈实在不知道该怎么办好了。

　　你的孩子也像天弘这样吗？也许你的孩子身上没有这些毛病，但是你仍然不可掉以轻心，因为你不是全天24小时与你的孩子在一起的。许多母亲觉得暴力倾向不会出现在幼小的孩子身上，因此不会太关注对孩子在这方面的教育和引导。这是万万不可取的。即使自认家教良好，这些敏感地区也是要给予关注的。如何判断孩子是否有暴力倾向呢？细心的妈妈要注意以下方面：

注意一：孩子是否有接触暴力电影或暴力游戏的机会？

　　美国的一些心理学家曾经做过这样一个实验：将一群儿童分为两组，经常给其中一组看含有暴力成分的电影，给另外一组则看普通情节的电影。持续时间为半年。虽然实验过程听起来不怎么人性化，但却证明了这样一个结论：经常看含暴力成分的电影的儿童，身上有明显的暴力倾向。

　　孩子年幼的时候是没有分辨是非的能力的，他只能靠单纯的模仿。因此周围的人，包括父母、老师、同学甚至是电影中的人物，都会成为他模仿的对象。母亲的言传身教再成功，如果不在其他方面将不良信息"截流",孩子照样会走上歪路。因此你要注意,当自己不在孩子身边的时候,孩子有没有机会接触到一些有暴力成分的电影或游戏。如果有这个可能,一定要帮他杜绝。《三字经》中说:"昔孟母,择邻处。"可见环境对于儿童的成长影响有多大。因此在这方面,一个成功的母亲一定要起到"过滤板"的作用。

注意二:孩子身上是否有你看不到的破坏行为?

母亲最容易看到的是孩子在家中的破坏行为,比如打家里的小动物、损坏家里的物品、跟家里人淘气揪头发等。也许你的孩子比较"聪明",他知道这么做会受到父母的惩罚,因此他在家中是个十足的"乖宝宝"。但是一出了家门,他也许会马上变身为一头野马,收不住缰绳。很多母亲被幼儿园老师叫到园中,被告知儿子或者女儿的"斑斑劣迹"时,都是一脸茫然与不敢相信。因为这个孩子在家里的表现实在是太好了。所以千万不要被表象所迷惑,有可能你看到的并不是全部的事实。

在家中不敢做的事,出了家门他可能就敢了。因此,还要发动老师和家里的其他亲人一起,注意孩子有没有破坏行为。

如果你在你的孩子身上发现有破坏行为,不要大惊小怪。"人之初,性本善。"孩子会有暴力倾向也不是天生的,而是在后天环境中慢慢形成的。下面我们来分析一下孩子暴力倾向产生的原因:

首先,孩子不是无缘无故就打人的。孩子打人一般是出于自卫,比如像天弘一样,有小朋友抢了他的东西,或者是别人先打了他。孩子做出任何动作一般都是出于他的本能,也就是第一反应。

其次,孩子的语言表达是贫乏的。孩子年纪尚小,表达能力有限,还无法跟与自己发生"敌对"关系的人产生有效的沟通,以此来解决事端,所以他只能选择身体语言也就是打人来发泄自己的不满情绪。

再次,环境对孩子影响很大。孩子是天生的模仿家。假如爸爸、妈妈总是闹矛盾,吵架甚至动手;假如爸爸、妈妈对孩子动用暴力;假如爸爸、妈妈当着孩子的面观看暴力视频……这些都会对孩子产生影响。

还有一点,就是溺爱。很多孩子的坏毛病是被娇惯出来的。试想,调皮的小男孩拿到玩具冲锋枪,第一反应一定是试试这个大家伙好不好用。若他冲到客厅,对着大人们扫射,嘴中还"杀啊杀啊",结果大人们配合得出奇地逼真，一个接一个地捂住"伤口"在血泊中倒下去。这样的孩子是可爱？是单纯？还是有暴力倾向？我们不要只是抱着美好的心态看待自己的孩子，对孩子的暴力倾向万万不可掉以轻心。

在上面提到的那个心理实验中，那些心理学家之后又花了差不多半年的时间来消除暴力电影对后一组儿童的影响，并得出了新的结论，即通过积极的影响，儿童身上的暴力倾向是可以消除的。消除的方法，每一位母亲天生就会：

第一，关心孩子，给予他充分的重视。暴力的反面是爱。你首先要对孩子付出百分之百的爱，给他足够的关注，满足他、理解他、尊重他，这样他才不会动不动就有脾气，他才会平心静气地去对待身边的人和事，甚至可以学你一样用耐心和爱心去处理遇到的事情。

第二，引导他正确解决问题。孩子不懂怎么处理问题和发泄不良情绪，那就要你这个母亲耐心地去引导，给他讲道理，请他寻求大人的帮助，告诉他好孩子是不会使用暴力的，告诉他打人是对别人的一种伤害。请他设身处地地想一想，如果换成是他，也不会希望挨打的。不用担心孩子会听不懂你的话，他的心智在一天天变得成熟，多多跟他重复，他慢慢就会懂的。

第三，转移他的注意力。察觉到他有要打人的冲动时，想办法先把他的情绪疏导到另外一条通道上去，帮他平息怒气，解决纷争。比如，孩子的香蕉被他的小表哥吃了，他正举着小拳头要"复仇"时，拿个苹果给他，并告诉他这是小表哥送给他的，小表哥可能是觉得苹果比香蕉更好吃。

第四，做个好榜样。你要和孩子的父亲结成统一联盟，给他树立一个好的父母形象，让他从你们身上学到温柔和善解人意。哪怕你们有矛盾，请不要当着孩子的面解决。要知道孩子的潜意识里一直认为父母就是天就是真理，如果一旦开始模仿你们的暴力行为并形成恶习，再要改就难了。

第五，教你的孩子学会为他人着想。在孩子眼里，母亲天生就是温柔体贴的。你要告诉他的是，不要单纯地享受你对他的温柔，更要学着去温柔待人。教他戒除自私，留意别人的感受，不可为了自己舒服而去伤害别人。

第六，教给孩子正确的交往策略。孩子与人发生冲突，都是在跟人的交往中发生的。孩子打人往往是一时冲动，实际上他是渴望友谊的，但却不知道如何跟人和睦相处。这时候妈妈应该站出来，教给他与人交往的正确方法，然后一点点引导他自己去处理发生的冲突。别忘了，当他做到的时候，要给他一个大大的鼓励。

智慧背囊

歌德说："有两种和平的暴力，那就是法律和礼节。"只要有爱心和耐心，再加上讲究方法，你就一定能教出一个好孩子。

16 掐灭孩子无理取闹的气焰

"孩子一天天长大了,应该越来越懂事,但却越来越不听话,越来越无理取闹……"很多父母都有此抱怨。在日常生活中,孩子任性、无理取闹的情况时有发生,他们经常为了芝麻绿豆大的事大发脾气,不是蛮不讲理,就是挑三拣四,而且叛逆、不听劝阻,令母亲们非常头疼。

其实,从孩子的表现中,我们可以了解到孩子为何会蛮不讲理、无理取闹,从而有效地掐灭孩子无理取闹的气焰。

通常,孩子的无理取闹会这样表现出来。

表现1:不管任何东西都占为己有。

孩子在解决问题时,总是喜欢动手,而不是动口,尤其是年幼的孩子。有时,一见到其他小朋友拿着自己的玩具,孩子便会恼怒,走上前大喊大叫:"这是我的!"然后,野蛮地夺过玩具,甚至还会推倒拿他玩具的孩子。

应对:做出这种举动的孩子显然欠缺跟人分享的品质,我们要多给孩子一些时间去改变,平时多让孩子跟同龄孩子一起玩。如果孩子到了5岁左右,还总是欺负其他孩子,那么我们一定要严厉地制止,让孩子明白他的行为伤害到了他人,让孩子认识到自己的错误,并让孩子向小伙伴道歉。

表现2:对他人恶语相向。

从孩子口中,有时会听到一些伤害人的话语。比如,当母亲说现在该睡觉了不能再看动画片时,被动画片吸引住的孩子就可能会气愤地对母亲说:"我讨厌你!"甚至开始撒泼。

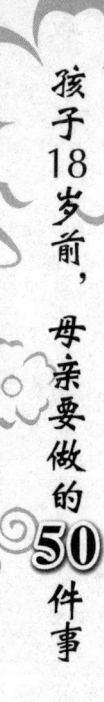

应对：当孩子不懂得用适当的词汇来表达自己强烈的情绪时，我们应该教会孩子一些正确的表达方式，并且让孩子知道，他的行为不招人喜欢。比如，我们可以心平气和地拉着孩子的手，蹲下，和孩子保持一个平等的水平位置，告诉他："妈妈不喜欢你这么说话。"同时，教孩子"谈条件"，让孩子用"商量"的方式去解决问题。当孩子学会正确的表达方式后，就会少些恶语相向。

表现3：随心所欲，想干什么就干什么。

有时孩子会表现得非常自私，比如，突然想吃麦当劳或想去游乐场了，就立马拉上母亲出门，一刻都等不得，还会像个霸王一样直嚷嚷："我现在马上就要去！"

应对：年幼的孩子会以自我为中心，认为自己是全世界最重要的人。一旦发现并非所有他想要的都能得到，并非所有愿望都能实现时，孩子就会不知所措，从而暴跳如雷。所以，我们必须及早让孩子认识到自己不是世界的唯一，并让孩子学会关心自己之外的事物。

很多孩子的无理取闹，主要原因来自母亲的不当教育方式。

孩子生来就会察言观色，母亲最初无条件的溺爱和袒护，也是造成孩子"无理"的源头，而一味地妥协，更助长了孩子无理取闹的气焰。这种坏习惯一旦养成，孩子便不再通情达理，想干什么就干什么，做出各类"越轨"行为。这必然会严重影响孩子今后的成长。

我们必须警醒，动不动就无理取闹的孩子，不但无法促使自己完成力所能及的事情，也不能自觉地支配、控制自己的不良行为。那么，作为母亲，该如何去掐灭孩子无理取闹的气焰呢？

1. 假装对孩子的无理取闹视而不见

当孩子从一个不谙世事的婴儿逐渐长大，自己便慢慢有了一定的思想。这时，母亲一旦减少和孩子的身体接触，他们便会通过"无理取闹"等方式来引起母亲的关注，比如，撒泼、哭闹、耍脾气等。所以，我们不必盲目满足孩子的要求，在适当的时候，"忽略"孩子的行为，无理取闹的情况就自会抑制。

5岁的诺诺被送到了幼儿园,可是,老师却告诉诺诺妈妈,诺诺在学校每天都会用头去撞桌子。每次一看到这种情况,老师和同学都非常紧张,立马上去制止,并用各种方式安抚诺诺。可是,都没什么效果。无计可施下,诺诺妈妈去心理咨询室请教了心理医师。心理医生建议,下次诺诺再用头撞桌子,所有人都不要去理睬他。

之后,诺诺一如既往地用头去撞桌子。然而,在医生的吩咐下,所有人都没有过去答理他,各干各的事。就这样,几天过去了,始终没有人理会诺诺。慢慢地,诺诺这种奇怪举动的次数越来越少。直至最后,这个行为彻底消失了。

诺诺的这种情况很特别,但是这个案例却传达了一个相当重要的信息,即有时候孩子之所以会频繁出现不当行为,是因为他渴望得到他人的注意。显然,遇到此类不良行为,比如用头撞桌子等,"视而不见"是最行之有效的解决方法。

一旦发现孩子的某种奇怪、无理行为,是为了引起我们的注意,那么就试着"无视"它,让孩子尽情发泄。待到孩子认识到,自己那些行为根本解决不了任何问题时,孩子便会自行停止。我们只要坚持这么做,孩子就会逐渐改掉无理取闹的坏习惯。

2. 让孩子知道为什么不可以这么做

在掐灭孩子无理取闹的气焰前,我们必须要把"讲理"贯彻到底。在告知孩子"不可以这样做"、"要那样做"的同时,也该让孩子明白"他们为什么不可以这样做,要那样做"。切记:简单、粗暴的训斥和惩罚永远无法真正令孩子变得通情达理。

很多时候,孩子缺少一些评价、判断自己行为正确与否的依据,因此孩子无法自觉地约束自己。所以,我们非常有必要给孩子树立一套正确的、持之以恒的行为准则,并让他们了解这套行为准则的真实意义,心悦诚服地遵守、执行。如此,孩子就能有效地去控制自己无理取闹的不良行为。

3. 孩子出现无理迹象，不能姑息养奸

之前所说的要"无视"孩子的无理取闹，并非真的无视，并非让母亲对孩子的不良行为投降，睁一只眼闭一只眼，任其发展。那只是表现我们不满足他们，不纵容他们，不受控于他们的一种方式。如果母亲真的无视孩子的无理，只会"姑息养奸"，不利于孩子的成长。

纵容，是无法令孩子回头是岸的，因为他们"永不知足"。适当地对孩子说"不"，才能令孩子明白人与人之间相处，不能为所欲为，靠的更不是蛮不讲理。一个被宠坏的孩子，不但在童年难以感到真正的幸福，长大后，更会和这个社会格格不入。他们会意外地发现，没有人愿意与他们打交道，因为没有人喜欢无理取闹、自私自利的人。

所以，我们必须把孩子的不良行为扼杀在摇篮里。我们要让孩子明白一点，作为母亲，我们是慈爱、包容的，但同时，我们有绝对的权利去制止他们无理取闹的行为。若能始终坚持这一点，孩子慢慢就能学会控制、约束自己。

4. 不要为孩子提供过于丰裕的物质条件

物质条件如果太过丰裕，孩子就容易变得挑三拣四、自以为是。我们经常会看到，有些家庭条件特别富裕的孩子，往往骄纵难训。而那些普通家庭的孩子，反而是贴心小棉袄。所以，在培养孩子的过程中，我们供应给孩子的物质条件要适当，不要穷奢极侈。否则，孩子会很容易养成无理取闹、娇惯霸道等坏习惯。

比如，在吃饭时，给孩子什么他们就必须吃什么，如果挑食，就得挨饿；孩子大哭大闹要买昂贵的玩具时，绝对不要心软，不管他们怎么闹都别答理。

我们要切记，不管是好习惯还是坏习惯，都是从小养成的。所以，在小事上，母亲要坚持自己的原则，不向无理取闹的孩子妥协。

5. 给孩子树立一些优秀的榜样

孩子天生善于模仿，当然，他们可不管对象是好是坏，只管照搬照学。因此，他们极易受外界事物的影响、感染。所以在管教孩子时，我们

可以妥善利用生活中、影视剧以及故事中的"好孩子"形象，让那些完美形象充分发挥好榜样的作用，以此来教育孩子。

通过优秀的榜样，让孩子明白，乖巧懂事的孩子讨人喜欢，而无理取闹的孩子只会令人厌烦。用正面导向，促使孩子的行为向良好的方向发展。

6. 让孩子学会控制自己的无理情绪

心理学家认为，有些孩子会无理取闹，是因为情绪发育不健全造成的。这类孩子往往现场兴奋感强于自制力，外界微小的一个刺激都可能使他产生难以自制的躁动。面对这类孩子，可以通过心理训练的方法，去改善他们的感觉系统，让他们的情绪反应和心理素质相协调。

比如，孩子情绪失控时，适时问一些开放式的问题："你觉得是什么事使你这么不开心？""在学校是不是发生了不愉快的事？"……这些假设性问题，可以帮助孩子自行找出情绪失控的原因。等孩子知道原因后，你要跟他一起去探讨如何解决问题。这时，母亲的主意会给孩子很大的帮助。但是我们万万不可越俎代庖，要鼓励孩子有自己的想法，并去尝试这些想法。

孩子无理取闹，其实并非毫无章法可循，只要我们按照上面的几种方法去应对、教育，孩子自然会打败无理的坏习惯。

智慧背囊

常言道："无理取闹，必有所图。"所以，当孩子无理取闹时，母亲应该去探索孩子图什么，为何"无理"。

17 让孩子主动为自己做的错事道歉

"金无足赤,人无完人。"十全十美的孩子是不存在的,美玉尚且有瑕疵,何况是成长中的孩子呢?当孩子捣蛋、犯错,弄一堆烂摊子或令父母失望时,他们也会难过、懊悔。

一些时候,孩子可能本意善良,只是方式错误;一些时候,可能只是无心之失;一些时候,也许是缺乏经验……这时母亲更应该关心、包容孩子,允许他们犯错,然后分析孩子的错处,指出正确的处理方式。让孩子通过当下的事件吸取经验教训,让孩子主动为自己做的错事道歉。

其实,在愉快的氛围中,被母亲谅解、包容的孩子,往往更容易接受他人的意见,牢记自己的过失,并逐步改正或改进。

又比如,当孩子由于过失弄坏了家里的物品,我们不必大动肝火,而应宽容地告诉孩子:"我知道你是不小心的,不过,以后千万要细心哦!"

比如,当孩子好心办出了坏事,造成一些无故损失时,应该理智地告诉孩子:"孩子,谢谢你的善意,但是你的方法不对,就给我带来了麻烦。以后你要这样做……"

总之,我们的唯一目的,就是让孩子掌握自我批评的精神,并在自我批评中获得经验,取得进步,得到成长。

所谓的自我批评,可以从以下两个方面让孩子实施:

第一个方面:让孩子自己认识到错误。

孩子犯错固然应该批评,但是,最有效的批评是让孩子自己认识到错误。

母亲强加的那些批评，会让孩子产生逆反心理，孩子会暗忖："反正已经挨批了，这下破罐子破摔得了。""要达到这些要求太难了，大不了再被骂一次。"这样，孩子只会变得麻木，不仅无法自我批评，而且亲子之间的情感也会更加淡漠。

有一次，星星和爸爸、妈妈一起去游乐场玩。没多久，星星便玩累了，非要爸爸抱他，爸爸不抱，他就坐在地上又哭又闹，还伸手用力打爸爸。

星星妈妈走上前，严肃地说："星星不是小班长吗？这点小困难都克服不了？是谁每天晚上给星星讲故事？今天陪你出来玩，爸爸比你更累，结果你还打爸爸。如果是你，是不是很难过？爸爸要是扔下你不管，你觉得行不行？"

"不行！"星星着急地说。

"那么，打人对吗？打爸爸对吗？"妈妈继续问道。

"不对。"

"你是讲道理的好孩子吗？"

"是的。"

"那么，你该怎么做呢？"

星星想了想，走到爸爸跟前，拉起爸爸的手，羞愧地说："爸爸，对不起！星星错了，以后再也不打爸爸了！"

对孩子来说，打骂和盲目的批评是最坏的教育方法，只能教孩子们伪善、说假话。所以，要想避免孩子犯错，就要先让孩子明辨是非，这样孩子才有认错的决心，教育的目的也就达到了。

第二个方面：让孩子自己选择惩罚方式。

大文豪马克·吐温有三个女儿。在家里，他不但是一位民主的慈父，还是一位善于教育的好老师。作为父亲，马克·吐温从不摆大人架子，也不会打骂孩子们，他和孩子们保持着一种平等的朋友关系，总能"理"字当先。

在批评教育问题上，马克·吐温颇费苦心，每当孩子犯错时,他都会使出自己那套特殊的教育批评手段——让孩子自己选择惩罚方式。这种方法,不仅行之有效,还令孩子们非常敬畏自己的父亲。

一次,马克·吐温和妻子带着三个孩子开着一辆塞满干草的大车,去城外的庄园度假,他们计划躺在干草堆上前往目的地。对孩子们来说,这是非常令人向往的,因为高高地躺在草堆上,伴随着草车的摇摆,一路欣赏沿路的美景,这趟车程必将十分惬意。

但是,就在出发前,却发生了一件意外之事:不知何故,大女儿苏西把妹妹克拉拉弄哭了。按照"家规",苏西不得不受到应有的惩罚。如何惩罚苏西呢?按照马克·吐温一向的惯例,一旦犯错,必须自己提出几种惩罚自己的方式,然后从中挑出一种征询家人同意,一旦通过就可实施。

无奈之下,苏西给自己列出了好几种惩罚方式,其中包括一项她最不情愿的惩罚——放弃躺在干草堆上的美好经历。苦苦挣扎了良久,苏西难过地对妈妈说:"妈妈,我今天不跟你们一起坐干草车了,这是我最难以接受的。我会牢牢记住今天,以后再也不犯这种错误了!"

果然,苏西说到做到。在这件事上,马克·吐温从头至尾不曾指责过孩子,惩罚方法也是孩子自己选出来的。但是,教育效果却很显著。因为,这位大作家非常清楚,女儿自己选择的惩罚方式,绝对是自己最不愿意发生的,也是对自己影响最大的。

所以,母亲应该让孩子在成长阶段学会自我批评,主动道歉。自我批评,不仅可以令孩子有效地改正错误,还能更好地自省、自律,培养起成熟的理性。

很多时候,孩子身上的优、缺点是辩证的,看似缺点,却可能隐藏着优点的潜能,今日的缺点,明日便可能成优点。可见,在特定条件下,孩子的缺点、过失、错误和劣势,都可能转化为优势。让我们来看看,劣势是如何转变成优势的:

1. 把错误变成学习新事物的机会

大卫是一位大名鼎鼎的医学专家,当人们问他"如何比常人更具创造力"时,他讲了一段经历:2岁的大卫,有一次打开冰箱,尝试着拿出一大瓶牛奶。瓶子很滑,一不小心,瓶子摔碎在地上,牛奶溅一地,成了一片白色海洋。

大卫妈妈闻声赶来,见到眼前的惨象,非但没有批评、教训大卫,反而说:"哇,你创造的杰作可真棒呀!我从没见过如此大的牛奶坑。反正牛奶也喝不了了,在处理前要不先在牛奶中玩几分钟?"母子俩就这样玩起了牛奶。

几分钟后,大卫妈妈说:"这样的杰作放在这儿,我觉得不太适合,我们最好把它清理干净。你愿意吗?我们可以用一条毛巾、一块海绵或者一个拖把来打扫。你喜欢哪一种呢?"大卫选了海绵。打扫完后,大卫妈妈又说:"显然,用你那两只小手拿一个大瓶子的实验,你已经失败一次了。来,让我把瓶子装满水,看看我是怎么拿动它的。"

在妈妈的亲身示范下,大卫很快便知道,拿稳瓶子的诀窍是用双手抓住瓶颈。通过这件事,大卫懂得了,犯错不是丢脸的事,而是学习新事物的良机。

在孩子犯错之时,正是教育的最佳时机。因为,惶惑不安和内疚会让孩子不知所措。这时,我们的道理会更加刻骨铭心,让孩子吃一堑长一智。母亲所要做的就是讲清道理,指出弥补方法,让他们从中得到有价值的东西。

2. 犯错也可以成为培养兴趣的跳板

春春妈妈出门办事去了,让儿子春春一个人在家中玩耍。一个小时后,春春妈妈回来了,一进房间就大惊失色,原来春春用剪刀把窗帘剪出了好几个大洞。见此,春春妈妈没有对春春大呼小叫,而是摸了摸春春的脑袋,表扬道:"哎呀,春春学会用剪刀了,妈妈真为你感到骄傲……"

在表扬后，她随即认真地对春春说："但是，在生活中，剪刀不是用来搞破坏或毁坏家具的哦。如果窗帘坏了，还怎么挡住刺眼的阳光呢？这样使用剪刀是错的，你知道吗？"春春听懂了，乖巧地点了点头。

于是，春春妈继续微笑着说："那么，让我们一起来思考用剪刀可以干些什么吧？它有什么作用呢？"说着，春春妈妈便引导着春春想出了各种五花八门的剪刀的用途，最后还一起剪了一个手工鸟儿。

在这个案例中，孩子犯错并没有受到妈妈的责备，这位妈妈以指导为原则，令孩子认识错误，并因势利导培养一些孩子的兴趣爱好。比如，以孩子乱用剪刀为"导火线"，教孩子学会如何剪纸。

3. 错误可以是通往成功的必经之路

幼稚园老师给孩子们布置了一个作业，要求每人画一幅游乐场的画。莎莎迅速画完了，但由于布局有欠合理，人物、景物的比例严重失调，导致画面凌乱不堪。

于是，莎莎只好向妈妈求助。妈妈看了她的画作后，没有批评她不好好开动脑子，也没有责怪她愚笨，而是心平气和地说："嗯，第一次画这种内容丰富的作业，不可能一下就画好。别急，咱们再重新画一张，按妈妈说的再试试看。"在妈妈耐心的指导下，莎莎先考量了画面的布局，然后再动笔画。

作业交上后，老师表扬了莎莎的最后成品。通过这件事，莎莎画画的积极性更高了。

当孩子失败时，作为母亲的我们绝不能再雪上加霜，而应该加以安慰、鼓舞，帮助孩子走出失败的阴影，帮助他们克服困难，重新建立信心。如此，才能让孩子触类旁通，在日后遭遇失败时，从自己身上找原因，积极克服阻碍，不轻言放弃，从而走上成功之路。

孩子的成长，其实就是一个不断减少过失、改正错误、克服困难的过程。"失败是成功之母"，允许孩子犯错、失败，也是对孩子的一种正确引导。身为母亲，不管孩子犯何种错，都应该以心平气和的心境去对待，让孩子主动为自己做的错事道歉，并吸取教训，这才是最好的教育方法。

智慧背囊

古人说："虚心使人进步。"自我批评，正是一种虚心的最佳表现。让孩子学会自我批评，就能使他们自己取得进步、获得成长。

博学之，审问之，慎思之，明辨之，笃行之。

——《中庸》

关于学习

18 帮孩子树立一个梦想

嘉嘉的学习成绩一直不太理想,各方面的表现稀松平常。在父母和同学面前,他缺乏自信,总是觉得自己长大以后一定不会有什么出息。平时,嘉嘉也常让人感觉死气沉沉的。他不明白自己为何要学习,因此学习也不努力。

有一次,老师布置了一篇作文《我的梦想》,嘉嘉不知道如何写,因为他不知道自己的梦想是什么……

其实,真正没有梦想的孩子微乎其微。美国成功学大师拿破仑·希尔曾说:"人类最神奇的遗传因子,就是那善于梦想的力量。"梦想,是一种人生目标,也是不断奋斗的动力。没有梦想的孩子,自然会失去进取的动力,会表现得缺乏激情,终日不知所以,无所事事地度过每一天。

孩子的梦想,就像一颗颗饱满圆润的种子,只要给予适当的鼓励和正确的引导,必能开花结果。对孩子来说,何时树立了梦想,何时就开始了真正的人生。因此,帮助孩子树立一个正确、美好的梦想是至关重要的。

孩子梦想的形成有其一定的规律:小学时期处于梦想的萌发期,中学时期处于梦想的形成期,高中时期则是梦想的确定期。可见,孩子的梦想要从小树立。

在李嘉诚小的时候,有一次他的父亲带着他到海边,指着来来往往的巨轮,讲人生的道理。当然,对年幼的李嘉诚来说,那些道理并没有太用心记住,反而是那些巨轮吸引了他全部的注意力。他想,如果能驾着轮船,在海上航行,一定非常激奋人心,他情不自禁地说:"爸爸,我将来也要当巨轮的船长!"

父亲很高兴地对他说:"好孩子,很有志向!可是,当一个船长可不是那么容易的，必须要考虑许多问题，思考也必须全面。"父亲将手搭在儿子肩上继续说，"你看，现在天气很好，轮船在海中航行就比较安全。但是，出海后，来风暴该怎么办？这类情况，当船长的人就得事先想到，提早做足准备。其实，做任何事都应像当船长那样，事先考虑周全，随时准备应对一切状况。"

于是，李嘉诚从小便产生了当船长的想法，并向着这个目标不断前进。虽然，他最终并没有当成船长，不过，他始终以当船长的要求去经营自己的事业和人生。他喜欢把人生比作一艘船，喜欢把自己的企业比作一艘船。他曾无比自豪地说："我就是船长，我就是这艘航行在波峰浪谷中的船的船长！"

作为母亲，我们应该像李嘉诚的父亲那样，抓住各种时机和方法来了解孩子的想法，引导孩子的想法，从而树立孩子的梦想。

比如，在日常生活中，我们可以经常问问孩子："你以后希望成为什么样的人呢？""你觉得学习的目的是什么？""做什么事时你才会真正得到满足感？"在一起看电视或电影时，我们可以趁机问孩子："你觉得那个小朋友怎么样？他身上有什么值得你学习的？"我们也可以向老师打探或通过孩子的作文来了解孩子的兴趣和想法，了解孩子的想法可以让我们了解孩子的心态，以便及时帮孩子树立一个梦想。

总之，我们必须科学地帮助孩子树立梦想。以下两点必须牢记：

1. 接受孩子"天真烂漫"的想法

陶陶是一个小学六年级的孩子，最近她迷恋上了电视明星，嘴上总是挂着那些明星。陶陶妈妈非常担心女儿，怕她"玩物丧志"，怕她"走上歪路"。于是，每次陶陶对一些喜爱的事物大呼小叫时，陶陶妈妈就故意唱反调，扫陶陶兴致。比如，家里经常会上演这样的对话情景：

陶陶："哇，真漂亮呀！妈妈，你看，她是不是很美啊？"

陶陶妈妈做出无聊的表情："有什么美的？"

陶陶："歌唱得好，舞跳得赞，多完美呀。"

陶陶妈妈不满道:"是吗?"

陶陶:"像她这样能歌善舞很不容易的。"

陶陶妈妈道:"知道了,太吵了,换个频道。"

陶陶无奈地换了个频道,另一个频道正播出商界大亨访谈节目。陶陶叫道:"好厉害,你看那座豪宅!要是能生活在那样的房子里多好啊!"

陶陶妈妈不屑道:"我可不喜欢那么大的屋子,没安全感。"

陶陶:"唉,跟妈妈说话真没意思。"

这种对话非常不利于孩子的成长。孩子喜欢一些在母亲看来没什么了不起的事物,母亲可能会觉得太不像话,但是这种做法无异于告诉孩子:你的想法太无趣,太稀松平常。如此一来,原来很兴奋的孩子,头上就好像被泼了一桶冷水,什么心情都没了,别提跟母亲聊天或沟通了,树立梦想就更别提了。

当孩子知道母亲也喜欢自己所喜欢的,就会变得高兴,就会觉得母亲跟自己是真的亲近。相反,要是母亲反感自己所喜欢的事物,不但好心情变坏心情,还会对母亲反感,不愿意再掏心掏肺、肆无忌惮地与母亲对话。如果我们希望孩子将来可以拥有美好的梦想和积极乐观的人生,就应该为孩子营造一个能自由畅想的空间。

以下才是有利于孩子树立梦想的引导式对话:

孩子:"哇,真漂亮呀!妈妈,你看,她是不是很美啊?"

母亲:"你喜欢这种类型的人?喜欢她哪儿呀?"

孩子:"歌唱得好,舞跳得赞,多完美呀。"

母亲:"嗯,唱歌的同时,还能这样跳舞确实厉害呀。"

孩子:"是吧是吧!我听说,她平时练习很刻苦的!"

母亲:"那是当然,台前一分钟,台后十年功。"

孩子:"没错!"

一会儿,孩子换频道了,正播出商界大亨访谈节目。

孩子:"好厉害,你看那座豪宅!要是能生活在那样的房子里多好啊!"

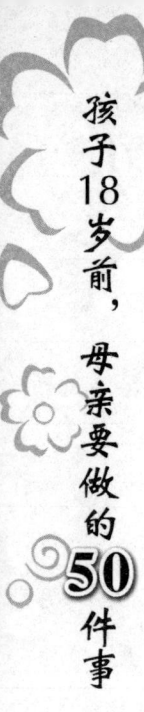

母亲:"你喜欢住大房子吗?"

孩子:"嗯,其实不用太大,但我希望有个小花园。还有,窗户要大。"

母亲:"我很想看看你口中那种房子。"

孩子:"等我长大了,一定要盖那样的房子。"

母亲:"好,妈妈会为你加油鼓劲的!"

在上述对话中,母亲与孩子进行了一番平等、有意义的对话。母亲先不妄下判断,而是站在孩子的立场上,带着好奇和兴趣去聆听孩子,并表示出同感,然后提出引导式疑问,让孩子表现出内心的梦想。一个懂得去肯定处于兴奋状态中的孩子,并能适时表达同感的母亲,才能真正帮孩子树立梦想。因为,孩子内心渴望亲人喜欢自己所喜欢的,并希望母亲能理解他,为他加油呐喊。

切记,当孩子为某件事物着迷或特别感兴趣时,我们先不要用个人的价值观和标准去衡量,而应接受孩子当前的想法。这样,孩子就会觉得母亲能够理解自己,就可以更具象地诱导出梦想,并逐渐向梦想靠拢。

2. 不要自作主张为孩子设计梦想

如果孩子经常谈论自己的畅想或目标,作为聪明的母亲就不该去嘲笑孩子的想法,而是应该鼓励孩子说出自己对未来的构思,同时引导孩子朝着自己的梦想努力。

当一个9岁的孩子说自己的梦想是成为一个科学家时,我们应该引导孩子把这个梦想记录下来,以此为行动的动力,然后去做一些能够帮助实现梦想的事情,如此才能把梦想变成现实。比如,我们可以告诉孩子成为科学家的前提是好好学习科学知识,然后让孩子在课余时间学习一些科学知识读物。

当然,并非一定要树立当科学家之类的远大梦想才有意义。实际上,梦想没有高低贵贱之分,不管孩子的梦想是什么,只要他能坚定自己的目标,不断努力,这才是最重要的。更何况,在现实生活中,很多孩子的梦想常常会在成年后发生改变,这是再正常不过的。梦想的作用,恰恰是给孩子树立一个奋斗的方向。

在日常生活中，母亲们总喜欢自作主张地给孩子设计梦想。从牙牙学语开始，就把孩子的未来一步一步规划好，甚至计划好孩子未来上何种大学、学何种专业、从事何种职业。为此，很多母亲枉顾孩子的梦想和爱好，强迫孩子按照自己设计的方向去发展。

这样的做法是非常不明智的，孩子会因为欠缺个人梦想而失去努力的内在动力。聪明的母亲应该尊重孩子的梦想，从旁协助孩子树立梦想。并且，在孩子树立梦想的初期，不要给予过多压力，以免打击孩子的自信心和积极性，令孩子轻言放弃梦想。

当孩子有了自己的梦想后，我们应该鼓励孩子："孩子，你树立了梦想，我们支持你，相信你一定可以通过自己的努力去实现它！""你若想实现梦想，就要从小事着手，这样就能离自己的梦想越来越近！"

智慧背囊

法国科学家、诺贝尔奖获得者居里夫人认为：如果能追随理想而生活，本着真正自由的精神，勇往直前的毅力，诚实不自欺的思想而行，则定能到达至善至美的境地。

19 让孩子制订切实可行的短期学习计划

作为母亲,你是否看过孩子制订的学习计划?由于认知水平、思考和表达能力等方面的限制,很多孩子的学习计划非常不完善,对完成学习任务或实现学习目标欠缺实质有效的作用。通常,学校要求孩子制订学习计划的目的,多数是希望孩子借此了解计划的重要性,并养成制订计划的良好习惯。而这些计划是否切实可行,老师未必会一一过问。

因此,母亲必须帮助孩子制订一份合理的学习计划,让孩子摆脱长远计划的泥潭,立足于眼前,把握住现在,做好每一件"螺丝钉"小事。不要制订太过长远的计划,否则梦想始终会是幻想。必须让孩子学会在短期计划中,一步一个脚印地向前进。

有一个男孩上初中了,聪明活泼,不但成绩好,还会弹钢琴,在班里是中队委员,很受师长的喜爱,也是其他孩子羡慕的好学生。但也许是承载的荣誉太多了,渐渐地,男孩的母亲发现儿子不再像从前那么努力学习,作业做得马马虎虎,经常出错,考试成绩也变得不稳定。于是,母亲问男孩:"儿子,现在学习跟不上了吗?"

男孩答:"其实吧,那些题我都会,就是没太上心。"

母亲不解:"那你为什么不好好答题呢?"

男孩无所谓地说:"反正会了不就行了嘛。"

母亲顿时明白了儿子学习成绩下降是因为骄傲情绪,于是她问:"你长大了想做什么?"

男孩大声说:"我想成为一位政治家!"其实,母亲早就知道儿子的梦想是希望成为一名杰出的政治家。于是,她对男孩说:"如果你想成为一个出色的人,就不能自我放松,要坚持不懈,至少定下近期目标,比如考上重点高中。这样以后才可能实现你的梦想。"

男孩立刻就明白了,从此他明确了自己的方向,制订了短期规划——考上重点高中。终于,男孩的学习又回到了从前的状态,再没有出现成绩下降的情况。

可见,在指导孩子制订计划时,不仅要有长期梦想,更要有短期计划。在制订短期学习计划时,我们应该让孩子把长远的个人梦想和短期的学习任务结合起来。长远梦想,要高瞻远瞩;近期目标则要具体,不能模糊不清,要根据孩子的个人能力量力而为。如果近期目标太高,令人望尘莫及,就会挫伤孩子的积极性;反之,如果目标太低,则起不到促进孩子奋斗的作用。

另外,我们要让孩子明白,任何目标都绝非触手可及的果实,必须找到合适的梯子才能摘得,只有把长期梦想和短期计划统一起来,才能实现心中的梦想。

杰斯卡是一位有名的律师,他的脑袋里塞满了智慧,为人们所敬仰。一次,一位年轻的仰慕者问他:"您是如何实现这一切的?是否在一开始就已经制订好了一生的计划?"

杰斯卡笑着说:"其实,到了现在这把年纪,我才明白制订长远计划是不顶用的。当我20岁时,我计划花10年来学习知识,再花10年去国外周游,第三个10年就找一个可爱的姑娘结婚生子,在最后的10年里,我计划隐居山林,过悠闲自在的生活。但是,在第一个10年的第8年,我发现自己啥都没学到,于是,我推迟了之后的计划。

"在之后的4年里,我专攻了法律,并且成了这个行业举足轻重的人物。这时,我盼望去旅行,实现长久以来的计划。然而,各种各样的事情让我无法抽身而行。唯恐人们在背后骂我不负责任,后来我不得不放弃了旅行计划。在我45岁的时候,我开始操心自己的婚姻,但总是找不到如意的姑娘。

直到63岁,我仍旧孤单一人,那时我为自己如此老迈还想结婚而感到羞耻。于是，我放弃了结婚的计划。终于，我想到了最后一个计划，那就是找一宁静的地方隐居，可是我始终没有找到这样一个地方。一旦我健康出现问题，恐怕这最后一个计划也难以完成了。

这就是我此生的计划，一个也未曾实现过。孩子，你现在还年轻，不要把时间浪费在制订长远的计划上。你想做什么，就立刻行动。"

就如杰斯卡所说，把时间花在制订漫长的计划上，是一种浪费时间的行为。所以，在梦想的基础上，应该让孩子制订一份切实可行的短期学习计划。通常，一份完整的学习计划需具备学习方向、时间安排、具体实施方案等内容。制订学习计划时，有几个问题我们一定要让孩子回答周全。

第一个问题：为什么学习？也就是学习的目的何在。这攸关孩子积极学习的动力。

第二个问题：学什么、达到何种目的？也就是学习的对象。这是一个非常实质的问题。

第三个问题：我有什么？也就是孩子的实际条件。比如，孩子的基础水准、学习能力、优劣势、性格特点、学习风格等。这是让计划切实可行的一个前提。

第四个问题：向谁求助、与谁共学？通常，一位优秀的老师、一名学习能力强的同学，对孩子的学习计划大有益处。

第五个问题：具体的学习方法是什么？这是确保学习计划顺利实施的首要前提。

那么，具体的学习计划该如何写，又该写些什么内容呢？首先，让我们来看看一个孩子为自己制订的短期学习计划：

1. 认真听讲，学好课堂上的每一个知识点，课余时间则主要补习英文。

2. 课外英文学习分为三个部分：一是听广播台的英文广播，以此提高听力能力；二是每天至少背诵10个英文单词，增加英文词汇量，朗读一些浅显的英文名著；三是参加学校英语角活动，主动用英文跟同学沟通，以提高口语能力。

3. 每天的作息时间安排：清晨 6 点起床，慢跑 15 分钟，背英文单词 20 分钟。上午上课，中午午休时读半小时英文读物，下午上课，完成当天作业。6 点晚饭，饭前运动 30 分钟。晚自习至 9 点。时间可随季节变化作出调整。

一般来说，学习计划不存在固定的模式，只要适合个人状况便可。但是，必须按照孩子个人的实际情况来制订计划，这个计划是有必要的，也是可以完成的。比如，以上这个学习计划便具备三大优点：1. 针对性强。这个孩子把课外时间基本安排在提高英文水平上。2. 时间安排具体。在每件事上需要多少时间，规划得很具体。3. 目标和方向明确。比如每天背诵 10 个英文单词，目标是英文词汇量。

在协助孩子制订短期学习计划的过程中，我们应尤为注意以下三个方面：

1. 找准孩子的"最近发展区"

何谓最近发展区？这是苏联著名心理学家维果斯基的一个重要理论，他认为孩子的发展有两种水平，一种是孩子的现有水平，另一种是通过一定的努力学习可能达到的发展水平。两者之间的区域，便是最近发展区。

只要着眼于孩子的"最近发展区"，为孩子确定一个带有难度的学习目标，以此调动孩子的积极性，发挥个人潜能。避免因为学习目标过低而导致孩子学习没有刺激和动力，并伤害孩子学习的热情和积极性。

2. 确保学习计划切实可行

制订计划最重要的一项就是要切实可行，要符合孩子的实际情况，要保证每一个环节都具有有效性。只要这个问题抓牢了，努力按照计划实行，一段时间下来，必能有所收获。

确保学习计划"切实可行"的一个好方法，那就是让孩子学会分解目标。比如，一个孩子的考试成绩只有 60 分，就不能直接把学习目标拔高到 90 分，而应设定为 60→70→80→90……如此，在不断体验成功的喜悦中，孩子才能感受到学习的乐趣，并不断进步，逼近最终目标。

总之，在协助孩子制订短期学习计划时，我们必须遵循切实可行的原则，避免好高骛远。

3. 学习计划是否具有一定的灵活性

所谓计划赶不上变化，最好的计划也不可能绝对不变。根据实际情况和实行计划中的体会，我们应允许孩子为计划作出变动。比如，孩子因为参加体育比赛导致身体非常疲劳，这时就该及时调整计划，让孩子早早休息，补充体力。如果一味地为了执行计划，而硬要孩子一边打瞌睡一边坚持实行学习计划，那就是十足的削足适履，效果只会适得其反。

当然，学习计划不但要具备一定的灵活性，也须以大方向不变为原则，如此才能有利于孩子养成良好习惯。如果"太过灵活"，把一切情况都视为例外，随意更改计划，那么计划便犹如一张白纸。所以，在制订计划之初要留有余地，一旦制订完毕，就尽量不要更改。

智慧背囊

《礼记·中庸》有言："凡事预则立，不预则废。"一份合理的学习计划可以帮助孩子明确学习目标、增强学习的积极性和自觉性、提高学习效率……每位母亲都应该让孩子明白学习计划的重要性。

20 教孩子合理安排学习时间

同龄孩子，智商差不了多少，花在学习上的时间也差不多，都是每天早8点上学，晚5点下课。可是，有的孩子学习效果明显，而有的孩子却永远落在后面；有的孩子整日两耳不闻窗外事埋头苦读，却成绩不佳，而有的孩子课外生活丰富、充实，学习成绩却很好。怎么会出现这种差异呢？其实，这取决于孩子是否能科学合理地安排、利用自己的学习时间。

在这个世界上，有一种东西对每个人都很公平，那就是时间。一天24小时，它对谁都不偏袒，没有任何一位母亲可以给孩子每天的时间增多或减少一秒。若想让孩子在有限的时间里，快乐、轻松地学习，关键就看母亲如何帮助孩子有效地运用时间，让每分每秒都"物超所值"。

国庆长假到了，萱萱的学校放假11天。这11天该如何过呢？萱萱妈妈的要求是：每天早起，读读英文，写写作业，然后出去玩耍。目标是：让萱萱养成自我管理学习时间的好习惯。

不过，跟大多数小公主一样，萱萱9点多才爬起来，拖拖拉拉弄到10点才洗漱完毕，再磨磨蹭蹭地吃完早已准备好的早餐，等到开始写作业时，已经将近11点。有时，吃完早饭，一个上午就过去了。下午，萱萱睡个午觉，起来后练习素描，再休息一会儿，一天转瞬即逝。对此，萱萱妈妈不动声色，该说的道理她早已说了。

临到节末，萱萱妈妈大致看了一下萱萱的学习成果，英文只读了一次，做了两张数学卷子，语文写了没几个字。萱萱把时间都花在哪儿了呢？一号，放假，可以不做作业；二号，萱萱爸出差回来，一家人出去玩了一天；三、四号，去外婆家和表姐妹们相聚，自然没有学习；五号，萱萱爸要出差，因为不舍得，萱萱和爸爸腻歪了一天，作业只字未提；六号，没有事情发生，萱萱仍然没有学习的意思。等到了七号，萱萱妈妈终于开始询问作业了。

一盘点剩下的作业，真可谓一堆烂摊子：上学期全册语文书的300多个生字、英文课文和中文释义、英文所有单词，这些全都要抄写，还有一些其他杂七杂八的。

到了这个节骨眼，萱萱也有点儿急了，除了吃饭、上厕所，一整天都趴在书桌前不停地写，写到晚上11点多，实在累得够呛，只好睡了。第二天早上9点，由于昨晚实在太累，萱萱还在酣睡。萱萱妈妈不留情面地叫醒女儿："赶紧起床写作业！就算要写到明早，也要写完。"

在紧张赶作业的氛围下，一天很快便过去了。晚上11点多，萱萱终于抄写完了语文生字，整整用掉了两本作业本。可是，英文课文还没抄呢，恐怕抄到明早也抄不完了，完不成的话一定会被老师惩罚。顿时，萱萱急得哭了起来。萱萱妈妈觉得是时候了，于是，心平气和地对萱萱说："这样写作业很爽吗？你喜欢这样死命赶作业吗？"

萱萱直摇头，她还没从恶补作业的阴影中出来。"你知道为什么你总是临时抱佛脚吗？因为你没有把时间安排好。以后学习要有计划和安排，心里先弄清作业有多少，然后合理分配。看每天应该花多少时间学习、玩乐，如此你才能有条不紊，才能玩乐学习两不误。"连续两天的恶补，让萱萱吃尽了苦头，也明白了合理安排学习时间的重要性。

当孩子开始上学，面临各种繁杂的学习任务时，需要他们把有限的时间合理利用起来，做时间的主人，这也是孩子自主性的体现。教孩子制订计划、合理安排时间是母亲的一项重要任务。那么，如何才能让孩子学会有效合理地安排时间呢？

第一，把课堂时间充分利用起来。

很多母亲都有这样的经验：善于利用课堂时间的孩子，往往更容易取得优异成绩。作为学生，孩子大部分时间是在学校里度过的。因此，课堂时间是孩子最主要的学习时间，只要能充分利用起来，当堂掌握老师教的知识，就能抓住学习的主动权，就能得到最佳学习效果。

老师在课堂上所传授的知识，往往是考试重点内容，只要吃透了这些，孩子完全不用为考试发愁。有一些孩子，白天课堂上开小差，不重视老师的授课，晚上在家学些"旁门左道"，看各类课外辅导书，每天都弄到很晚。其实，这些孩子不过是学会算些怪题偏题，而老师教的重点却抓不到，所以成绩怎么也上不去。

如何充分利用课堂时间？有一点必须记住，那就是投入。上课的时候，让孩子全神贯注，认真听讲，积极思考，做好笔记，万不可"身在曹营心在汉"。人端坐在课桌上，心则要放在讲台上。聪明的孩子，善用课堂时间，掌握各科知识点，课后再稍加复习，就能把知识纳为己用了。

第二，课余时间，不要忘了预、复习。

在课前做好预习，课上才能对老师说的内容有一个大致的了解，从而更容易接受新知识。另外，在预习时没有搞明白的知识，也可以在课上进行有针对性的学习。即使课堂上的知识都听懂了，课后仍应该复习。因为，学过的知识，如果不加以巩固，不加以"消化"，是很容易被忘记的。孩子可以通过写家庭作业，来复习当日所学。所谓温故而知新，复习后，孩子也能掌握更深层的内容。

第三，有针对性的学习不同学科。

孩子学习的学科越多，在各学科上的学习时间更要合理安排，以便有针对性的学习。假如，孩子学的是理科，主导科目是：语文、英语、数学、物理、化学。那么，在分配时间时，要考虑按照不同学科的特性。

比如，语文的学习，需要一个长期的积累过程，通过不断地练习，才能运用自如。所以，每天晚上，可以让孩子花 20 分钟时间把课文浏览一遍，加以巩固，以免遗忘，并坚持下去。英语学习，也离不开持之以恒的精神，每天都要让孩子给英语一定的学习时间，并且经常大声朗读，以达到熟记的效果。学习数学、物理、化学则需要进行大量演算练习。做题时，不要一味求快，而应该搞清题目中的道理，并把思路发散到其他类型的题目上去，从而举一反三。

不管任何学科，切不可三天打渔两天晒网，也不可囫囵吞枣，只有持之以恒才能学习进步。

第四，在弱项和专长上多花一些时间。

偏科，是让很多母亲很头疼的一个问题。面对弱项，孩子总会产生畏惧心理，会刻意去回避，同时把所有注意力放在感兴趣的科目上。这种学习方式，明显非常不可取。若希望孩子均衡发展，就要提高孩子的综合能力。面对弱项，更应该让孩子多花一些时间去钻研，我们可以跟孩子一起去探寻学不好的原因，以便改进学习方法。在完成学校布置的学习任务之外，还要让孩子多分出一些时间来修补较薄弱的学科。

在所有科目均衡发展的基础上，可以帮助孩子培养一些个人专长，让孩子尽情地在感兴趣的学科上探索。只要时间允许，孩子就可以去扩展自己的知识面。不管是绘画、作文、歌咏，还是化学、体育等，这些学科上的专长都可以增加孩子的成就感，促进孩子全面成长。

第五，在最佳学习时间有效学习。

一天 24 小时中，孩子大脑的活跃程度是不同的。为了取得最佳学习效果，就要搞清孩子的最佳学习时间。

通常，早晨想象力丰富，上午接受力较好，下午思考力敏捷，晚八九点记忆力最强……依照这些规律，孩子早上一起床，可以做一些朗诵练习；上午则认真听课，做好笔记；下午尽量快速完成当天作业；晚上加强理解，预、复习第二天功课；傍晚可以安排一些娱乐、休闲活动，如看电视、散步和体育运动等。

第六，劳逸结合是健康的学习方式。

在教育学上有一个知名的公式：8－1＞8。意思是：在 8 小时学习时间中，抽出 1 个小时来休息、运动或娱乐，看似只学习了 7 个小时，但由于能量得到补充，学习效率远高于接连学习 8 个小时。这便是我们常说的"劳逸结合"。

英国物理学家法拉第，年轻时得了头疼病。经医生诊断，是因为用脑过度，不注意休息所致。于是，法拉第便抽空去娱乐：逛动物园、看马戏、四处旅行。渐渐地，他恢复了健康，能继续从事科研工作了。列宁曾在给妹妹的书信中也这样写道："我劝你正确分配学习时间，使学习内容多样化。我很清楚地记得，交换阅读或交换工作内容——阅读写作之后改做体操、读完有分量的书之后改看小说，是非常有益的。"

正所谓"文武之道，一张一弛"，当大脑感到疲劳时，就要让孩子停下来休息一下，活动活动，以便让头脑保持清醒，恢复充沛的精神。比如，弹弹琴、唱唱歌，让大脑放松一下。这样，才能有效率，才能经久不衰。

智慧背囊

"一寸光阴一寸金，寸金难买寸光阴。"学习，是孩子一生都要面对的一件大事。只有尽早教孩子学会合理安排、充分利用时间，才能让孩子尽快成才。

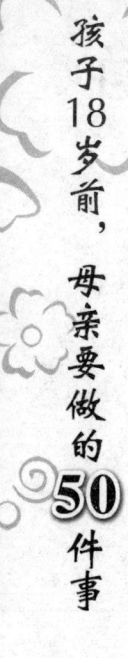

21 鼓励孩子多问"为什么"

不管是外向的孩子，还是内向的孩子，每个孩子都有一种与生俱来的动力，即爱问为什么。一出生，孩子就开始对眼前的世界充满了好奇。当他们张开嘴巴问我们问题时，说明他们正在学习用自己的眼睛去观察这个世界，用自己的头脑去思考问题。这是孩子的宝贵天性，是孩子主动认识世界、获得知识的一个途径。

可是，面对孩子的这种质疑精神，很多母亲不是积极去保护和支持，不是去耐心解答孩子的疑问，也不是鼓励孩子善于思考，勇于质疑，多问"为什么"，而是报之以忽视、厌烦甚至打击孩子提问的积极性。

饭桌上，一个小女孩不断地问妈妈："为什么黄瓜可以生吃？""为什么小狗不爱吃蔬菜？""为什么猫咪要抓老鼠？"……刚开始，这位母亲还保持着耐心，回答孩子的问题。可是，过了没多久，当孩子再次脱口而出"为什么"的时候，母亲不耐烦地高声反问："你怎么那么多为什么？有完没完？"小女孩立刻不吭声了，低着头扒饭。

这样的事，不在少数，面对"问题孩子"，很多母亲做得并不称职。因此，如何正确应对孩子的"为什么"，如何培养孩子的质疑精神，是每位母亲的必修课。

1. 保护孩子那棵质疑的幼苗

面对孩子的疑问，作为母亲，我们不要站在成人的角度上去看待。当孩子对周遭的事物产生兴趣时，会琢磨，会探求，从而发现问题，学得知识。因此，聪明的母亲应学会保护孩子那棵质疑的幼苗。

美国生物学家詹姆斯·杜威·沃森小时候非常聪明，尤其爱提问，并且还会自己亲身去实践。有一次，沃森的父亲发现他一动不动地伏在一只鸡蛋上，父亲感到很奇怪。沃森解释道："母鸡就是质疑孵小鸡的，我想看看自己是否也行，所以就拿来一只鸡蛋，过一会儿应该就能孵出来了。"

父亲听了哈哈大笑，但他很快意识到自己的态度不正确。于是，他当即夸赞了孩子的质疑精神，然后让孩子明白了孵蛋的知识。正是在父母的不断呵护下，沃森质疑的幼苗才茁壮成长，帮助他成为了一代科学巨匠。

重视孩子的提问，其实是在护佑孩子的求知欲。如果压制孩子的兴趣和好奇心，那么孩子的质疑精神就会泯灭。孩子会产生质疑，说明孩子真的在开动脑子思考问题，这在学习中是必不可少的。当孩子对万事万物怀着质疑的心，才会真正得到丰富的知识，才会增长自己的智慧，才会在学习上取得进步。因此，父母一定要保护孩子那棵质疑的幼苗。

所以，当孩子冒出疑问时，我们应站在孩子的立场上看待问题，理解和支持孩子，并不失时机地引导和鼓励孩子。

2. 有意识地向孩子提问，引导孩子多问

当孩子内心迫切想知道"为什么"时，孩子才会主动去思考、摸索答案，在这个过程中，孩子会提高学习、观察、表达等能力，并慢慢形成一个良好的习惯。

芳芳4岁的时候，特别爱问"为什么"。可是，5岁多的时候，芳芳妈妈却发现女儿不像之前那么爱提问了，经常独自和一堆玩具玩很长时间。为了让芳芳重拾好奇心和上进心，芳芳妈妈便经常去引导孩子来提问。比如，她会反过来经常问芳芳一些问题，芳芳回答出来的时候就很高兴，解答不了的时候，就会反问："你说呢？"

有一回，芳芳妈妈喝水太少，嗓子干，便咳嗽起来。当时，芳芳正好在一旁，于是她便立刻问芳芳："你知道妈妈为什么咳嗽吗？"芳芳摇了摇头。芳芳妈妈故意问："难道感冒了吗？"芳

芳实在不能确定，便问："你说呢？"随即，芳芳妈一一道来："妈妈这是缺水了，大脑对妈妈发出警告，让我咳嗽，让我去喝水呢。"

若想让孩子多多提问，母亲首先要善于提问孩子。经常和孩子探讨一些他们感兴趣的话题，有意识地向孩子提问，能够促进孩子思考，激发求知欲，引导孩子多问。提问时，母亲一定要注意技巧，比如，不立刻为孩子提供解答，而是进一步提出疑问，增加悬念，引起孩子更强的好奇心和求知欲。

母亲提问孩子的内容，必须符合孩子的年龄，并且在能力范围内，避免提过于高深的问题，以免挫伤孩子提问的积极性。身处一个思考和提问的环境中，孩子自然就能渐渐学会自己提出问题，并养成质疑的好习惯。

3. 孩子的任何问题，都要认真对待

孩子会向我们提出各种千奇百怪的问题，这正反映出他们在求知的过程中已经开动了脑筋，同时也说明孩子对我们充满信任。利用好这个良机，就能找到孩子的优势和劣势，因势利导地进行教育。所以，孩子提出的任何问题，我们都应该认真对待，并保持一份冷静、客观的心态。

鲁迅先生便很重视孩子的提问。有一回，晚饭后，鲁迅躺在椅子上休息，儿子海婴缠着他问了许多问题。但是，不管问题有多幼稚，鲁迅都不厌其烦地回答。

海婴："爸爸是谁生出来的呀？"

鲁迅："是我的爸爸妈妈生出来的。"

海婴："那爸爸的爸爸妈妈是谁生出来的呢？"

鲁迅："是爸爸妈妈的爸爸妈妈生出来的。"

海婴锲而不舍："那，最早的时候，人是从哪里生出来的？"

鲁迅："最早的时候，是从单细胞衍变来的。"

海婴刨根问底："没有单细胞的时候呢？"面对儿子期盼、求知的眼神，鲁迅没有露出一丝不耐烦，当然这个问题对于幼小的孩子来说很难理解。于是，鲁迅告诉海婴："这是一个非常复杂

的问题，三言两语说不清楚，你现在年龄小，理解不了。等你大一点，老师会给你讲清楚的。只要好好学习，很快就能解决这个问题。"

鲁迅的这些回答，不仅满足了孩子的好奇心和求知欲，更在孩子内心埋下了探索的种子。不管孩子提出任何问题，我们都应该耐心聆听，力求做出完善的回答，并顾及孩子的年龄。

对于一些难度不大的问题，我们应该详细作答，直接把答案告诉孩子，同时告诉孩子我的解答思路。对于难度较大的问题，如果我们自己也不甚了解，就应该坦诚地让孩子知道，并和孩子一起去探讨。千万不要因为感到难堪，为了维护个人的权威而训斥孩子。身为母亲，就应该为孩子树立起实事求是的榜样。如此，才能调动孩子的积极性，激发孩子的求知欲。

4. 鼓励孩子自己解答问题

面对孩子的"为什么"，母亲在引导的同时，要注意扩展孩子的思维。如果孩子开动脑筋就能自行解答自己的问题，那么，我们就不要直接把答案扔给孩子，而是鼓励孩子自己去为自己解惑。如此，孩子就不会养成凡事都依靠母亲解答的不良习惯了。

卡尔·威特是德国出了名的天才，他并非天生的神童，他的成就源自于家庭教育。在他三四岁的时候，老卡尔每天都会带他去郊外游玩，让他接触、观察千变万化的大自然。

有时候，老卡尔会抓住一些小昆虫，然后尽量用浅显易懂的话语，传授给卡尔昆虫方面的学问。当老卡尔遇到自己不甚了解的问题时，他会坦诚地告诉儿子："这个问题，我并不太明白。我们一起去寻找答案吧。"

我们不妨学习老卡尔的教育方式，让孩子多去接触陌生的事物，鼓励孩子发掘问题，并学会自己去找寻问题的答案，而不是一味地问"为什么"。

当我们无法正确向孩子做出解答时,绝不可含糊其辞,或者不懂装懂,不妨向孩子坦白:"这个问题妈妈现在无法回答你,不如你自己去看书找答案吧。"这样做,不但可以让孩子学会独立,更能激发孩子自我学习、探索未知的精神,并逐渐掌握解决难题的方法。

5. 同类问题,让孩子学会举一反三

幼儿的思维结构很简单,同类型的问题,他们不懂得触类旁通。因此,在引导孩子提问的同时,我们也要让孩子学会联想,避免在同类问题上反复纠结。比如,孩子问:"小狗为什么不穿衣服?"母亲不仅要解答这个"为什么",还要告诉孩子:"其他动物,比如猫、猴子、羊,它们都是一样的",如此,不但开拓了孩子的思路,还加深了孩子对问题的理解。

另外,孩子的"为什么",有时并非一种疑惑,而是一种愿望。比如,为什么要现在吃饭?为什么不可以看电视?……所以,在回答孩子问题前,我们必须搞清楚孩子的动机,不要把任何问题都混为一谈。

总之,为人母亲,应该鼓励孩子多问多想,自己则多加鼓励,让孩子保持一颗质疑之心。

智慧背囊

古语有言:"疑是思之路,学之端;小疑则小进,大疑则大进。"一个懂得质疑、提问的孩子,就会有学习的动力,就会积极主动地去探索知识世界。

22 给孩子树立一个学习的榜样

榜样的力量是无穷大的。在孩子的成长过程中，榜样教育比一般的教育更有成效。

不管是在生活中，还是学习中，母亲都应该给孩子树立一个好的学习榜样。这样，孩子就可以在榜样的身上看到自己未来的样子，就可以学到对人生有价值的东西，就可以在竞争的世界里充实自己、锻炼自己，从而不断获得进步。

江玲是个很不爱学习的女孩，她贪玩、懒散、不求上进，沉迷于游戏，学习成绩差得一塌糊涂。为此，江玲妈妈不止一次地对她加以引导或惩戒，但都无济于事。这个女孩实在太任性、太顽固，只要是她不想干的事，任谁都无法让她乖乖去干。其实，她是个聪明女孩，唯一无法克服的毛病就是"懒"——懒得动脑、懒得学习，就喜欢自由自在，不受拘束。

有一次，江玲妈妈在书店看到了一本关于列宁的人物传记，她翻看了几页。这本书描述了列宁一生的动人故事，江玲妈妈觉得列宁的学习精神很值得女儿学习，便买了回去。

书中的故事深深地吸引住了江玲，尤其是列宁小时候的学习故事。列宁每门学科都学得很好，他上课认真听，课后认真学，除了完成老师的作业，还会读很多杂书，并经常把书中的故事说给别人听。他爱书如命，从来不会弄脏书，也不会随便乱丢书。少年列宁才学习精神触动了江玲。

就这样，江玲的上进心被点燃了，变得勤奋好学起来，开始关注自己一直讨厌的学科。在学习方式上，她有意去模仿少年列宁，学习他的勤勉、勇敢。从此，江玲成了列宁的忠实粉丝，视其为自己学习的榜样。慢慢地，她的成绩提高了，后来奇迹般地考上了重点大学。

其实，像江玲这样的孩子很多，他们习惯懒散，不思进取，随波逐流，但是突然间，在某一天，被某一个人的某一件事触动，于是改头换面。这便是榜样的力量。当我们见识过这种力量后，就不得不承认，榜样对孩子的引导力有时远远强过我们的说教。

别小看那些碌碌无为、看似没有斗志、永远也进步不了的孩子，一旦他们寻到了一个优秀的学习榜样，就能让我们大开眼界。孩子具有很强的模仿力和可塑性，我们应该善加利用这一优势，及早给孩子树立一个学习的榜样。

有了学习榜样，也就是找到了一个优秀的参照物，孩子就会受到影响，受到激励，开始为自己确立奋斗目标。在榜样的引导和鞭挞下，强壮自己，锻炼自己，不断成长，从而展翅高飞，飞离狭隘的自我世界，向高处的蓝天看齐，看到更远的绚丽风景。

如何为孩子树立起学习榜样呢？你可以参考以下几个方向：

1. 用名人故事来激励孩子

孩子具有纯净的心灵，他们渴求未知的事物，名人榜样的一言一行都会在孩子的脑海中留下不可磨灭的印象，甚至会改变孩子一生的志向和追求。作为母亲，要有意识地引导孩子学习名人身上的斗志、品格、学识和毅力。只有如此，孩子才有可能成为优秀的"名人"。

对孩子讲名人故事，并不需要花费太多时间和精力，纵然再忙，母亲也应该抽出这部分时间。我们应该时常对孩子讲讲名人故事，在不知不觉中把好榜样的形象映入孩子心中，培养孩子的情商。通过了解名人的人生经历，提高孩子对自我的认识，升华思维，从而激励孩子主动学习。

> 江涛特别喜欢写文章，但是由于生理上的残疾——先天性口吃，他对自己很没信心。于是，江涛妈妈就对他讲海伦·凯勒学习的故事：

海伦·凯勒是美国知名的作家，小时候由于一场大病，导致失明，耳朵也听不见了。在她7岁的时候，父母给她请来了一位老师，帮助她学习。这位老师使出了这样一招：给海伦一个玩具娃娃，然后在她手心写娃娃这个单词。就这样，海伦学会了何谓娃娃，她很快就喜欢上了这种学习方式。从此，她用这个方法学会了无数的词汇。她不畏困苦，以惊人的毅力学习，最终成为了伟大的作家。

江涛妈妈对儿子说："海伦，她是一个又瞎又聋的女孩，但是她不放弃，最后成功了。涛涛，相信你也可以做到。"在名人效应下，江涛渐渐找到了自信。

有人曾说道：看一个孩子的未来是什么样的，有一个很简单的方法，那就是看孩子最喜欢的人是谁。是的，名人榜样对孩子的未来发挥着指向标的作用。

2. 帮孩子挑选心仪的崇拜对象

每一个孩子在学习过程中，都需要有一个或几个崇拜的对象作为榜样。但是，不同的孩子辨识能力不同，对崇拜对象的评判也会不同，有些孩子会盲目崇拜，只看人物的表象，而不去了解人物背后的努力和艰辛。所以，母亲要做好引导工作，在孩子选择崇拜者时，把好关，帮孩子挑选那些有益于孩子身心健康的人物。同时，要着眼于孩子的实际情况，以孩子的兴趣爱好为出发点，在孩子感兴趣的领域中，挑选那些有人格魅力和成就的人物。

在学习过程中，楠楠很容易受外界情况的影响。比如，在书房做作业时，不管门外有什么走动或父母交谈的声音都会转移他的注意力。于是，楠楠妈妈以法国物理学家安培作为儿子的榜样，讲名人事迹，来引导孩子学会专注。

有一次，为了让自己安心做研究，不被打扰，安培在门上贴了一张纸条，上面写着：安培不在家。然后，他锁上门，自己跑到实验室里专心致志地做研究。当安培从实验室里出来，往家走时，思绪还完全沉浸在自己的研究工作中。然后，发生了一件很搞笑的事情。当安培走到家门口时，他抬头一看，随即掉头走了，边走边念叨："安培不在家，我改天再来。"

楠楠对这个故事很感兴趣，并且从安培身上受到了教育。在以后的学习中，楠楠开始逐步锻炼自己的专注度，并增强了自己抵抗外界干扰的能力。

现实生活中，很多孩子盲目崇拜一些算不上榜样的人物。比如，一些没有内涵的明星、一些粗鄙的暴发户。把这类人视为崇拜对象，不但起不到教育孩子的目的，还会影响孩子的人生观和价值观，造成消极的影响。我们应该让孩子对于名人榜样有正确的认识，并依据孩子的崇拜心理，教导孩子选择有正面力量的崇拜对象，比如那些对社会作出杰出贡献的科学家、推动历史进程的政治家、具有健康形象的明星，等等。

3. 在孩子身边，寻找学习榜样

作为学习榜样，不能总是山高水远，可望而不可及。所谓"近朱者赤，近墨者黑"，让孩子把"身边人"视为学习榜样，才能更容易耳濡目染。如果在生活环境的周边，发现一些有名望的大学教授或教育名家，那么我们就应该让他们成为孩子的学习榜样。因为对孩子来说，这些人对学习会有很好的借鉴作用，对目标的定制会产生很有效的指引和影响。

如果孩子的身边没有很了不起的人物，母亲就该更有心，更善于去发现，为孩子找到类似的人物。但有一点我们必须注意，找寻的学习榜样不能全都是孩子非常熟悉的人。因为，一旦身边的人都比孩子自己优秀，可能会令孩子产生严重的自卑心理，那就有害而无益了。

另外，我们还可以在书籍中为孩子树立一个学习榜样圈，把孩子感兴趣的人物事迹列集起来，让孩子把这些模仿者当成自己的朋友，用日记等方式与他们交流。这同样可以取得很好的教育效果。

4. 让孩子把崇拜精神转化成实际行动

我们不能让孩子的崇拜精神仅仅停留在孩子的意识中，而是应该让孩子把对榜样的喜爱和尊崇转化成实际行动，即把崇拜对象的学习方法和品格用于自身的生活和学习中。如此，学习榜样才能真正对孩子起到促进作用，不仅学习成绩会提高，思想境界也会得到提升。

莉莉学习成绩不是很理想，但是她非常喜欢跳舞，并且也有自己的崇拜对象，她很喜欢迈克尔·杰克逊。于是，莉莉妈妈很用心地在图书馆收集了很多杰克逊的资料，在平时聊天时，她会把杰克逊如何努力、如何成功的故事说给莉莉听，以此激励女儿提高自己的学习积极性。

听了很多杰克逊的奋斗故事后，莉莉更崇拜他了，以他为自己的学习榜样，成绩也渐渐有了起色。

可见，我们要让榜样取得的成绩成为孩子的奋斗目标，并在实践中让他们朝着这个目标进发，激起上进心，推动孩子快速、稳健地成长。很多时候，榜样不需要有多么伟大，只要他们有积极、可敬的一面就行。生活中，很多比孩子优秀的人都可以成为学习榜样。

智慧背囊

英国大作家菲尔丁说："典范比教育更快，更能强烈地铭刻在孩子心里。"利用榜样力量激发孩子的上进心，是一种极为聪明的教育方式，母亲要恰当地运用榜样效应，帮助孩子走向成功之路。

23　让孩子对学习产生浓厚的兴趣

孩子并非天生厌恶学习，很多时候是由错误的教育方法导致的。如果孩子觉得学习枯燥而乏味，那么他如何可能热爱学习呢？爱因斯坦说得好："兴趣是最好的老师。"古人也说道："知之者不如好之者，好知者不如乐之者。"可见，兴趣是学习的强大内驱力，能把低效变为高效，能改善孩子对学习的看法，它是孩子最宝贵的天赋。

很多母亲担心自己的孩子上学后跟不上进度，于是在入学前，不管三七二十一，让孩子上一大堆辅导课，灌输各种知识。这样，真的可以对孩子今后的学习有大帮助吗？事实上，孩子在进修中失去了对学习的热情和兴趣，反而成为同龄孩子中的"弱者"。

其实，最重要的不是能让孩子认识多少字，而是激发孩子对学习的兴趣。很多老师会告诉我们，最令人束手无策的不是那些知识薄弱的孩子，而是那些对学习提不起兴致的孩子。所以，我们应该多观察孩子，找到孩子的兴趣点，然后让孩子愉悦地学习。

> 王女士发现女儿丫丫对美术感兴趣，于是从丫丫3岁开始，她就有意识地引导女儿，培养她的兴趣。她会给丫丫准备一些学习必需品，如绘图册、彩色笔、颜料，等等。与此同时，她让丫丫看一些其他孩子的成功作品，作为典范，让女儿对成功心生向往。在涂涂画画中，只要女儿有一点点进步，就会给予鼓励和夸赞。
>
> 上幼儿园时，王女士鼓励丫丫参加绘画比赛。好几张图画被张贴出来，这让丫丫对自己更有自信了，遇到困难也不再轻言放弃。经过王女士的鼓励和丫丫自身的努力，丫丫在踏入幼儿园的

第一年就获得了幼儿绘画比赛的二等奖,这让她尝到了成功的喜悦。

读小学后,王女士又支持丫丫利用课余时间当美术老师的小学徒,并动员她参加学校举办的各类美术活动和比赛。每次,王女士都会让丫丫谈一下自己的构图思路,有时会从旁指点:看到作品优点,及时肯定、鼓励;发现作品缺憾,让孩子再琢磨琢磨,力求在原有水平上创作出更好的作品。很快,王女士的良苦用心得到了回报,丫丫成了同学中的绘画小天使,还得到多项比赛的奖状。

除了在绘画方面有积极性外,丫丫还很喜欢下棋。因此,王女士便一直"纵容"丫丫下棋。刚开始下棋输的时候,小家伙因为自尊心强,会哭鼻子,这时,王女士就帮她分析输棋的原因,并让她明白"一着不慎,满盘皆输"的道理。

渐渐的,丫丫的棋艺越来越好。不仅提高了表达能力和思维能力,还增强了心理素质,懂得了失败乃成功之母,只有不断学习,才能走向成功。

兴趣,对孩子意味着什么?它是孩子在学习前必须拥有的一种"精神"和"需求"。作为母亲,王女士没有扼杀女儿纯真的兴趣,而是让兴趣成为女儿最佳的老师,帮助孩子自觉自愿地进行学习,并取得良好成绩。可见,母亲对待孩子兴趣的态度,决定了孩子的未来。在家庭教育中,发展孩子的兴趣是我们不可推卸的职责。

那么,我们该如何让孩子觉得学习是一种享受?如何让孩子对学习产生浓厚兴趣呢?

1. 关注孩子的"为什么",从中发现兴趣

我们经常会听到一些母亲抱怨:"这小家伙,一天到晚问个没完没了,简直烦死人了……"其实,孩子爱提问题恰恰是一个很好的学习现象,这说明他们具有强烈的好奇心和求知欲。发问,正是兴趣的体现和标志,是思维活跃的象征。我们应该以严肃负责的态度对待孩子的问题,尊重孩子的这种求知、探索精神,并耐心解答、指引,而不是敷衍了事。

面对孩子的"为什么",我们不妨仔细揣摩,以便探寻孩子的兴趣方向。

如果孩子的问题中经常涉及植物、生物,那么孩子可能对自然科学感兴趣;如果孩子经常追问童话中的情节发展,那么孩子可能有很强的逻辑思维能力,说明他在语言创造方面或许有潜力,这时,我们应该引导孩子自己天马行空地去编造情节,以激发创造欲。

2. 为孩子创造一些激发兴趣的条件和环境

孩子的学习兴趣通常来自于广泛、有趣的探索活动,所以,我们要多带孩子去户外参加一些集体活动或志愿活动。比如,鼓励孩子参加各式各样的公益集会,在培养爱心的同时,感受不同层面的社会,全面了解生活。或者,带孩子去体育馆、艺术馆,看各种竞技表演和比赛。

只要我们给孩子提供足够多的接触各种事物的机会,孩子便能慢慢培养出符合自身性格的兴趣爱好。另外,我们还应给予孩子一个相对宽松、开放的家庭氛围。比如,在家中设置一个学习角;置办一个多功能小书架;送给孩子一些画笔和画纸……通过这些,让孩子自己挖掘自己的爱好,从而树立学习兴趣。

3. 母亲与孩子互动,充分挖掘孩子的兴趣

亲子互动,是一种非常美好的家教沟通方式。通过互动,不仅可以增进亲子感情,让家人共享天伦之乐,而且还可以了解孩子的生活和行为习惯,真正了解孩子不为人知的内心世界。在共同体验快乐的过程中,挖掘孩子的学习兴趣。

翻看一下历代杰出名人的成长史,我们不难发现,这些人物都有一个共同点,即都有一位了解自己的父亲或母亲。那么,怎样才能成为一位了解孩子的母亲呢?单靠严格管教或监督是远远不够的,真正善于教育的母亲,总能创造出和孩子共同活动的环境和良机。

在节假日、休息日,我们不妨充分利用一下和孩子的共处机会,跟孩子一起逛逛书店,或去公园散步,留心孩子感兴趣的一切周遭事物。此外,我们可以经常和孩子一起读书、画画、做手工、整理房间……在这个过程中,孩子的兴趣便会逐步显现出来。

4. 利用孩子原本的兴趣或知识，激发新的学习兴趣

孩子有时会对一些"高不可攀"的事物产生兴趣，作为母亲，当然不能给孩子泼冷水。遇到这种情况，我们应该转移孩子的兴趣，将注意力引向可以实现原本兴趣的事物，从而激发孩子新的学习兴趣。

有一位母亲发现自己的儿子萌生了想当医生的兴趣，于是，她便经常跟儿子一起玩当医生的游戏，自己假扮病人，儿子则扮演外科大夫。在"寻医问诊"的过程中，母亲不断旁敲侧击让儿子明白："想做一名了不起的医生，首先必须掌握很多科学知识，比如你不懂生理学，给病人打针时如何确定扎针位置呢？"

这位母亲很聪明，把孩子立志当医生的兴趣成功转移到努力学习科学知识上去，从而帮助孩子培养当前可以做到、应该做到的新兴趣。

5. 让孩子把喜欢的活动和学习联系起来

有些孩子一遇到写作文，就头疼。老师让他们写这类事件，他们说没遇到过；布置他们写那个地方，他们说没去过，不知道怎么描述。其实，不是孩子推脱，而是很多事孩子真的不曾经历过。没有切身的体验，又如何能很好地写出来呢？于是，他们只好实行"天下文章一大抄"，或者应付了事。

与其让孩子埋头在书本里，纸上谈兵，不如放开手让孩子自己去实践，并通过阅读书籍帮助自己增长间接经验。当孩子看得多了，做得多了，想得多了，真到动笔写的时候，就能游刃有余，写出来的东西也会具有真情实感。孩子也可从中获得成功的喜悦。所以，我们应该多让孩子自己动手，多让他们参加有意义的社会实践活动，并和学习联系起来。总之，要想激起孩子的学习兴趣，我们首先要从孩子喜欢的活动和实践中着手。

6. 享受学习，激发孩子学习的快感

知名物理学家杨振宁曾说："我不赞成别人说我'刻苦'学习，因为我在学习中从未感到'苦'，相反，体会到的是无穷的'乐'。"是的，一旦学习给孩子带去的是快乐，那么孩子一定会对学习充满热情和兴趣。比

如，一些孩子喜欢画画，可能就是享受颜料在纸上的延伸，从而发挥想象力。那么，如何让孩子在学习中感到快乐呢？

首先，我们要善于发现孩子的优点，要多给予夸赞。有些母亲嘴上说的永远是："这么容易都不会，光知道玩。""你怎么那么笨？"在不知不觉中，孩子对学习的兴趣便淡化了，时间久了，就会失去自信，厌恶学习。所以，不要一味地恨铁不成钢。

其次，多让孩子享受成功的喜悦。在做一件事情前，我们要让孩子做好充足的准备，包括心理和知识上，并增强孩子信心，使孩子体验学习的成功和快乐。

智慧背囊

德国思想家歌德说："没有兴趣，就没有记忆。"兴趣，如同孩子心里的一颗火苗，母亲应该细心呵护它，只有这样它才能燃起熊熊烈火。

24 释放孩子的想象力

在美国内华达州,曾发生过这样一个案件:

一位母亲把女儿所就读的幼稚园告上了法庭,原因是幼稚园老师教会女儿认识了"O"这个英文字母。这位母亲控诉道:"在上幼儿园之前,我的孩子会把'O'想象成苹果、太阳、足球、鸡蛋等圆形的事物,但自从孩子识读了'O'之后,便失去了这种能力。"

这个案件在当地立刻引起了轩然大波。女孩的幼稚园认为这位母亲疯了,一些旁观者也认为她有点小题大做,连她的律师也觉得这场官司是浪费精力。然而,这位母亲铁了心,不惜一切代价也要打官司。

结果出人意料,幼稚园败诉,因为所有陪审团成员都被这位母亲的故事触动了。

她说:"我曾在一个公园里看见两只天鹅,一只被剪掉了左边的翅膀,另一只完好无损。独翅天鹅被放养在一片较大的池塘里,另一只则栖身在一片较小的池塘里。对此,我很费解。管理员解释说,独翅天鹅无法保持身体平衡,一飞起就掉下来;另一只虽然完好,但起飞时由于池塘太小没有足够的滑翔路程,只能乖乖待着。我为两只天鹅感到悲哀。今天,我来这是因为我觉得女儿成了幼稚园里的一只天鹅,他们剪掉了她的一只翅膀,一只充满想象的翅膀,他们早早把她放进了那片小池塘,一片只有ABC的小池塘。"

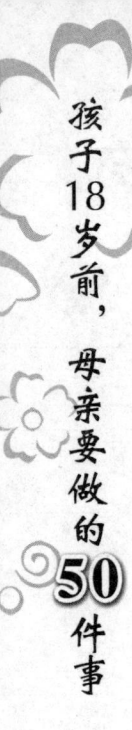

因为这一案件，间接导致内华达州《公民教育保护法》被修改，其中规定幼儿在学校享有两项权利：一是玩的权利；二是问为什么的权利，即不能剥夺孩子想象的权利。

扼杀孩子想象力的罪魁祸首，绝非年龄或者学识，最根本的原因是人为的束缚和忽视，是我们用知识"绑架"了想象力。我们过于迷信知识，而漠视了孩子的"灵光一现"。于是，与生俱来的想象力坐上了冷板凳，在不断的忽视中，孩子的想象力渐渐生锈、退化了。

作为母亲，我们应该要明白，想象是孩子自由思维的表现，而保护想象力是掌握知识财富的前提。千万不要对孩子的天真、稚嫩想法报以漠然和嘲讽，应该保护、释放孩子的探索精神和想象力。

在释放孩子想象力之前，我们要先搞清楚孩子的"想象力现状"，探索一下孩子的想象力是否已经开始短路？这绝非通过学校的试卷分数来检测，而应通过孩子的日常行为表现来观察：

1. 做测试。比如，看到一幅画上躺着的狗，我们可以问孩子狗在做什么。如果孩子缺乏想象力，可能只会说小狗在睡觉；但如果想象力丰富，孩子就可能会有五花八门的答案。

2. 对哪一类游戏感兴趣。带孩子去玩具商店，看孩子是否会挑选符合他年龄段的益智游戏。如果孩子只热衷于低于自身年龄段的游戏，或者对任何游戏都提不起兴趣，那么说明孩子无法面对挑战和困难，这是缺乏想象力的表现。

3. 察看表达能力。孩子的想象力，经常会表现在语言表达能力和思考力上。这里的语言能力并非指的是会背诵几首诗歌或者朗诵流利，主要是指思维跳跃性，看孩子是否能准确表达自己的想法，是否善于思考，是否爱问"为什么"。

面对孩子想象力的缺失，我们不要把责任一味推给学校和教育制度。毕竟，想象力的培养和保护是从小开始的，而母亲的作用远远大于学校和老师。这里，我们给出几点建议：

1. 改变古板思路，另辟蹊径

想象力最大的敌人是什么？无非是接受固有现状、循规蹈矩、一成不变……因此，我们应该鼓励孩子不要按常理出牌。

我们可以采用一些简单的训练方法来帮助孩子开动脑筋。比如，给孩子一些简单的字符，让孩子根据这些字符来组合成一个故事，故事越复杂越好；让孩子独自去寻找一条前往附近公园的新路线；让孩子左右手换着写字；给孩子买一些智力玩具；鼓励孩子拆装、维修废弃的小家电；多让孩子做一些有趣的脑筋急转弯，等等。

2. 不好高骛远，从生活点滴小事着手

我们说，要让孩子天马行空地想象，要放手让孩子创造。但这不代表鼓励孩子不切实际地去臆想。我们完全没必要让孩子为了如何发明一台新式计算机而苦恼，也没必要为了如何立刻成为一位伟大的政治家而想入非非。

作为母亲，在"放纵"孩子异想天开的同时，也要让孩子学会脚踏实地，让孩子从生活中的点滴小事着手，不要好高骛远，做根本不符合当前实际情况的妄想。

3. 丰富孩子的生活经验，发展想象力

想象，往往基于孩子大量的生活经验积累。当母亲嘴里说"鸡蛋"这个词时，孩子的脑袋中会浮现出一个"鸡蛋"的具体样子，这个样子就是一种表象。只有不断积累这种表象，孩子的想象力才能逐渐发展、饱满起来。

我们帮助孩子积累生活经验，其实正是一个帮助孩子在头脑中建立表象的过程。表象积累得越多，孩子就越能把相关的表象相互联系起来，这恰恰是想象力的发展过程。在入学前阶段，我们应该经常带孩子去大自然看看，多与外面的世界接触，以便孩子有更多的机会去丰富生活经验，并在头脑中存下足够多的表象，给发展想象力打下良好基础。

4. 提供适当的环境，激发孩子想象的欲望

除了经常带孩子外出接触社会，在家中，我们也要给孩子提供一个最佳环境，帮助孩子想象力的发展。比如，给孩子一些适当的图书，和孩子一起分享故事内容，一起猜测情节变化，鼓励孩子想象故事结局。在给

幼儿读睡前故事时，可以改变一下诉说方式，读一会儿，停一会儿，给孩子一个吸收、想象的空间。

此外，在平时，我们可以和孩子一起玩游戏，在这个过程中，不失时机地激发孩子的想象力。女孩子可以玩"过家家"游戏，男孩子可以玩搭积木，这些小游戏都可以发展孩子的想象力。我们不应该只是给孩子提供玩具，而应该和孩子一起玩。因为，在玩游戏时，我们可以帮助孩子想象："你今天给小熊做什么饭呀？""我们给动物园里的大象搭一座雄伟的房子吧？"

5. 不要对孩子的想象结果"品头论足"

很多父母太过"口直心快"，不懂得尊重孩子的想法，动不动就对孩子的各种古怪想法品头论足，以个人经验武断地告诉孩子什么是有用的想法，什么是糟糕的主意。结果，导致孩子不敢轻易"异想天开"。这不但让孩子失去独立思维的机会，更是在扼杀孩子的想象力。

在面对孩子的想法时，我们不要以成人的眼光去评判孩子，所谓"好事多磨"，任何想法都是经过推敲和磨合后，才能成为真知灼见。我们应该给孩子一个自由的空间和充足的时间去想象。

6. 面对孩子的作品和想象，多发问

我们经常会在家中的墙壁上贴满充满孩子奇思妙想的绘画作品，但是，除了向客人、朋友介绍作品或夸赞一下孩子外，我们是不是很少主动去问问孩子这些作品的内涵和想要表达的是什么呢？

其实，母亲的"不耻下问"对孩子的影响很大。也可以说，母亲的发问，是对孩子想象力的一种挑战和刺激。比如，我们问孩子："为什么这棵树的枝条比树干还粗？"这不仅是尊重孩子的想象力，也同时是在暴露孩子对树木缺乏观察和认识。当孩子经过思考后，便会更加完善自己的思维。

7. 给孩子买新玩具，不如创新旧玩具的玩法

孩子会创造、发明一些新玩意或小东西，固然非常厉害。但是，在已有事物上进行一番富有想象力的创新，则可以完善孩子的想象力。通常，

孩子很轻易便会腻烦一个旧玩具，但我们无须三番两次、接连不断地去为孩子更新玩具，不如让孩子自己发挥想象力，把旧玩具玩出新玩法。而这是一个需要孩子充分释放想象力的过程。

智慧背囊

爱因斯坦曾说："想象力比知识更重要，因为知识是有限的，而想象力概括着世界上的一切，推动着进步，并且是知识进化的源泉。"不要让孩子因循守旧，更不要用知识束缚孩子的想象力。

少成若天性，习惯如自然。

——孔子

关于独立

关于独立

25 帮孩子制订一个作息时间表

孩子的独立性，都是从小养成的。科学合理的作息，不仅可以帮助孩子养成良好的生活习惯，对孩子的成长和学习也极其有利。作为母亲，我们应该和孩子坐下来，一起制订一张科学合理的时间表，并让孩子自己遵表执行，我们只需在孩子懒散时提醒就行了。

制订作息时间表，应该依据孩子自身的喜好，并且在时间安排上要趋于灵活和宽松。这样，孩子才会自然而然、主动地遵守自己定下的规定，一旦遇到自我控制薄弱，母亲提醒的时候，也不至于逆反，学习起来效果自然会好很多。

另外，我们在帮助孩子制订作息时间表时，一定要考虑孩子的个性特点和现实情况，一定要让孩子自己参与制订。下面这位母亲的做法可以给我们一些有益的启示：

丽莎的妈妈很早便替丽莎制订了一个她自认为完美无缺的作息时间表：早上6点，准时起床；中午午休回家，吃完午餐，做一个小时功课，然后回学校；下午放学，先补习一个小时历史，完成后看自己为女儿预先录制的少儿节目，然后有三十分钟的自由活动时间；晚餐后，先休息一会或到小区附近的公园散散步，然后回家继续温习功课，最后就是上床睡觉。

一开始，丽莎妈妈想当然地认为这样的作息时间安排，肯定对丽莎会大有助益的。可谁知，实行了才没几天，全家人就发现：丽莎的功课越做越慢，边做还边打哈欠；有时候，丽莎的作业还没有完成，她的好朋友珍妮便打电话过来问她看了某个卡通节目没有；每天晚上出门的例行活动也似乎让丽莎感到疲惫，回家后根本无法集中注意力去学习。

　　细心的丽莎妈妈及时发现了原先的作息时间表存在问题，于是，她果断改动原计划：中午，给丽莎一些午睡时间，下午看了少儿节目再开始做作业，晚上的外出散步活动，也视丽莎的当下需要而灵活增多或减少。

　　由于作息时间表变得更具灵活性和弹性，丽莎的自主性和积极性都比从前提高了。

在帮孩子制订作息时间表时，我们不要疏忽长远计划和短期计划的结合。

　　长远计划，是在一个较长的时间内要达成的目标，其第一步是要关注孩子内在的想法和情感，而不是只注意孩子外露的情绪和反抗。短期计划，不能仅仅是每日的具体作息时间计划，也应存有"模糊概念"，比如没有必要强制规定孩子几点几分起床、睡觉，几点几分用餐、游戏、做功课。正确的要求是：应该在几点之前起居饮食、功课要在洗漱前完成、看电视的时间要保持在多少时间内，等等。

　　总之，只有制订一张灵活、适合孩子个性特点的作息时间表，并且让孩子遵守，才可能帮助孩子养成规律的生活习惯。除此之外，在制订和执行时间表时，我们可以参考以下几个方法：

1. 让孩子亲手制作时间表格

　　通常，只要是亲自参与其中的事情，孩子就会重视，并保持认真的态度。所以，我们不妨像做手工活一样，让孩子亲手去制作作息时间表的表格。

　　简单的操作步骤如下：第一步是制作卡片，给孩子一张 A4 的白纸，让孩子把它剪成小卡片。第二步是罗列项目，帮孩子一起搜罗放学后要完成的功课、选修的科目或孩子想要做的事情，然后统统罗列在一张张小卡片上。此时，我们应该以提问的方法，提醒孩子尽量把各项目罗列清楚。第三步是筛选卡片，如果孩子罗列了太多项目，我们就要让孩子自己去甄选一些每天的固定项目，放弃那些偶发性的"选修项目"，因为，一天内孩子无法一次性完成过多的任务。第四步是制作表格，在一个小本子上画好所需要的表格，标题内容共包括时间、项目等。第五步是填充内容，让孩子根据计划，分配时间，完成表格。

就此，一张简单的作息时间表便做好了。作息时间表，是孩子自己的，作为母亲，我们能做的只是帮助孩子设计一下表格、写写大标题而已，真正去安排时间和项目，应该让孩子自己操刀。

2. 按孩子的兴趣优先安排，提高孩子的积极性

阳阳的妈妈不仅重视孩子的教育，而且很懂孩子的心理。在如何制订作息时间表上，她常常有很好的想法。每个周末，阳阳妈妈都会把电视报拿给阳阳，让阳阳选出下个星期想要看的电视节目和卡通片，在时间表中优先安排，然后再计划完成功课的时间。剩下的时间，则给阳阳户外运动和发展兴趣爱好。

学校的老师饶有兴趣地问："一般父母总是把学习时间放在第一位，你为何要优先安排阳阳看电视的时间呢？"

阳阳妈妈答道："因为，电视节目的时间是死的，如果孩子喜欢的节目正在播放，我却强迫阳阳去做功课，心系两边，反而做不好。倒不如先把她的看节目时间空出来，她既能安心完成功课，又满足了空闲的娱乐。所以，阳阳的作息时间表都是按照每周的电视节目报进行修整的。"

我们不能把个人的意见强加给孩子，让孩子自己按兴趣去安排作息时间，就能知道孩子的需求。只要这些需求是合理的，那么，我们就应该尽量满足。比如，孩子希望看电视的时间可以灵活一些，这个星期有趣的节目多，就在看电视上安排的时间多一些，要是有趣的节目少，那么就少安排一些时间看电视。

3. 让孩子遵守作息时间表，避免虎头蛇尾

一放暑假，辉辉妈妈就给辉辉制订了一张作息时间表，她的指导思路是这样的：在保证辉辉学习时间足够的前提下，发展他的个人爱好，看电视和玩乐的时间适当控制，每天不能超过两个小时。上午，思维最活跃，所以安排辉辉做功课和阅读课外书

籍；下午，去游泳馆参加初级培训班，因为辉辉体制弱，需求增强体魄；游泳结束后，练琴、学绘画；晚上，看电视。

可是，一开始还好，后来辉辉就没有遵守作息时间表。为什么呢？原来，当上午有好看的卡通片时，上午的任务就没法完成，只能挪到下午，这样，整个计划就全都乱套了。

于是，辉辉妈妈重新制订了一张作息时间表，把辉辉喜爱的电视安排进时间表，只要看电视的时间不超过2个小时就没问题。另外，辉辉不太合群，所以就安排一些时间让辉辉跟邻居一起玩。慢慢地，在遵守作息时间表时，辉辉不再因为看电视而虎头蛇尾了。

只有当母亲满足了孩子，孩子才能更乐于遵循计划行事。当然，每种满足都必须有一个底线。比如，看电视时间不超过2小时。

4. 让孩子学会自控，督促加奖励，双管齐下

孩子往往不喜欢被管制，喜欢无拘无束，而作息时间表对他们来说成了一种约束。那么如何能让孩子自觉遵守呢？

对年幼的孩子来说，让他们完全自觉遵守时间表是不可能的。所以，在执行过程中，我们或多或少要给孩子施加一点"压力"。比如，把那些可以当下检查成果的事情安排在父母不在家的时候做，等我们下班回家了，就可以加以检查，如果孩子做的不符合要求，就必须要求孩子重做，并且减少玩乐的时间。一些需要督促的事情，则安排在父母下班后做。

一旦孩子自觉遵守，完成时间表项目，或者有小小的进步，我们都应该给予奖励。因为在大人看来很简单的事，对孩子而言却很难，他们需要鼓励和加油。我们可以为孩子做一张奖励单，只要遵守得好就可以获得一颗五角星，每10颗就可以换一个愿望。比如，购买玩具、图书、零食等。当孩子享受到奖励，受到鼓舞后，便能更自觉地去遵守作息时间表。

另外，在帮孩子制订作息时间表时，还要注意以下几点事项：

1. 明确孩子的学习目标。作息时间表尽可能要具体化，要让孩子看得到努力成果。比如，孩子的目标是"好好学习"，我们在表扬孩子的同时，要追问："怎样才算好好学习了呢？"孩子可能会答"考100分"，这时目标

明确了，我们就可以给孩子释放一下压力，说："考95分也很棒，只要你努力了。"

2. 时间表之外要给学校留一点余地。母亲不一定总能很清楚老师的教学安排，学校可能会突发一些计划外的事情。所以，不要把时间表填得太满。

3. 学习场所要灵活变通。学习，不一定是室内，不一定要乖乖坐在书桌前，不一定要端着书本。比如，户外也是非常好的学习场所。我们可以一边散步一边和孩子复习功课、早上可以用英文叫孩子起床、晚上在睡前故事里可以加点料，等等。

4. 坚持是最难的，也是最重要的一步，必须让孩子坚持执行时间表中的每一件事。

智 慧 背 囊

在孩子的生活或学习中，科学、合理的作息尤为重要。休息好，孩子才能精力充沛，才能有效率，才能让孩子觉得独立自主是一件快乐的事。

26 教孩子学会自我管理

大多数成功人士的身上都拥有一些相似的特点：颇有自制力，不容易受到外界环境的干扰；遇到困难、不如意，意志力和忍耐度很强；做事有规划、有准备，总能按时达成计划，并从中获得满足感；有很强的独立生活能力，做事有条不紊、毫无疏漏；情商高，善于掌握、控制个人的情绪，会换位思考，了解并懂得适应他人的情绪变化，并能推己及人……

这些成功因素，并非智力因素，成功学家总结归纳它们为良好的"自我管理"能力。

古人训诫道："一屋不扫，何以扫天下？"一个孩子，如果没有一点自我管理能力，甚至连自己的生活起居都无法自行料理，穿衣脱鞋，需母亲代劳，整理房间，也由母亲出马。那么，我们难以想象，如此娇生惯养的孩子日后踏上社会后，该如何能够管理好自己的家庭和事业？如何井井有条地处理各种事务？如何取得令自己骄傲的成绩？

随着年龄的与日增长，孩子的学习能力随之相应提高，活动范围也相对扩大。此时，在一些事情上面，他们会慢慢下意识地开始约束自己。但是，由于孩子实际经验有限，并且欠缺自我约束力，在自我管理上往往表现得差强人意。大部分孩子不够独立，自我管理能力薄弱，一旦脱离父母的保护，就如同断了线的风筝，顿时失去方向，无法自我管束。

一些教育学家认为，通常在中国，孩子发生的很多问题，不是出在智力上，而是出在管理上。在培养孩子自我管理能力方面，很多母亲没有明确的意识或正确的方法。不是包办包理，致使孩子失去自我锻炼的机会，就是放任自由，任由孩子自己闭着眼睛胡乱摸索。

在美国，那些富有远见的母亲全都非常重视孩子的自我管理能力，并在这方面下了不少工夫、伤了不少脑筋。她们从小就逐步教导孩子自己的事自己去做，从不为孩子代劳。慢慢地，孩子能独立处理的事情越来越多，对父母的依赖也就越来越少了，这为孩子日后能得心应手地"自立门户"并富有责任心而打下了良好基础。

如果孩子从小就能学会自己的事情自己做，自己的东西自己理，自己的生活自己管，不仅有助于孩子的成长，还会令孩子更独立，并增强孩子做事的目的性、周密性和计划性，这对孩子未来独自踏上成功之路得益匪浅。

那么，我们该如何教孩子学会自我管理，并完善自我管理能力呢？

1. 树立孩子的自我管理意识

教孩子学会自我管理并完善的前提是：树立孩子的自我管理意识。

孩子内心一旦有了明确的意识，才会激发自觉性，把自己内在的需求和实际的行为结合起来，逐渐把成长过程中的自我管理当成吃饭睡觉一般的自然。

英国首相丘吉尔被称赞为"二战"期间的一代风云人物。事实证明，他绝对当之无愧。因为不管是从政，还是冲锋陷阵，他都胸有成竹、信手拈来。而这一切，皆是凭借着极其强大的自我管理意识。在完善的自我管理能力下，他善于等待时机，懂得付诸行动，最终实现了伟大理想。可见，一个人的自我管理意识对成功至关重要。

作为母亲，我们要教导孩子认识到，自我管理能力是促成个人梦想实现、促进个人发展的有力途径。如此，孩子才能自觉地管理自己，让自己的思想和言行统一并走上正轨，将潜能发挥到最大值。

2. 自我管理，从简单的家务劳动开始

马克思曾精辟地道出："教育与生产劳动相结合是造就全面发展的人的唯一方法。"通常，4~6岁的孩子，已经可以帮助母亲在餐桌上收发碗筷、擦桌子、叠衣服，也可以收拾自己的玩具和书籍，并把它们物归原处。而7~8岁的孩子，则可以协助母亲晾衣服、洗菜、去小卖部买东西、整理自己的房间，等等。

很多母亲认为，做家务最主要就是让孩子学会生活自理，这显然是把家务劳作的目的狭隘化了。其实，让孩子参与家务劳作，并不仅仅是让孩

子学会勤劳，更在于学会独立和自我管理。

在劳动过程中，孩子会确立自己对爸爸妈妈的责任心，产生与家庭休戚与共的感受，这将有助于孩子掌控自己的情绪，了解和感受家人的情绪变化，并且慢慢学会简单的统筹、学会如何同时做两件事又不手忙脚乱。反复做相同的家务，比如，擦窗户、择菜、叠衣服等，对孩子的忍耐力也是一种极好的锻炼。

对青少年的调查研究显示，经常做家务的孩子，陷入网络和电视不可自拔的发生率更低，学习效率更高，做事的计划性也比同龄人要好。如果母亲能够和孩子一起做家务，就更好了，家务劳作此时就成了很好的亲子活动。

3. 孩子的生活，让孩子自己去管理

如果母亲事事替孩子代劳，孩子就会在家人"无微不至"的照顾中，慢慢失去动手能力和思考能力；如果母亲事事"不操心"，孩子反而就能放开自己的怀抱和手脚，自己去管理自己的一切。长此以往，孩子就会觉得管好个人生活并非那么困难的事情。从这个意义上来说，母亲"漠视"孩子，对孩子"不管不顾"，才是真正为孩子好。

从小，彤彤妈妈就教育彤彤要把自己使用过的东西放回原处，自己的生活起居自己管理。只要是彤彤力所能及的一切事，她都置之不理。

一次，彤彤去学校学画，临出门前忘记带笔了，彤彤妈妈明明看到了，但却没有指明，只是在一旁提醒道："彤彤，再仔细检查一下，看有没有忘记带什么东西？"彤彤漫不经心地摇了摇头，背起书包就走了。到了教室，彤彤才发现忘带笔了，于是不得不返回家中取。

有些人觉得彤彤妈妈这样管教孩子，未免有些苛刻。但彤彤妈妈自有说法："对孩子来说，最佳的惩罚，就是自己去承担自己所犯过错的后果。如果一切由我出手帮助，彤彤永远吸取不了教训。就好像这次虽然迟到，但她得到了教训，从此便细心，不再这样丢三落四了。"

事实证明,保姆式的"包办家教",只会令孩子失去动手的机会,从而失去独立性,丧失未来的生存筹码。所以,孩子的生活,还是让孩子自己去管理吧。

4. 让孩子学会在野外生存

在假期,我们可以做一些亲子自助游的活动,单独带孩子出游。在外出游的过程中,我们要表现得"低能"一点,以此给孩子创造自我管理的机会。

关于出游的任何难题,我们都可以跟孩子一起协商。比如,去某个景点如何走才最经济?出发前应该准备些什么东西?遇上迷路、旅店客满、超支等问题该怎么办?衣服在旅店里没法晾干怎么办?……解决这些问题的过程,也正是在把孩子的自理能力一点点挖掘出来,这是一个潜移默化的过程。孩子从中会懂得,出游要带上地图和饮用水、要准备充足的硬币、不要在景区购买昂贵的商品,等等。

出门在外,不如意的事数之不尽。然而,这对孩子是很好的锻炼,不仅提高了他解决问题的能力,也增强了他情绪管理的能力。比如,汽车坏在半路无法启动时,气急败坏或焦虑不安都是没用的,我们可以教孩子心平气和,在等待拖车的过程中,让孩子拿出后备箱的鱼竿来就近垂钓,并欣赏一番美丽的落日。这种挫折经历多了,孩子就自然而然地学会如何抵制负面情绪,化愁苦为欢笑。

5. 给孩子制定一些"规章制度"

对孩子来说,控制自己的行为是非常重要的一个课题。一个孩子若自我掌控能力薄弱,就会盲目、冲动做事,导致事情背道而驰地发展。所以,母亲可以给孩子树立一些行为准则,让孩子遵从正确的方式去判断和控制个人行为。

也就是说,我们要事先帮助孩子制定一些"可"或"否"的规章制度,让孩子有一个判断是否对错的固定标准,从而明确什么事可以放手做,什么事万万碰不得。按照这个标准,孩子才能让自己的"行动"有一个参照物,才能学会管理自己的行为。

当然,这些规则最好每个家庭成员都要遵守。比如,进别人房间前,要先敲一敲门，得到允许才能进；饭前、饭后都要勤洗手；晚上不能超过某个点钟回家；说错话或犯了错要及时诚恳道歉。这些规则，即使父母犯了错也要受罚，这样孩子才会认为"规则"是严肃庄严的。另外，在制定规则前，要向孩子说清楚"为什么不可以这样做，要那样做"。

制定规则，不仅有助于孩子形成自我约束意识，更能提高自我管理能力，让孩子在未来遇到挫折时更得心应手。

智慧背囊

若希望孩子成为一个对人友善忍耐、做事井井有条、生活自理、情绪正面的人，母亲就必须从小培养孩子的自我管理能力，这比教会孩子弹琴、画画、做题更重要。

关于独立

27　让孩子主动跟你说"我自己来"

只要我们稍加注意,就会发现生活中有些孩子对本该自己来做的事毫无主张和主见,事事依赖母亲;也有些孩子年纪虽然小,却很主动自觉:早上按时起床、自己上下学、下课后抓紧时间做作业、自己整理房间……如果看一看这些孩子的家教方式,我们不难发现都有一个共同点,即在孩子很小的时候,母亲就注意培养孩子的独立意识和自主能力。

我们可以将这种成功经验概述为"自主性",即孩子在行动过程中的独立性和主动性。表现状态为:作为个体,孩子自由、独立地支配自己的言行举止,并有能力为自己的行为进行客观选择。

儿童心理学研究表明,在幼儿期,孩子心理活动的主动性最为明显,他们热衷于自己去体验和尝试,凡事总喜欢说"我刻意"、"我自己来"。作为母亲,应该重视孩子的这种独立意识和愿望,并利用好这个宝贵的关键期,抓住机会,言传身教,引导、鼓舞孩子做些力所能及的事,比如用餐、穿衣、叠被、洗漱、整理玩具等。着眼于孩子做些力所能及的事,培养孩子的独立主动性。

聪聪2岁的时候,聪聪妈妈就有意识地让他做些自己喜欢或有能力做的事情,比如,通过游戏的方式让聪聪自己穿衣服、系扣子、刷牙洗脸,等等。一开始,聪聪自己穿衣服每天都要花费很多时间,还经常扣错扣子,但聪聪妈妈不会因此而责骂他,而是耐心帮他纠正。等到聪聪再大一点的时候,聪聪妈妈又给他买了些小巧的扫把和小铲子,让儿子学着扫地。

现在,聪聪已经7岁了,比邻居的孩子们都要能干。亲朋好友一来做客,聪聪就会勤快地给客人拿拖鞋、递茶水什么的,落落大方，又有礼貌又勤快，客人们都赞不绝口。聪聪妈妈认为："孩子的主动性、独立性应该趁早培养，这对日后的学习和工作都大有益处。"

为什么有些孩子做事常常需要别人提醒，自己一点也不主动呢？究其原因，大致有以下几种：

1. 孩子天性使然。通常，性格活泼多动的孩子，遇事总是较敏感，反应迅速，注意力和兴趣点很容易受外界环境的影响，做起事情来粗心大意、毛手毛脚，他们往往不能很好地从事枯燥的活动。

解决之道：

孩子的性格并非一朝一夕形成，我们切不可急于求成。当孩子出生后，就会被周围环境的影响，并在家庭教育和自身实践行动中慢慢形成自己的个性。因此，在日常生活中，我们应以尊重孩子的意愿和个性为前提，让他们从身边小事做起，比如整理玩具、书报等，使孩子逐步养成主动做事的好习惯。

2. 环境因素。孩子会注意力不集中，有时是受到外界环境的干扰。当孩子正在长时间做某件事情时，非常容易被一些更有趣的事情吸引，以致中断手头的事情，转而把注意力移动到另一事物上去。比如，在看书或做功课时，被电视机里传来的音乐声吸引。

解决之道：

我们要为孩子创造一个宁静、舒适的家庭环境，让孩子安心思考、做事，不被任何刺激事物干扰。另外，需求和兴趣也影响了孩子做事的主动性。所以，为了令孩子做事免于成人不断提醒，母亲应从孩子最感兴趣、最容易引起关注的事情入手，逐步拓展其他的一切事物，使孩子主动跟我们说"我自己来"。

3. 家教所致。一是，孩子做事慢或没有做完，母亲发现后，图省事，于是自己大包大揽，致使孩子失去锻炼的机会，并对母亲产生依赖感，养成事事要他人监督的坏习惯。二是，母亲不能以身作则，致使孩子从母亲身上沿袭不良行为和习惯。三是，母亲发现孩子做事虎头蛇尾，不是去追究内在原因，进行正面教导，加以鼓励，反而粗暴对待，训斥或打骂孩子，这种方式会暂时收到效果，却无法根治问题。四是，孩子做事没有明确目标时,母亲不加以指导,盲目让孩子自己瞎撞,导致孩子半途而废,做事没有积极性。

解决之道:

作为家中的"独苗",孩子丧失了很多锻炼的机会,主动做事的好习惯也难以养成。所以,我们要遵照孩子的年龄特点,帮助孩子树立做事的目标。要坚持以鼓励为管教手段,适当给予启发和引导,使孩子通过这个过程养成做事主动的好习惯。俗话说,习惯才能成自然。一旦成为习惯,孩子就能得心应手些。另外,母亲应做好榜样,使孩子从长辈身上学会如何做好每件事,从小养成独立性。

那么,在日常生活中,我们该给孩子提供一些什么,从而让孩子主动说"我自己来"呢?

1. 提供空间——让孩子自己走路

幼小的孩子喜欢蜷缩在妈妈的怀抱里,不愿离开,但是他们不能永远躲在家庭的港湾中。

有一位母亲,孩子都已经上小学三年级了,还每天"尽职尽责"地背着孩子上学,直到距离校门口几十米的地方,唯恐被师生看见,才心不甘情不愿地放孩子下来……被母亲如此呵护成长的孩子,他的独立主动性又如何能培养起来呢?作为母亲,我们应该给孩子一个独立的空间,并根据孩子自身的个性特点,扩大孩子自由主掌的空间,鼓励他在这个自己的空间中,做自己的小主人。

2. 提供时间——让孩子自己安排

不少母亲认为,孩子太小,不懂得如何安排个人生活,但一旦由我们来掌控、包办了孩子的时间,孩子只有执行的份儿,那么,孩子的主动性就永远无法培养出来了。

在涛涛3岁多的时候,涛涛妈妈就每天给儿子一段他可以自由支配的时间,只要没有危险,孩子可以任意安排自己做什么:玩耍、画画、看书、出门找小朋友玩……一旦他不知道该做什么时,就会主动找涛涛妈妈,这时,涛涛妈妈会给儿子一些指导性

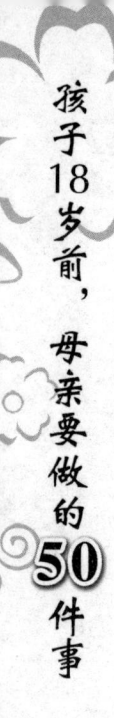

意见。长此以往，涛涛渐渐懂得了珍惜时间和安排时间。

5岁的时候，涛涛对洗碗感兴趣，涛涛妈妈就为他准备了一个小凳子，对他说："妈妈知道你爱劳动，想自己洗碗，不过水池太高了，你够不着，妈妈给你一个小凳子……"涛涛兴奋地大喊："谢谢妈妈！"随即，踩上小凳子高兴地学着妈妈的样子洗碗。

用拔苗助长的方式去培养孩子，显然是违法客观规律的，也注定会失败，但采取消极顺从的姿态，也不利于孩子成长。所以，像涛涛妈妈这样给孩子提供时间，积极创造条件，让孩子自我安排，才是正确的做法。

3. 提供挫折——让孩子自己克服

如今，生活水平提高了，孩子从小衣食无忧，我们更应该想方设法为孩子设置一些挫折，让孩子通过自己的努力去克服。在日常生活中，孩子一旦碰到困难，也必须要求孩子自行解决。这样，才能培养孩子的独立意识，在未来遇到各种困难时，才能意志坚强。

4. 提供机遇——让孩子自己抓住

一个男孩偶然向妈妈提起学校要进行作文比赛时，妈妈便大力鼓励语文成绩不错的孩子积极参加，并告诉他："这是一个非常难得的机遇，这种比赛的成绩，通常会被列为升级的重要参考因素。只要把握住这个机遇，那么你在成功的道路上就又跨前了一步。"男孩非常感激妈妈的提醒，以后学会了主动在各种机会中表现自己。

孩子的一生会遇到各种机遇，如果不善于把握，机遇就会跟孩子擦身而过。母亲的任务，应该是为孩子提供一些小机遇，启发孩子自己去抓住。如此，当孩子在将来遇到重要的机遇时，才会善于抓住，并参与公平的竞争。

5. 提供权利——让孩子自己选择

有一位妈妈带儿子去少年宫报名，本来计划是让儿子学钢琴，但是这位妈妈发现儿子站在舞蹈教室门口愣神。于是，她不得不重新计划，让儿子选择他喜欢的项目，同时也提出条件："你一定要对自己的选择负责，自己坚持、努力，把你喜欢的舞蹈学好。"

自主选择，是提高孩子自主、主动的最有效方式。可是，很多母亲担心孩子选择错误，造成不可弥补的损失，于是才不给孩子选择的权利。从小不具备选择权的孩子，长大后将无法适应竞争激烈的社会。母亲应积极给予孩子选择的权利，并告诉孩子，要对自己做出的选择负责。

6. 提供问题——让孩子自己解答

有一位母亲的成功经验是：女儿问我单词，虽然我认识，但我不告诉她，而是让她自己去查字典。之后，一有不认识的单词，她就不来问我了，而是自己查字典。

孩子一旦问"为什么"，母亲通常的做法是马上告诉孩子答案。这样做，看起来很简单，也很尽责，但只知获取答案，总希望他人来提供现成的答案，自己却不动脑子，孩子日后就不会独立思考，这势必直接伤害了孩子在智力运动上的主动性。

智慧背囊

在日常生活中，母亲要不断和孩子进行有益、有效的沟通，鼓励孩子，给孩子各种任务，让孩子"自己来"。如此，孩子才会更主动、更独立。

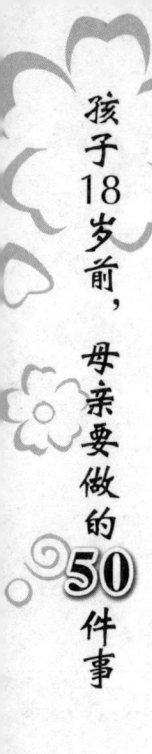

28 让孩子自己解决伙伴间的争吵

当孩子脱离怀抱，走出家门，正式开始与现实世界打交道时，很多母亲往往会杞人忧天：担心孩子吃亏上当，操心孩子与小伙伴们吵架，忧心孩子遭人欺侮……一旦孩子间发生一些磕磕绊绊的摩擦和小事，引起争吵时，一些母亲便拍案而起、身先士卒，冲到孩子前面，为孩子出头，唯恐伤到自己心头的宝贝疙瘩。

其实，这种举动正是在阻碍孩子的独立成长，是在折断孩子的羽翼。

吵架，是孩子成长过程中的一门"必修课"。在回归社会和集体前，孩子间的关系势必会面临一个"整合期"、"磨合期"。在和同龄孩子一起玩耍、争执、打闹和重归于好的过程中，孩子会慢慢正确认识自我，并锻炼自己的能力、体力和智力。孩子会懂得如何申辩个人主张，并慢慢学会协同合作、相互忍让、控制自我的交际能力和各种社会生活规则。从而不断累积社会经验，独立自主，全面成长。

美国前总统克林顿的夫人希拉里·克林顿，是个人见人爱的姑娘。但是，这绝非与生俱来的。在她4岁时，举家搬往芝加哥的一个郊区定居。刚来到这个新环境，希拉里就懊恼地发现，要想交上几个新朋友实在是难如登天。

每次出门玩耍，她总是遭到周围孩子的嘲笑、欺负，有时甚至被大伙推倒在地。每当这时，她就感到很委屈，哭着逃回家，不敢再出门。

而希拉里的母亲一直躲在暗处，悄悄观察着这一切。终于有一天，当希拉里再次哭红眼逃回家时，母亲把她挡在了门口，并大声说道："勇敢一点，孩子！勇敢地面对他们，这个家里容不下一个胆小鬼。"希拉里只得鼓起勇气返回,这让那帮"捣蛋小鬼"大为惊讶。最后,凭借着这份勇气,希拉里赢得了很多新朋友。在日后的岁月里,每当陷入困境,希拉里都会勇敢地去迎接各种挑战。

显然,希拉里母亲的家教是极其有效而成功的,碰到女儿与其他孩子发生争吵和冲突,她并没有像其他母亲那样出面干涉,而是正确地鼓励、引导孩子,放手让孩子自己去解决。

如果仅仅是灌输大道理,没有"真刀实枪"的实践,孩子便无法真正获得独立的处世技巧。所以,我们不要动不动就插手孩子之间的争吵,不要剥夺孩子独立自主、自我解决问题的权利。只要没有发生严重问题或状况,就应该正确指导孩子自己去解决冲突,通过自己的努力去寻找和恢复伙伴间的友谊。

帮助孩子树立独立意识前,作为母亲,我们应该先正确、客观、有先见之明地看待孩子间的争吵。

正确观点一:通过争吵,孩子可能提高明辨是非的能力。

一天下午,明明和莎莎在院子里玩耍,突然传来了哭闹声。原来,明明踩脏了莎莎的新皮鞋。明明站在一边说:"我又不是故意的,哭什么!"莎莎边擦眼泪边说:"你就是故意的,你赔我!"明明很无奈,边掏出手绢给莎莎擦眼泪边劝道:"别哭了,我真不是故意的。这样吧,我带你去吃好吃的。"

看到这一情景,明明妈妈没有去干涉,因为孩子们已经把问题处理得很好了。当明明走过来找抹布给莎莎擦鞋子时,明明妈妈悄悄递给了他一块儿小毛巾。

从这个案例中可以看出,孩子虽然小,却已具有一定的道德情操。他们之所以会发生争吵,是因为起初各自觉得有理,这说明孩子具有一定的是非观念。虽然这种是非观念还很肤浅,但难能可贵。

正确观点二:通过争吵,可能锻炼孩子的语言表达能力。

一次,磊磊在玩小汽车,这时小辉跑过来就抢,磊磊顿时大哭，委屈地说："你为什么抢我的玩具？"小辉理直气壮地说："妈妈说了，好玩的东西，大家一起玩。"磊磊不高兴道："我还没玩够呢！你为什么要抢？"小辉说："光你一个人玩，我也想玩一会儿。"两个孩子你一言我一语地争论不休。

　　这一切，听在了小辉妈妈的耳里。为了让孩子锻炼表达能力，她故意让俩孩子多争吵一会儿。看他们争执不下，小辉妈妈才走上前，心平气和地问："小辉，你为何抢磊磊的汽车？"小辉不服气道："你看，他玩得满头大汗了，还不让我玩。"小辉妈妈接着问："你和人家商量了吗？"小辉低下头道："没有。"小辉妈妈顺势问磊磊："如果小辉跟你商量，你能跟他一起玩吗？"磊磊点了点头。就这样，两个孩子一起玩了起来。

　　一些平日话少或羞怯的孩子，在与同龄孩子争吵时，却面无惧色，变得伶牙俐齿、用词丰富。可见，争吵有益于孩子锻炼语言表达能力。当然，幼儿词汇量少，语言表达能力薄弱，他们有时无法准确表达个人观点，不理解抽象的语句。从某种意义上来说，争吵是孩子运用语言的一种实践，只要我们给予适当引导，孩子就能健康发展语言能力。

正确观点三：通过争吵，孩子可以学会自我控制和礼让。

　　冰冰在教室里搭积木，搭完最后一块时，她高兴地手舞足蹈："哦！我成功啦，搭出高楼了！"由于太兴奋，她的手臂不小心打在了旁边丽丽的脸上。顿时，丽丽哭起来："你干吗打人？"冰冰忙说："我没有打你！"丽丽边哭边说："你打了！你就打了！"冰冰急了："我就没打！你再闹，我就真打了！"说着，不耐烦地举起了手。丽丽哭得更伤心了，大声说："我要报告老师！"

　　见丽丽哭得伤心，冰冰放下了手："别哭了，我真不是故意的，对不起。"丽丽的哭声小了，但仍坚持："我去报告老师……"冰冰语气温和地说："好丽丽，对不起嘛。来，我教你搭积木。"说着，拉丽丽坐下。注意力被转移，丽丽不哭了，俩人搭起了积木。

儿童肢体的运功交感神经和副交感神经发育不够健全，大脑皮层的神经细胞也极易兴奋，所以，孩子的自控能力会比较差，他们行动时没有明确目的，并带有极大的冲动性。这些问题，都可以让孩子在与同龄孩子争吵的过程中加以锻炼，从而学会自控和礼让。

那么，当孩子和他的小伙伴们争吵时，我们该怎么做呢？

1. 耐心倾听，莫急于解决

一旦发现孩子之间争吵，我们要保持耐心，去倾听孩子为何争执，不要像热锅上的蚂蚁那样，急于解决。只有弄清事情始末，心中有数了，才能了解事件的严重性。如果只是无关紧要的小吵小闹，只要不过头，那么我们无须太过操心。等到孩子们争吵一番、话说尽或意见统一后，自然就言归于好了。

2. 转移视线，莫冲动处理

如果孩子争吵得异常激烈，甚至有打架的趋势，我们可以设法转移一下他们的注意力，比如对孩子说："哟，你的头发怎么了？"或者拿起一件玩具询问："这辆小汽车是谁放这儿的？"这时，孩子们的注意力会转移到头发或小汽车上，而忽略了吵架。等到孩子冷静下来后，我们再询问争吵的起因，并加以引导。

3. 搞清缘由，莫随意干涉

一些母亲见孩子争吵，在不清楚缘由的情况下，横加干涉，粗暴以待："别吵了！""全都闭嘴！"或是恫吓孩子："你们这些坏孩子，再闹就送你们去公安局。""我要打你们屁股了！"不管三七二十一，各打五十大板，这种简单、粗暴的处理方式，只会令孩子反感抵触。所以，在弄清缘由前，我们不要随意干涉孩子的争吵。

4. 以理服人，莫妄加评判

当孩子间的沟通出现了障碍，我们应该加以润滑、调剂，而不是妄加评论，不要怂恿他们攀比，也不要单听片面之词。缺乏公正的评判，会让孩子是非不分，影响其未来的性格发展，扭曲孩子为人处世的正确标准。所以，母亲要做好示范，以理服人，避免孩子以自我为中心，蛮横霸道，听取不了小伙伴的建议。

5. 正确引导，莫强制灌输

当年幼的孩子争吵时，我们要给予适当引导，以免孩子爆发不良情绪。孩子的心理发展不够成熟，并且语言表达能力有限，所以，在争吵过程中，容易乱吵乱闹或动手动脚，更不懂得忍让、包容，以致难以展开真正的言语沟通。这时，就该母亲出动了——给予正确引导。比如，对孩子说："隔壁的彬彬很讲道理，他说得对。""如果是你的过错，要向对方道歉。""如果她是无心的，就原谅她吧；如果她是故意的，你要想方设法让她道歉。"……激励孩子勇于承担错误，并参照其他孩子的良好表现，从而诱导孩子向榜样学习。

6. 袖手旁观，莫自作主张

孩子的纠纷，让孩子自己去解决。除了适当引导外，我们不必掺和其中。很多母亲担心，如果让孩子独自处理问题，一旦方法错误，是否会因此使孩子形成错误认知呢？这过虑了。因为，任何认知和经验，并非一蹴而就，靠一次经历是无法树立的。孩子正是在解决问题的过程中，逐渐得到经验和感悟，这才是最大的财富。而我们，只需袖手旁观便行。

智慧背囊

伙伴间的争吵，需由孩子自己去解决。当孩子用眼神或表情求助时，我们该鼓励他们："这是你自己的事，由你自己搞定，妈妈相信你有这个能力！"

29 多给孩子独立处理事情的机会

有一些母亲，从孩子一出生，就开始孜孜不倦地进行一套异常艰巨、郑重的"陪同"教育：当孩子跟小伙伴在一起玩耍的时候，死死盯着孩子；当孩子坐下学习的时候，放下一切事务，坐在孩子身旁监督；当孩子起床或睡觉的时候，起得比孩子早睡得比孩子晚，甘当"闹钟"；当孩子和小伙伴外出时，如同间谍一般尾随其后，生怕他们遇到什么危险或做出什么不当行为……

在慈母的"监工"下，孩子样样事都只得遵照大人的指示去操作，连提出异议和说"不"的权利都没有。因为他们由始至终都被训导着："要听大人的话！"于是，在重重压力下，孩子只能承受着窒息感，以被动的方式去与大人作对。而母亲们则一副恨铁不成钢的样子，不停抱怨着孩子的各种逆反行为。

孩子为何会逆反大人？其实，恰恰是因为孩子已经产生了独立自主的意识，不愿意任何事情都听任于父母的安排，他们希望拥有独立做事、思考、说话的机会。一旦这种正当需求长期得不到满足，那么孩子宝贵的独立意识就会被逐渐抑制，就会破坏孩子的自信心和决断力，对自身产生消极、负面的自我评价。而这一点，绝对会影响至深，会导致孩子长大以后缺乏判断力、独立性和责任感。

孩子的自信心、责任感和决断力，并非与生俱来，若想让孩子迅速培养出这些能力，我们就应该从小给予孩子独立处理事情的锻炼机会，让孩子自己去体验生活，而不是代替他们去"走路"、去"动脑"。我们应该抛掉那些陈旧不堪的成年人意识，以孩子的视角看待事物，多给孩子独立处理事情的机会，使他们通过个人的实际经验来获得常识和知识。

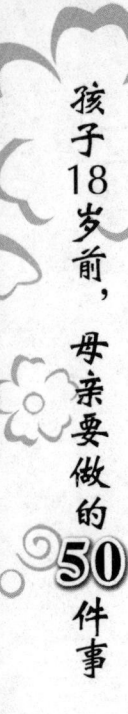

然而，鼓励、帮助孩子独立的整个过程其实非常复杂。

尽管我们了解了让孩子独立处理事情的重要性，可是内心难免纠结、矛盾：其一，很多母亲工作很忙碌，她们没有过多耐心去"纵容"孩子慢慢学做事，如叫孩子起床、给孩子扣上扣子、决定给孩子吃什么……这样，既省事又快捷。其二，在情感上，孩子是母亲的心头肉，我们无法割断那份亲子间的紧密联系，我们总是忍不住把孩子的跌倒视为我们的跌倒，把孩子的失败看成我们的失败，做不到明明三言两语就可以让孩子避免失败或失望，却要眼睁睁地看着他们在面前挣扎、摸索。

同时，我们还要控制自己不给孩子现成的答案，尤其是当我们自己明确知道该如何做的时候。当孩子期盼地问我们："妈妈，你说我该怎么做呢？"这时，我们不得不克制自己，不立刻告诉孩子有效方法。

更加令人困扰的是，我们无法承受孩子不再需要我们时的失落感。孩子一出世，我们便成为了母亲，而那小小的生命如此需要我们，这种需要让我们感到有史无前例的满足。可是，当我们发现，孩子早上起床的闹钟比母亲的呼唤更有效，孩子终于学会了自己看故事书不再需要母亲温柔的朗读，孩子有了自己的小秘密……这时，作为母亲，我们的心情是复杂的。

这样的矛盾和复杂心理李女士也经历过，她陈述了她的一个经历：

> 美美已经5岁了，开始上幼儿园了，可是对李女士还是非常依赖，事事需要妈妈陪同。在送她去幼儿园的第一天，李女士终于狠下心来，让美美独立。
>
> 把美美送进幼儿园以后，李女士正准备离开。美美却拉住她的衣角说："妈妈，我要上厕所。"李女士说："那你就去呀。"美美不高兴地叨叨："不行，我要妈妈跟我一起去。"李女士劝道："美美只能自己去了，妈妈以后都不会在幼儿园，所以，美美要自己去上厕所。"美美惊恐道："可是，上完厕所后，谁给我鼓掌啊？"
>
> 李女士想了想，说："美美，你上完厕所后，可以自己给自己鼓掌嘛。"说完，李女士假装往门外走。美美瞪大眼睛，看着

妈妈的背影，然后，自己走进了厕所。不一会儿，躲在一边的李女士听到厕所里传出来了鼓掌的响声。

当天，美美回家后，就对李女士骄傲地宣布："我可以给自己鼓掌了！妈妈，以后我不再需要你啦！"那一瞬间，李女士感到欣慰的同时，也产生了一丝失落感……

虽然孩子的进步让我们感到自豪，孩子的成长让我们感到欣慰，但同时，我们也会为孩子不再需要我们而感到失落。

在孩子成长的过程中，每位母亲都"痛并快乐着"，这是一个必经的过程。一开始，我们投身于服务一个弱小无助生命的事业中，这注定我们不得不为这个生命担忧、快乐、宽慰，并理解他们，帮助他们为人生作出规划。我们为什么要把自己的爱、精力、人生智慧和经验统统给予孩子？不就是希望有一天，让孩子有足够的内在力量和生活能力"离开"我们。

所以，放开怀抱让孩子独立起来吧。只有擅长为自己人生作出决定的孩子，其生命力才会蓬勃恣肆。即便因为年轻，会遇到各种各样的困顿和挫折，但那些"石头"最终会和成就一起，让孩子感受到自己的生命是绚丽多姿的。而作为母亲，我们要记住以下几点：

1. 别把孩子当成"无知小儿"看待

孩子一旦到了一定的年龄，便会自然而然滋生强烈的自我意识，他们开始想要独立，开始讨厌被大人们当成小孩子来看待。所以，这个时候母亲不能再让自己站在成人的立场上，用霸道的思维方式去对待孩子。

我们必须卸下"贴身监工"的身份，面对孩子身心上的变化和发展，不要指手画脚，也不要大包大揽，而是与其有商有量，听取孩子的内心想法。

2. 把孩子手、嘴和大脑上的捆绑解除

这也不准那也不行、处处横加干涉、按自己的意愿左右孩子的行

为……很多母亲对此乐此不疲，但是这么做的结果便是捆住孩子的手脚，束缚孩子的思想。作为家庭中的一份子，孩子有自己应有的权利和责任。在对自身有影响的任何决策上，他们完全可以"忤逆"母亲的意思，可以拥有发言权，可以抒发自己的感想，更可以发挥个人的本事。

把孩子手、嘴和大脑上的捆绑解除，让孩子行使自己应有的权力，让孩子成为一个敢想、敢说、敢做的独立者。

3. 适当放手，多给孩子独立处理事情的机会

只要遇到的不是原则性问题或危险性大的事情，我们都应该适当放手，多提供一些机会给孩子，让他们自己去处理、解决问题。记住，给予的应是真正的独立处理和解决，不可"心痒痒"而出手相助。我们可以给"适当放手"规定一个基本的底线，比如，做事认真负责、不为非作歹等。然后，放手让孩子去左右自己的人生。

我们要多给孩子一些独立思考、学习和游戏的机会，必要的时候，才助孩子一臂之力。如此，孩子才能成长为独立而有主见的人。

4. 尊重孩子的个人主张和意见

母亲应该尊重孩子在家庭中"主人公"的平等地位，在探讨一般的日常家事时，不妨允许孩子参与进来，即便最后没有采纳孩子的主张，孩子也会感觉到自己在家中的地位"举足轻重"。这样，孩子也会更尊重家人和长辈，从而有利于营造良好的家庭氛围。就算孩子年龄尚小，无法作出重要决定，那也最好让孩子待在一边"旁听"，即使是一个形式，孩子也会感到被尊重。而且随着年龄的增长，思维力的增强，他们会慢慢增强自己的见识。

另外，任何涉及孩子个人的问题，更应尊重和听取孩子的自身意见，并以商讨的方式来反驳孩子的意见，这对孩子独立意识和性格塑造都有至关重要的作用。

5. 给孩子一块小小的自由空间

不管个人家庭的居住环境和经济状况如何，我们都应该给孩子提供一块属于他们自己的小角落、小天地或秘密基地。在这个小小的自

由空间中，他们可以任意归置自己的玩具、图书等各类东西。同时，我们每天都应该给孩子一些自由掌控的时间，让他们有支配、安排个人时间的权利，让他们带同龄孩子一起来玩，让他们自行管理、整理自己的物件。

智慧背囊

法国启蒙思想家卢梭说："要想使孩子成为一个明智的人，就必须培养他有自己的看法，而不能要求他服从我们的看法。"只有给予孩子成长的自由，才能灵活、有效地协助孩子解决成长中的各种烦恼和问题。

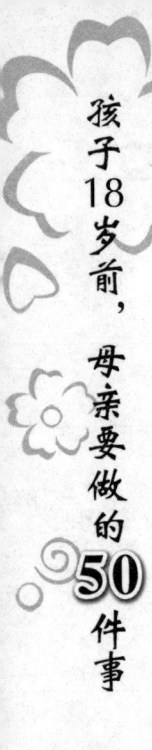

30 让孩子养成独立思考的习惯

很多母亲在教育孩子的过程中,总是习惯于让自己扮演发号施令的角色,一声令下,孩子就要乖乖地按照指示干这干那,而忽视了让孩子去想。对孩子来说,如何做、怎么玩都限制在母亲的权威下,自身的思考力则无从体现。所以,在积极培养孩子独立性前,母亲先要花工夫训练他们的独立思考能力。

爱因斯坦说过:"学会独立思考和独立判断比获得知识更重要。不下决心培养思考习惯的人,便失去了生活的最大乐趣。始终要放在首位是发展独立思考和独立判断的一般能力,而不是获得专业知识。"拿破仑·希尔也曾说过:"思考能够拯救一个人的命运。"

事实的确如此,习惯于独立思考的孩子,不仅能在学业上更优异,而且在人生的众多选择中也会更有甄别能力,使自己的成长过程少走很多弯路。

不懂得独立思考的孩子,没有独立性。美国家庭就特别注重孩子的独立思考能力。

在美国,有一档收视率非常好的节目中,有一次主持人问一个7岁的女孩:"你长大后想当什么?"小女孩自信满满地答:"总统!"现场观众哗然。主持人做了一个夸张的吃惊表情,继续问:"那你说说看,为啥美国至今没有女总统呢?"小女孩不假思索地回答:"因为男人都不投女人的票。"现场一片笑声。

主持人问:"你肯定是因为男人不投女人的票吗?"小女孩不屑道:"当然肯定!"主持人意味深长地笑了,然后对现场观众说:"愿意投她票的请举手!"伴随着笑声,不少男观众举起了手。主持人得意道:"你看,有很多男人投你的票呀!"小女孩不

关于独立

为所动，轻描淡写地说："连1/3都不到！"主持人做出一副难以置信又不高兴的样子对观众说："请现场的所有男人都举起手来！"话外音是，不举手的就不是男人，哪个男人还敢不举手。

在哄笑声中，底下许多男观众都举起了手。主持人故做正经地说："请投她票的男人继续举着手，不愿投的放下手。"主持人这一招很狠，在大庭广众下，要一群大老爷们把已经举起的手放下，着实不易。如此一来，虽然仍有个别人放下了手，但举着手的男人比之前多了很多。主持人洋洋得意地说："如何？总统女士，这次可是有2/3的男人投你票了。"

喧闹的现场突然静了下来，所有人都想看看这个小女孩还能怎么说。小女孩露出一副与稚童完全不符的轻蔑，说道："这些人都不诚实，他们心里并不愿意举手！"很多人目瞪口呆，随即是如雷的掌声。

这是典型的美式独立思考。在没有任何人的提示和帮助下，小女孩凭借自己的思考和判断，从容作答。这正是很多中国孩子所欠缺的。

孩子是否能够成才，最重要的还是在于孩子是否能养成独立思考的习惯。纵观世界上那些了不起的杰出人物，他们身上都有一个共同点，即善于独立思考。

世界首富比尔·盖茨自小显露的最大优点就是不断思考。当母亲叫他吃饭时，他无动于衷，甚至整天躲在自己的卧室里不出来。当母亲问他在做什么时，盖茨总是说："我正在思考！"有时，他还疑惑地问家人："难道你们从不思考吗？"

比尔·盖茨的脑袋似乎时刻都在高速运转，以至在微软公司，一直流传着这样一个说法："与一般人谈话就好像从喷泉中喝水，而和盖茨交谈却如同从救火的水龙头中喝水，他会提出无穷无尽的问题，让人完全应付不过来。"

盖茨之所以有如此伟大的成就，与他从小养成的独立思考的习惯是分不开的。所以，培养孩子独立思考的能力，是各位母亲必须牢牢把握的家教关键，是诸多教子课题的"重中之重"。

独立思考习惯的养成,将有助于孩子日后思维方式的形成和知识的累积。如今,越来越多的母亲已经意识到让孩子独立思考的重要性。但敏锐的思维力不是从天上掉下来的,而是要经过科学的训练和培养。那么,该如何让孩子的思考力"活"起来,学会独立思考呢?

1. 父母善提问,女孩勤思考

一位犹太母亲问她的孩子:"如果有一天你的房子被烧毁,你将带什么东西逃跑呢?"孩子答道:"当然是带钻石逃走。"母亲又进一步问:"有一种没有形状、没有颜色、没有气味的珍宝,你知道是何物?"孩子摇摇头。母亲接着说:"孩子,你要带走的不是钱,也不是钻石,而是智慧。因为智慧是任何人都夺不走的,只要活着,智慧就永远跟着你。"

犹太人正是用这种启发式的提问,逐渐让孩子养成了独立思考的习惯。

问题,是孩子思维活动的起点。如果孩子能经常面对各种千奇百怪的问题,大脑就会活跃起来。因此,在提高孩子思维力的过程中,我们应该常常向孩子发问。当然,不能单单问一些是非对错的封闭式问题,还应根据孩子当下的能力,有技巧地问一些答案不唯一、不统一的开放性问题。比如,发夹有些什么用途?如果外出踏青,你会选择哪里?为什么挑选这个地方?我们要善用这类提问,引导孩子思考。

2. 创造尽量完美的家庭思考环境

在家庭中,我们应为孩子创造尽量完美的思考环境。生活中,随时为孩子提供思考氛围,让他的思维处于活跃、积极的状态。比如,有位母亲通过朗读简单的诗词来引导她5岁的儿子思考问题。她先读一首诗:"如果世界上堆满了饼干,如果海水全部化为黑水,如果所有的树都结满面包和果酱,那么,我们喝什么?"然后,她问儿子:"一个句子以'如果'开头,是不是意味着它绝对不是真的?"由此,引发儿子联想出一连串问题。

只要引导得法,思考氛围良好,孩子即可取得独立思维的最佳效果。

孩子的年龄不论大小，母亲都应创造机会使她说出自己的主意来。比如，全家人共进晚餐，议论一天中发生的种种趣事，就是一个指导孩子的好机会。

3. 分享孩子独立思考的快乐

积极正面的情绪，会促进孩子的智能迅速发展。而与孩子一起分享独立思考后的快乐和满足感，能使孩子产生正面的情绪，并且增加他自主思考的热情和积极性。比如，孩子开动脑筋，独自完成了一件微不足道的小事情，我们可以真心诚意地请他展示一番，或者和他一起重新体验一次整个思考的过程。在这种被肯定的良性情绪下，孩子会更有激情去独立思考。

4. 让孩子学会多角度思考问题

张女士的儿子今年8岁，是一个好奇心很重的孩子，总有问不完的问题。为了让孩子有更多独立思考的机会，面对自己不知晓的问题，张女士总是和儿子一起去查资料、去思考和观察。如果是自己知晓的问题，她也会先让儿子自己动脑想一想，并且提示他答案可能不止一个，要多层次、多角度去思考。一旦儿子给出的答案够新颖奇特，她会大加表扬。最后，她才会告诉儿子正确答案。

在妈妈的引导下，孩子不但勇于提问，还积累了丰富的知识，更重要的是提高了独立思考的能力。

有的时候，孩子问的问题很"傻"、很"无厘头"，但不管孩子问的是何种问题，我们都不能嫌孩子麻烦，更不能打击他提问的积极性，而应多给孩子提问和独立思考的机会，并引导孩子多角度去思考问题。

5. 母亲要放下自己不可撼动的权威身段

只有当亲子间的关系保持在一种相对平衡、公正的状态下时，孩子才敢于独立思考，勤于独立思考。比如，母亲在洗衣服，孩子却在旁边伸头探脑，跃跃欲试，试图凑个热闹，这时，我们不要怕孩子添乱或担心孩子弄湿、弄脏衣服，大可以给孩子一块小手绢，然后问："手绢该怎么洗呢?"有意识地让孩子思考并展示、炫耀一番，这样孩子就会慢慢学会观察、模仿，诱发独立思考的兴趣。

6. 对孩子的探索行为，大加鼓励

孩子探索、研究、认识新鲜事物的行为，是一种主动的思考行为，应该多加鼓励。每个孩子都是天生的好奇宝宝，对任何事物起初都会产生浓厚兴趣，妄图挖掘、探索一番，并且随着年龄的增长，这种兴趣保持的时间也会逐渐延长。这恰恰是培养独立思考习惯的好时机。所以，在探索行为的当下，我们不要急于差遣、怂恿孩子去做一些自认为有用的事，而应鼓励孩子探索下去。因为此时，恰是孩子自主发挥想象力、思维力和创造力的好时机。

智慧背囊

德国教育家康德曾断言：教育不能只是简单、机械地进行训练，最重要的是要使儿童学会思考。教育孩子，不仅要让孩子学会倾听，学会表达，还应该让孩子学会思考。用哲学家笛卡儿的话来总结就是："我思故我在。"

言忠信，行笃敬。惩忿窒欲，迁善改过。

——《白鹿洞书院揭示》

关于修身

31 带孩子去听一场音乐会

俄罗斯著名音乐家柴可夫斯基出生于一个普通的家庭，父亲是一个运矿石材料的马车夫，母亲则只是一个家庭主妇。然而，谁也没想到，如此普通的一个矿工家庭中，竟然诞生了一位闻名世界的大作曲家。他是如何与音乐结缘的呢？

当他还在襁褓中时，母亲就经常抱着他，一边哼唱俄罗斯民谣，一边伴着节奏轻缓地怕打着他的小屁股，在和谐、宁静的音乐氛围中，小柴可夫斯基安然入睡。当他睡醒时，听见由远而近的马蹄声，便知晓父亲回来了。于是，他高兴地随着马蹄声挥舞着小手。

父亲一回到家，就会先把他抱到双腿上，逗他玩儿，一边嘴中模仿马蹄的"哒哒"声，一边轮流抬起小柴可夫斯基的左、右腿，让他东摇西摆，上下晃动，使他充分享受到"节奏"的乐趣。

等到少年时期，柴可夫斯基经常到矿山附近的一座教堂去玩，他总是津津有味地聆听节奏分明的赞美诗歌曲，从中吸收音乐养分。

这对普通的父母并没有特意去培养孩子成为音乐家，他们只是在"哄孩子入睡"和"逗孩子玩乐"的过程中，有意无意地培养了孩子敏锐的节奏感，使得柴可夫斯基从小就和音乐结下了特殊的缘分。他在《回忆录》中这样说道："我的父母使我从婴儿时期便感受到了音乐节奏的魅力，这是我踏上音乐道路的起点。"

如今，很多年轻的母亲都非常热衷于培养孩子的音乐才能，在孩子进

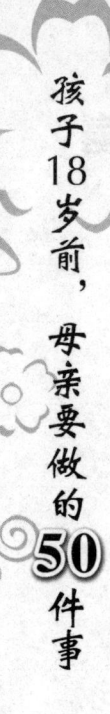

幼儿园前，便已经大肆购置了一些乐器，责令孩子从师学艺，然而，多数效果不甚理想。究其原因，无非是这些为人母亲者并未意识到，"勒令孩子学习乐器"并非发掘和发展孩子音乐禀赋的决定性因素，真正应该培养的是孩子的音乐素养。

与其不断灌输枯燥、艰涩的知识，不如带孩子去听一场音乐会。

音乐的产生，就是为了让人们的身心感受到愉悦。然而，如果幼儿音乐教育具有功利和世俗化，孩子很难从中享受到音乐的快乐，也很难培养出音乐素养。现阶段在音乐教育上存在以下两个误区：

误区一：执著于音乐知识和技能。

如果仔细观察就会发现，一些母亲会不厌其烦地告诉孩子："这叫作3/4拍，来，跟妈妈一起说……"等。孩子即使当下记住了，但是他们真的能理解"3/4拍"的真正含义吗？

从某种意义上说，很多母亲评判音乐教育成功与否的重要指标之一，就是孩子是否学会某首歌、节拍打得是否准确、是否学会了舞蹈等，而忽略了孩子对音乐的欣赏力、感受力和表现力。这些通常都是隐性的，存在一个量的累积过程，是立马就能见效的。但是，这些对培养孩子真正的艺术修养和能力是至关重要的。当然，我们可以教孩子简单的乐理知识，但我们要探索教的方式方法，不能一味强塞。

误区二：过于注重音乐教育的形式。

有一位母亲请亲朋好友来家里观摩。她首先让孩子盘腿5分钟，这一过程和后面的表演内容显然没有任何关系，然后让孩子盘腿坐在椅子上表演音乐律动，10分钟后，又让孩子做声势联系，又是10分钟，再让孩子讲音乐欣赏故事，最后让孩子画图谱，进行表演……整整半个多小时。可是，围观的大人们完全不明白整个观摩活动的内容究竟是什么。

显然，这位母亲太过注重教学形式，而忽略了表演者和观众的愉悦感。

找出误区，才能更好地改变我们不得当的教育方法，更好地培养孩子的音乐素养。作为孩子艺术的启蒙者，我们应该要做到以下三点：

1. 积极探索有益于孩子的音乐教学

作为施教者，我们一定要有教育目标，并以科学的音乐教育理论和教育原则为指导思想，积极探索适合孩子的教育手段。我们可以多和学校的老师交流沟通，不断更新理论知识，并配合学校的音乐教育改革，让孩子在学会乐理知识的同时，享受到音乐真正的快乐。

2. 注重自身的音乐素养

可以说，母亲对音乐的态度决定着孩子音乐素养和能力的发展。因此，提高自身音乐素养和乐理知识对孩子的教育有着举足轻重的作用。我们应该多走出去向育儿专家和音乐名师学习，多观摩榜样家长的教学方式。只有获得了先进的育儿经验，才能有的放矢地进行教育。

3. 经常对自身的教育进行反思

在学习了先进的音乐教育理念后，我们要学会"扬"和"弃"，要提升教育的合理性，要学会反思。这是改进育儿方法、解决实践中出现问题的必经之路。经过一段时间的育儿反思后，我们就会发现，原本枯燥乏味的节拍联系可以通过拍屁股、摸鼻子就能让孩子学会。

对孩子来说，音乐能增进智力、修养、身心的健康发展，能提高对情感的感受力，能陶冶孩子的情操和个性。

当我们播放一段美妙动人、活泼愉悦的音乐时，经常可以看到孩子会有不同的反应。有些孩子对音乐会有很强的感受力，他们手舞足蹈、摇头晃脑，不但可以感受到音的高低长短，还能体验到音乐所抒发的情绪和思想感情，并与其产生共鸣。而有些孩子却相反，他们反应迟钝，不但无法掌握音乐的旋律和节奏，情绪上也不会发生任何变化。

每一位母亲都希望自己的孩子能具备优良的音乐素养。而让孩子真正享受音乐、提高音乐素养的前提和基础是培养孩子对音乐的感受力，即乐感。乐感的培养不是一朝一夕的事，需要长时间的累积，要靠我们平日潜移默化地去影响。那么从哪些方面潜移默化地培养孩子的乐感呢？

（1）培养孩子对节奏的感受力

节奏，在生活中无处不在，它是音乐的骨架。若要让孩子系统、快速地去感受音乐的节奏，需要我们去引导。比如，孩子非常喜欢的一首童谣：小白兔，白又白，两只耳朵竖起来，爱吃萝卜和青菜，蹦蹦跳跳真可爱。其中就有一定的节奏，只要让孩子跟着节奏，就能唱得动听。

（2）增进孩子对乐曲的理解力

幼小的孩子对一些复杂的情感不甚了解，但他们可以感受到各种情绪，如快乐、愤怒、悲伤，等等。一旦孩子学会了某首歌曲或听到某段乐章，就能自然而然地流露出歌曲中的情感。所以，让孩子唱一些明快、快乐、健康的歌曲，将有助于孩子理解曲中之意。让那些美好动听的旋律直接渗入孩子的内心，他们的情绪和精神就会在不知不觉间受到鼓舞。

（3）发展孩子对乐章的听觉力

音乐，也是一种声音，只是这种声音比任何一种声音都要动听。因此，培养孩子的乐感，听觉很重要。孩子听力发展的关键期是0～3岁，这个时期我们应该为孩子创造一个宁静、舒适的音乐艺术氛围，给孩子用心挑选一首舒缓的乐曲，每天早、晚播放一遍，而且让孩子连续几个月欣赏这同一首乐曲，也就是说这首抒情曲要被播放400～500次。如此，孩子才能在潜移默化中受到熏陶。随着孩子年龄渐长，我们慢慢就可以挑选一些世界名家的名曲来播放。

与此同时，我们还可以让孩子多接触各种各样的声音：大自然的风声、雨声、流水声；小鸟、猫咪、蟋蟀、青蛙等小动物的叫声；各种乐器的声音……我们要正确帮助孩子及时抓住听觉关键期，为孩子日后的音乐素养打下良好基础。

当孩子具备乐感后，我们就可以更好地培养孩子的音乐素养了。

第一，让孩子从音乐中获得快乐。

为了寓教于乐，我们可以选择一些旋律欢乐的乐曲，边播放边跟孩子一起做游戏。我们也可以做一些孩子以往喜欢的动作，激发孩子去感受，让孩子自觉地发现音乐的趣味。总之，尽量让孩子在玩乐中欣赏，多给孩子自由发挥的空间。另外，一旦孩子有了小小的进步，我们要及时鼓励，让孩子的心情更愉悦。

第二，起步阶段，让孩子接触简单的乐器。

大多数母亲都会让孩子学钢琴、小提琴等相对复杂的乐器，以孩子通过考级或获奖来判断孩子是否具有音乐才能。其实，太复杂的乐器孩子反而没有办法去欣赏其中的美，他们每时每刻只会牵挂着何时能完成练习任务，一天到晚担心弹错音。在教孩子学习音乐的起步阶段，我们最好想清楚，让孩子学音乐的目的何在，不妨让孩子先接触一些简单的乐器。

第三，陪孩子去欣赏一些高雅的音乐。

对孩子进行音乐教育，不一定要让孩子先去学习乐理知识或演奏技能，带孩子去听场音乐会也是不错的选择。在家中的时候，我们在早晨、午间或晚餐时间播放一些高雅的音乐，然后陪孩子共同欣赏乐曲，试着做最有热情的聆听者，让孩子在不知不觉间汲取周围环境中的音乐。

智慧背囊

音乐，是抒发心灵的语言。对孩子来说，音乐能增进智力的发展，提高个人对情感的感受和体验能力，陶冶艺术情操，提高自身修养，等等。

32 帮助孩子成为情绪的主人

孩子哭闹时,我们该不该安慰、迁就?如果孩子乱发脾气,我们该不该听之任之?在成长过程中,孩子难免情绪失控,时而大悲大喜,时而焦躁不安,时而无理取闹。于是,很多母亲会不断抱怨孩子的情绪反复无常。

仔细想想,我们是否了解孩子的情绪?是否知道怎么正确回应孩子的情绪?是否懂得如何帮助孩子控制情绪?

汤姆是一个脾气暴躁的小男孩,不管是在家里,还是在学校里,动不动就情绪失控,跟人发脾气、打架,非常不讨人喜欢。虽然,事后他会为之懊悔,但总是恶习难改。

于是,汤姆的母亲把他带到后院,递给他满满一口袋钉子,然后指着院子里的围栏说:"汤姆,记住了,每当你想要发脾气的时候,就拿出一颗钉子,把它钉在围栏上。"

第二天,围栏上被足足钉了25颗钉子!但是,慢慢地,围栏上的钉子越来越少了。

终于有一天,汤姆高兴地对母亲说:"妈妈,我发现比起费力地钉钉子,控制自己的情绪好像更容易些。现在,不管其他孩子怎么招惹我,我都不会乱发脾气了!"

母亲又说道:"现在咱们玩另一个游戏。从今天开始,只要你能一天不发火,就拔掉一颗钉子。"一天天过去了,最后汤姆自豪地宣布:"我终于把所有钉子都给拔出来啦!"

汤姆的母亲也很高兴,她牵起汤姆的手,重新来到后院,指着围栏说:"好孩子,你仔细看看围栏上那些钉子留下的洞。知道吗?就算你把钉子都拔走了,围栏也无法恢复如初了。你发脾气时造成的后果，就像这些钉子留下的疤痕一样难以磨灭。"

汤姆低下了头，沉默了。母亲继续说道："如果你捅了别人一刀，即使说无数遍对不起，那个伤口也不会消失不见。"

情绪本身并不存在对和错，但是表达情绪的方式却有好和坏之分。因此，我们要让孩子学会更正确地表达自己的情绪，而不是发泄在他人、物件或自己的身上。

无法掌控自己情绪的孩子，既无法促使自己达成应当完成的任务，又不能自觉地支配、控制自己的不良行为。长此以往，必然会严重影响身心的成长。所以，我们必须要让孩子懂得控制情绪的重要性，并学会如何控制。

孩子能否控制自己的情绪，和情商有很大的关系。和智商不同，情商更多是依赖后天的培养，而非先天条件的影响。它大致可分为5个元素：清楚了解自己的情绪、合理表达个人的感受、自我控制欲望和冲动、知道他人的感受、人际关系和谐。了解这些后，我们就能有的放矢地帮助孩子控制情绪了。

1. 孩子一旦情绪失控，绝不"姑息养奸"

孩子因为情绪失控而做出不良行为时，我们绝不能"投降"，不能睁一只眼闭一只眼，纵容他们，任其发展。如果无视孩子的不良行为，一味地"姑息养奸"，不利于孩子的成长。

纵容，是无法令孩子"学聪明"的，因为他们"永不知足"。适当地对孩子说"不"，才能令孩子明白人与人之间相处，靠的绝不是蛮不讲理，更无法为所欲为。那些被宠坏的孩子，不但在家中难以产生幸福感，长大后，更会和这个社会格格不入。他们会吃惊地发现，没有人愿意与他们打交道，因为没有人喜欢喜怒无常、自私自利的人。

所以，在坏情绪爆发前，必须把它扼杀在摇篮里。我们要让孩子明白，作为母亲，我们是慈爱、随和的，但同时，我们有绝对的权利去制止他们无理取闹。若能始终坚持这一点，孩子慢慢就能学会控制、约束自己的情绪了。

2. 探知孩子的想法，对症下药

从心理学角度来看，孩子任性、耍赖是一种心理需求的表现。随着心

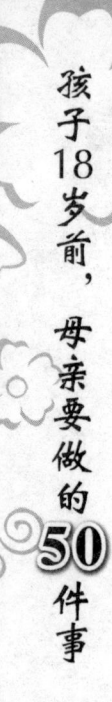

理和生理的发展，孩子开始慢慢接触更多的事物。他们无法像大人那样认识事物，并进行理性的分析。他们总是任凭自己的情绪和兴趣来作出行动的决定，即便这些行动是不宜或不利的。

孩子每一次的无理取闹，都有其自己的理由，我们应该去分析孩子为何会产生这样的情绪，获悉原因后，就自然能找到有针对性的约束方法。所以，在帮助孩子控制情绪前，我们先要探知孩子的想法，尽力理解孩子的好奇心，采用多夸赞、多解释的方法，并告诉孩子不能满足其无理要求的原因。或者，我们可以承诺一种孩子可以做到且有促进作用的要求，如"如果你哪一天能在学校把画画好，我就给你多讲一个童话"。

虽然孩子当时的要求没有得到满足，但是孩子的情绪得到了控制，并且认为大人在一定程度上认可了他们。

3. 给孩子树立一些好榜样

孩子通常非常善于模仿、乐于模仿，不管对象好坏，只管照搬照学。因此，他们极易受外界各种事物的影响、感染。所以在教育孩子时，我们要妥善利用生活中、影视剧以及故事中的"好孩子"形象，让其充分发挥好榜样的作用，以此来教育孩子。通过好榜样，让孩子明白，乖巧懂事的孩子讨人喜欢，而情绪暴躁的孩子只会令人厌烦。用正面导向，促使孩子的行为向良好的方向发展。

同时，我们自己也要以身作则，在任何情况下，都要控制好自己的情绪，绝不能蛮不讲理，武断行事。

4. 让孩子自己认识到自己的错误

如果孩子情绪失控、乱发脾气，我们只是一味批评，妄图通过惩戒来促使孩子不再无理取闹，那么，效果只能微乎其微。反而会让孩子产生逆反心理，他们会在心里琢磨："反正已经这样了，'破罐破摔'得了，大不了再被骂一次。"然后，孩子只会越来越麻木，甚至使亲子之间的情感变得淡漠。

孩子情绪失控时，最好的指导方式是让孩子自己认识到所犯的错误。

捷尔任斯基曾这样说过："如果孩子一不听话就惩罚，那么良心只是来自疼痛和恐惧，孩子还是无法控制情绪和明辨善恶。"对孩子来说，盲目的打骂是最坏的教育方法，只能教会孩子伪善、说假话。所以，要想孩子控制自己的情绪，就要先让孩子认识到错误，这样孩子才会心甘情愿地接受。

5. "接受"孩子的情绪反应

当孩子摔倒时，你会如何做？是对孩子说："不疼！不疼！乖，不哭，你很勇敢！"还是边打小石头边安慰："不哭，不哭！石头真坏！"其实，这两种做法都不正确。此时，我们不妨这样说："摔倒了是不是很疼呢？来，快揉一揉吧。"这样，孩子就会对自己的情绪有一个更好的了解，不会感到压抑，以后也不会随意表达出错误的情绪了。

当孩子哭闹时，有些母亲会假装走开，认为不去理，他们就会停下来。殊不知，这对孩子造成极大的伤害。孩子哭闹是有理由的，如果自己的情绪总是得不到重视，他就会感到困惑，不知自己错在哪儿，久而久之，他将难以学会怎样正确地表达情绪。

6. 帮助孩子成为情绪的主人

有些孩子会情绪失控，是因为情绪发育不健全造成的。这类孩子往往兴奋感强于自制力，外界很微小的一个刺激都可能引起难以自制的巨大兴奋。面对这类孩子，可通过心理训练的方法，去改善孩子的感觉系统，让他们的情绪反应和心理素质相协调。

比如，在孩子情绪失控时，可以问一些开放式的问题："你觉得是什么事令你如此难过？""今天在学校是不是发生了糟糕的事？"……这些假设性问题，可以帮助孩子找出情绪失控的原因。等知道原因后，我们就跟孩子一起去探讨如何解决问题。这时，母亲的主意，会给孩子很大帮助。但是我们万不可越俎代庖，要鼓励孩子滋生自己的想法，并去尝试这些想法。

智 慧 背 囊

我们必须让孩子懂得这一点：你可以觉得很难过，但是你无权让周围的人难过；你可以感到很受伤，但是不能让身边的物件"受伤"。

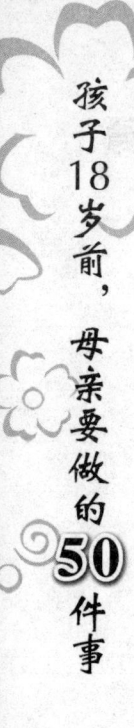

33 把孩子培养成时间"战斗机"

法国启蒙思想家伏尔泰曾出过一个耐人寻味的谜语："世界上哪样东西最长又最短，最快又最慢，最能分割又最宽广，最不受重视又最被人惋惜？没有它，什么事情都难以做成，它使一切东西归于灭亡，又使一切伟大的东西生生不息。"

那么，这到底是什么呢？就是时间。是的，生命不可重复，时间只有一次，对任何人来说它都非常重要，犹如生命，一个不懂得珍惜时间的孩子是无法获得成功的。

对年幼的孩子来说，时间有多宝贵，他们还没有一个明确的概念。人生才刚刚开始，他们还未看到尽头。可是，长大后当他们真正意识到时间的宝贵时，却为时已晚，因为时间这个财富已匆匆离去，所剩无几，已然损失的时间永远无法追偿回来。

正如朱自清先生所言："我赤裸裸来到这世界，转眼间也将赤裸裸地回去罢？"就在这赤裸裸和赤裸裸之间，我们难道要让孩子白走这一遭？谁不希望某一天孩子和这美丽世界道别的时候，带着时间的馈赠，安然离开。

美国科学家富兰克林说："今日必须工作时，就当工作，因为你不知道明天会遇到什么阻碍。一个今日胜过两个明日，今日事今日毕。"有志者，利用时间；无志者，虚度时间；聪明者，赢得时间；愚昧者，等待时间。孩子，是家庭的希望，要让他们从小做一个有志者和聪明者，养成珍惜时间的习惯。

德国化学家、诺贝尔得主拜耳，在自传中曾提及自己幼年时一次记忆深刻的经历，那是在拜耳10岁生日的时候：

德国人一向对家人的生日极其重视，所以在10岁生日的前一天晚上，小拜耳躺在床上难以入眠。他兴奋地猜想着爸爸妈妈会送给他一份什么样的礼物，并期待着明天热闹非凡的生日聚餐。但是，第二天早上起床后，拜耳失望地发现，爸爸还是像以往那样一用完早餐就埋头苦读，妈妈则带着他去外婆家拜访，消磨了一整天。

小拜耳有些不痛快了，闷闷不乐。细心的妈妈注意到了，便耐心地开导他："在你出世的时候，你的爸爸还学识浅薄。所以，现在他要跟你一样努力读书，以便明天的考试顺利。妈妈没有庆祝你的生日，是怕耽误爸爸的学习。为了明天全家人的生活能更美好、多彩，爸爸正在尽心尽力，你也要学会珍惜时间，好好学习呀！"

这番教导从此成为了拜耳的座右铭，他自豪地说："在10岁生日时，母亲送给了我一份最为丰厚的生日礼物！"

古今中外，每一位了不起的人都是在科学、明智的时间教育下才会获得闻名于世的成就。就像拜耳的母亲，她的话给了孩子受益终身的启示，并间接创造了孩子辉煌的业绩。

从某种意义上来说，比起让孩子在早期获得大量知识，教孩子珍惜时间更为重要。因为，拥有时间意识并珍惜时间，这本身便是一种素养、一种能力。由于每个孩子对时间的态度、安排和使用方法各不相同，最终给个人成绩带来的影响也大不一样，这导致了孩子与孩子之间的差异：有的出色、有的平庸、有的堕落……谁能逮住时间，谁就是成功者。所以，我们要从小教导孩子跟时间赛跑，珍惜时间，成为时间"战斗机"。

孩子像拖拉机一样，做事磨蹭，这想来是母亲们共同碰到的难题。其实，孩子磨蹭、拖拉、不珍惜时间，主要有以下三个原因：

原因一，孩子欠缺时间观念。父母每天上班工作繁忙，分秒必争，自然对"一寸光阴一寸金"的道理深有体会，一天忙碌完回到家，更希望能有效利用好剩下的个人休闲时间。但是，孩子的脑袋里却没有这个概念，他们做任何事都依照现有的惯性，并自认为无可厚非。于是，变得越来越磨蹭、拖拉。

原因二，孩子怕继续做后面的事。孩子通常生性好动，放学回到家却

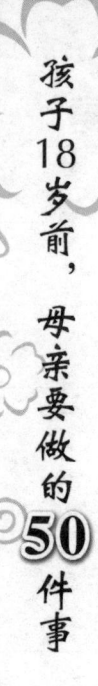

不得不做作业到晚上，于是，他们会非常期待在家休闲或和爸爸、妈妈说悄悄话的时间。假如8点必须准时上床的话，孩子显然不愿意做完功课马上安静睡觉，所以，他们会有意无意地磨蹭手头的事。

原因三，长时间做一件事，注意力不易集中。当看书、学习、绘画、弹琴等时间过长，孩子一般都很难保持聚精会神，注意力会被分散。

那么，知道原因后，我们该如何树立孩子的时间观念，帮助孩子珍惜时间，把孩子从"拖拉机"培养成时间"战斗机"呢？

1. 帮孩子树立良好的时间观念

在日常生活中，我们应该多联系实际情况，跟孩子一起探讨珍惜时间的益处和浪费时间的害处，让孩子客观认识到"时间就是财富"的真理。让孩子明白，现实社会中充满了激烈的竞争，不懂得珍惜时间、不讲效率的人会惨败、会被淘汰出局。让孩子深切了解"少壮不努力，老大徒伤悲"的基本道理。

2. 教孩子集中精力做好每一件小事

做事磨蹭、拖拉的确是许多孩子的通病，很多时候，是因为孩子无法一次性完成一件事，导致一些需短时间内做完但又费精力的事被无限拖延。我们不妨让孩子做一些专时专用、提高做事效率的训练，帮助孩子集中精力做好每一件小事。

比如，固定每次做事的时间、任务和目标，务必按时完成，并评价结果。在此过程中，让孩子尝到提高效率的甜头，即多出玩乐的时间。

3. 对孩子做的每一项事情进行计时

培养孩子节约、珍惜时间，需从身边点滴小事做起，更要从不同角度入手。这不只表现在学习中，也要反映在生活中的各个方面。当孩子拖拖拉拉、打不起精神时，实行计时是非常可行、有效的方法。

比如，计时阅读、计时答题、计时竞赛等。完成一件事，需多长时间，我们要事先设定好，然后让孩子以最高的效率保质、保量地进行和完成。事后，父母再与孩子一起评估，调整指标，吸取教训，争取下一次做得更好。

4. 通过比喻、故事或事例，让孩子自己领悟

有一位母亲发现女儿一天到晚游手好闲，做母亲的并没有立即去制止她，而是找来一根 80 厘米长的棍子，放在女儿面前说："孩子，人的一生就如同这根木棍一般，大约 80 年那么长。前 20 年我们在学习，对家庭和社会没有助益，因为这段时间没有任何贡献，我们要减去它，砍掉一截。"

说完，她拿起斧头，砍掉了 20 厘米。接着又说："等到 60 岁以后，人就变得衰老，没有力气做事，所以后 20 年也要减去。"说着，又把木棍砍掉了 20 厘米。母亲接着又说："剩下的这 40 年，其中有 1/3 在睡觉，所以还要砍去一段。"在砍的过程中，女孩的心中感到了一丝丝的震撼。母亲继续说："你每天除了吃饭，在很多无关紧要的事上，也浪费了很多时间，因此还要砍。"

当母亲正要再砍下去之时，女孩低声说："妈妈，别砍了，我知道错了。"母亲语重心长地说："你看，一生的时间这么短，有多少可以浪费呢？"

5. 让孩子接触有时间观念的孩子

如果能跟时间观念强的孩子一起学习、游戏、实践，孩子便能在榜样的影响下，慢慢获得时间观念，提高做事效率。这就是所谓的"近朱者赤，近墨者黑"了。我们可以事先联系一些具有时间观念的孩子的母亲，请对方母亲给孩子们提出一些符合实际、科学的高要求，让孩子在良性、正面接触中被完全带动起来。

6. 教孩子利用好一天的黄金时间

每个人的身体中都有一个"生物钟"，孩子也不例外。孩子可能也意识到了，在相同的时间段里，心情舒畅的时候，学习效率高，情绪恶劣的时候，效率则明显低。可见，一天中必然存在着一个最佳学习时机。我们不妨和孩子一起制订一个适合孩子自身"生物钟"的作息时间表，并严格执行。

比如，清晨和夜间，孩子的体力和记忆力通常会比较好，做事效率高。当然，每个孩子的具体情况不同。我们应该多留心孩子的自身特点，帮孩子掌握住、利用好一天的黄金时间。

7. 让孩子尝一尝浪费时间的苦果

为什么越来越多的孩子不仅不珍惜时间，还经常浪费时间？这个问题和母亲对孩子的娇惯是分不开的。当孩子浪费时间而耽误事情时，我们不要积极地为孩子收拾残局，可以试着让孩子自己承担一些消极的后果。一旦孩子亲身品尝到了浪费时间的苦果，心里自然会不痛快，并从中吸取经验教训，这就能减少孩子日后重蹈覆辙的可能性了。

智慧背囊

犹太人常常会对孩子说："人若不去享受神赋予的快乐，是一种罪恶。但如果过分享乐，同样是一种罪恶。真正珍惜时间的人，知道善待人生，完善生命，享受生活。这才是最美好的。"

34 鼓励孩子主动跟闹矛盾的同学道个歉

道歉，是孩子人生中不可或缺的篇章。每个孩子都生活在一定的关系中，都避免不了在与人打交道时伤害别人或者为别人所伤害。人非圣贤，没有人能保证自己一辈子不会伤害别人。交往中，在受到伤害后，谁都希望得到他人真诚的道歉。所以，当孩子跟同学或伙伴闹矛盾时，我们要鼓励孩子学会正确的处理方式——道歉。

做错事或发生冲突，说声"对不起"是一种体现孩子素质、增进人际交流必不可少的行为准则之一。即便很多矛盾和冲突是无意的，但学会道歉，是一把可以打开通向谅解和恢复友谊大门的最有效钥匙。

因为，道歉是一种真诚的悔悟，而非妄自菲薄，它有利于完善孩子的人格，令孩子更加成熟。道歉，可以挽救人际危机，可以免于彼此窘迫，可以修复友谊的裂痕，可以巩固友情，使孩子的人际关系畅通无阻。而且，经历波折再重归于好之后的友谊，彼此会更珍惜。

有时，孩子迟迟不愿道歉是担心碰钉子。的确，这种令人难堪的可能性是存在的。不过，原谅他人可以去除心中的怨恨，而怨恨是会荼毒心灵的，有谁会乐意承受这种痛苦和折磨呢？再说，万一对方不接受孩子的道歉，那也不是坏事，至少可以让孩子深刻记住教训。

当然，道歉需要勇气。孩子若没有面对自己过失和错误的勇气，就很难开口去给他人道歉。勇于正视自己的行为，并为之负责，不仅能提升孩子的自我，还能鼓舞其他孩子共同承担责任、解决冲突。道歉，蕴涵着生活和人际的真谛，因此我们务必要积极鼓励孩子主动去跟闹矛盾的同学道歉。

对孩子来说，最先正式接触"同学"是在幼儿园里。幼儿园是一个极其特殊的小社会，也是孩子接触的第一个社会。一群孩子一起生活、游戏、学习，自然免不了磕磕碰碰，可以说，一天活动中最经常发生的事就是孩子间的争执和打闹。

随着孩子活动能力和个性等方面的增强，而行为控制能力还处于起步形成阶段，如此孩子之间的矛盾就更多了。因此，学会真诚道歉，对孩子发展人际和自身修养非常重要。我们要让孩子知道，道歉是为了进一步分辨是否对错，是为了提高他们的道德认知，使他们更健康、更快乐地成长。为此，作为母亲，我们需要做到以下这些方面：

第一，鼓励孩子勇敢地承认错误，让孩子明辨是非。

王女士最近发现一个问题，有几次，邻居家的孩子跑到她那儿告状，说儿子东东做错了什么事，但不肯认错。于是，她便插足进去，让东东认错。每一次东东都会道歉，说一声对不起就算了事了。但是，这样的道歉，经常令那些受了委屈的小伙伴很不满。因为，东东明白只要道歉了自己就可以没事了，长辈也不会追问他。

可是，其他孩子虽然得到了一句对不起，感情却没有得到真正修复，他们会闷闷不乐地待在一旁，再也不想玩耍了。王女士不知道该如何改变这种状态。

王女士发现的这个问题，很多孩子身上都有。这其实是因为孩子的道德认知水平有限，经常无法认识到自己的问题，感受不到自己的言行给同学造成了伤害。而当东东犯了错后，王女士不管孩子是否真正意识到自己的错误、是否真正想要改正，就让他跟别人道歉。因此，这一句"对不起"就变了味儿。

在孩子犯错后，我们首先要做的是让孩子明白自己何错之有，了解自己对同学造成了何等的伤害。当孩子无法认清自己的行为时，我们可以让孩子试着去换位思考，提高他明辨是非的能力，发自内心积极、真诚地请求受伤孩子的谅解。同时可以用动作配合，抱一下同学，说一声："我以后不这样了。"用美的语言消除彼此的矛盾和不快。需要注意的是，在孩子真诚道歉后，我们要及时夸赞鼓励孩子。

第二，鼓励孩子承担责任，提高责任意识。

在让孩子知错的同时，我们要跟孩子强调，如果是不小心犯了错误，说句"对不起"可以获得谅解，但如果是有意犯错，造成同学私有物品损坏的话，一句"对不起"是不顶用的。而应该修理或赔偿对方。让孩子知道，除了口头致歉，还要负起相应的责任。

媛媛和莎莎是好朋友，媛媛经常把家里的各种玩具拿来跟莎莎一起玩。有一次，媛媛生气地跑来告诉莎莎妈妈："我不要和莎莎玩了，她弄坏了我的新玩具。"原来，莎莎把媛媛的玩具弄坏后怕媛媛以后不拿玩具来，就偷偷把坏玩具藏了起来。

于是，莎莎妈妈和孩子们就该如何道歉这一问题进行了一番谈论。最后大家一致决定，让莎莎牢记借别人东西的规则：小心爱护。这也是大家要共同遵守的。一旦不小心弄坏玩具，要主动认错，取得对方原谅。其二，给莎莎修理工具，让她试着修理玩具。

如此，便提高了孩子道歉后的责任意识。在日常生活中，我们应该让孩子自行定制一些向莎莎妈妈这样的规则。比如，有借有还、完璧归赵，等等。

第三，让孩子遵守道歉时的承诺。

除了让孩子在和谐的氛围下用言行来道歉外，还要让孩子注重在道歉时的承诺，教孩子做言而有信、一诺千金的人，也可避免日后再重蹈此类事件。

在孩子道歉后，我们要留心观察孩子的行为，看看孩子是否遵守自己道歉时的承诺，下次走路小心不踩到同学的脚、争执时不随便动手动脚、吵架时不说粗话……如果是无心之过，在一些环节和情境中我们只要适当提醒孩子即可。但对于一些经常口是心非、屡教不改的孩子来说，就要多关注他们，除了提醒他们自己许下的承诺之外，还要留意其行为是否具有反复性。总之，要监督孩子，绝不让道歉成为一句没用的空话。

在处理此类事件时，我们一定要态度温和，不能急躁、粗暴，以免孩子反其道而行之。

第四，在纠纷和闹矛盾中，提高孩子的人际交往能力。

　　一天下午，小伙伴们都在玩各自喜欢的玩具。芳芳突然为一套拼图游戏和佳佳吵了起来："你干吗抢我的玩具，不知羞！"佳佳理直气壮地说："错了吧！抢的人是你吧！刚才是我在玩的，等我上完厕所回来，你就抢走了。"芳芳委屈道："我才没抢呢，见没人玩我才拿走的。"佳佳说："没抢，你也要还给我，是我先的。"芳芳想了想说："要不咱俩一起玩儿吧？"佳佳固执地说："不行，把它还我。"芳芳柔声细语地说："好佳佳，一起玩儿呗，一个人玩可没意思了。"就这样，两个小伙伴一起玩了起来。

　　从这一事件中可以看出，孩子之间的矛盾和争吵，是孩子人际交往中发生冲突的表现。在孩子眼里，玩有玩的规则，一件玩具由谁先玩，在孩子心中持有一个道德标准。在争吵的过程中，这种标准会越来越明确，越来越具象化。也正是在这些冲突和矛盾中，孩子学会了观察和分析，得到了人际交往的机会，并在实践过程中慢慢掌握和同学的相处之道。假如孩子之间总是风平浪静，没有激浪和冲突，反而缺少了成长的机会。

　　我们不难发现，有些孩子一分钟前还是"敌人"，一分钟后又难分难舍了。因为，孩子不会像成人那样因为利益等东西而记仇。在游戏中，孩子最大的追求不过是玩得尽兴、玩得开心和获得成功。为此，孩子可以立马对立，也可以很快和好如初。

　　在鼓励孩子主动跟闹矛盾的同学道歉的同时，也要教会孩子一些道歉的技巧，我们要注意以下几点：

　　1. 羞于开口时，可以教孩子用其他方式替代。如果孩子觉得说句对不起口难开，可以不必用口头方式。比如，吵架后，孩子不好意思当面道歉，可以写一张道歉字条放到同学的课桌上而冰释前嫌。如此，不通过当面交谈，也能传情达意，所谓"此言尽在不言中"。

　　2. 不要让孩子觉得道歉很羞耻。我们要让孩子知道，道歉不耻辱，而是真诚的表现。任何人都免不了会向他人抱歉，即使是伟人也是如此。所以不必卑躬屈膝，因为一个想要纠正错误的人，是值得尊敬的。

3. 道歉一定要真挚、诚恳。如果孩子道歉时没有真正的悔意，是不可能真正道歉成功的。只有真挚、诚恳、堂堂正正的道歉才能化解矛盾，不要为了息事宁人而道歉。

4. 道歉不要拖延。如果孩子想要向同学道歉，就应该立刻去行动，越拖延就越难以启齿，到时就追悔莫及。可以写封信、发个短信、打个电话来道歉，也可以送一本书、一盒糖果或同学喜欢的东西表达心意。

智 慧 背 囊

美国著名心理学家盖瑞·查普曼博士说道："孩子在小时候就能学会道歉的语言，随着年龄的增长，他们对道歉的重要性会有更深的领悟和理解，为今后的道德和人际关系发展奠定基础。"

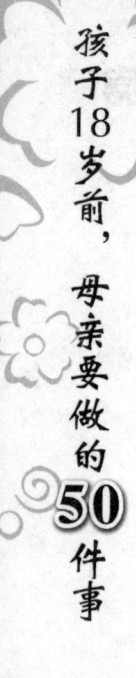

35 给孩子讲一个守信履诺的故事

古往今来，没有人不痛恨那种背信弃义、轻诺寡信的行为。古人常说"一言九鼎"、"一诺千金"、"金口玉言"、"一言既出，驷马难追"、"言出必行"……这些君子作风无一不是在说明信用的贵重。

日本松下电器的创始人松下幸之助曾说道："信用既是无形的力量，也是无形的财富。"与人交往，守信是第一大原则。只有恪守信用的人，才能获得真心的朋友，才能成大事。守信的孩子，更容易得到他人的敬意，他人也会因此更愿意相信孩子，更愿意和孩子交往。当孩子说话算数，把"守信履诺"这四个字加注在心中时，孩子的人生才会更加有分量。

在很久之前，尼泊尔的喜马拉雅山的南麓，很少有外国人到此游览。但是后来，很多的日本人都到此观光旅游，之所以发生这么大的变化，据说与一位非常守信用的男孩有关。

一次，几个日本摄影师到这里拍摄，由于人生地不熟，所以找了当地一个男孩帮他们代买啤酒，男孩很爽快地答应了，并且在三个小时之后很好地完成了"任务"。

第二天，这个热情的小男孩又自告奋勇，表示愿意帮摄影师们代买啤酒，这次，摄影师们给了他不少钱，可是，直到第三天下午男孩也没有归来。

于是，摄影师们议论纷纷，都觉得这个男孩肯定是骗了钱，然后消失了。

然而，到了晚上，摄影师们的门被敲响了，来人正是那个买啤酒的男孩。原来，他在最近的地方只买到4瓶啤酒，根本就不够，于是他又翻过一座山、趟过一条河才买到另外6瓶啤酒，返回时由于山路不好走，不小心还摔碎了3瓶。

男孩很伤心，哭着将手中剩下的零钱交到摄影师手中，在场的人都为这个小男孩打动了。

尽管这个故事很微不足道，但是它却让很多外国游人深受感动。后来，到这里的游人就越来越多了。

信守诺言，是一种重要的情感储蓄，背信弃义则是一种重大的支出。事实确实如此，通常最大量的情感储备支出莫过于孩子许下某个承诺，却不去积极履行这一承诺。作为母亲，我们要让孩子认识到守信履诺是一种美好的品德，而失信是很糟糕的行为。孩子一旦许下承诺，就要想方设法去遵守，否则必须请求对方的原谅并收回承诺。

如果孩子养成了信守承诺的习惯，其他孩子也会因为他的成熟和修养而尊重孩子的言行。因为，守信履诺的孩子，总能赢得他人的信任，而不诚信总是可以轻易破坏任何高度的信任感。一个孩子如果口是心非，就会顷刻失去一切信任储备。

此外，能否履行诺言也是衡量孩子精神高尚与否的标准之一。所以，我们一定要从小就培养孩子信守诺言的习惯，多给孩子讲一些守信履诺的故事，这对孩子的成长至关重要。培养孩子守信履诺的习惯，我们可以从以下几个方面入手：

1. 做好榜样，不要轻易对孩子许诺

我们在对孩子许诺前，一定要深思熟虑，一定要慎重。是否该对孩子许诺、是否能兑现承诺、这种许诺对孩子是否好……这些，都是我们要考虑的。因为，一旦许诺，我们就要做出榜样，严格遵守自己的诺言。孩子是单纯的，也非常容易受外界因素的影响，尤其是生活在同一个屋檐下的家人。

而且，我们只有对自己严格要求，才能在孩子心中树立起我们的威信，同时，也教育了孩子对人不能随意许诺，一旦许诺则必须负责。

2. 切不可强迫孩子许下难以兑现的诺言

如果孩子在家人逼迫下许下一些难以达成的诺言，这对孩子的心理健

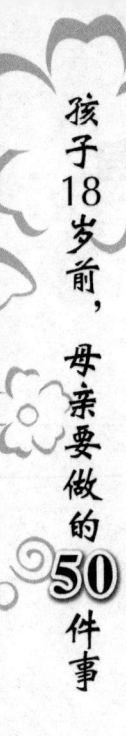

康发展极其不利。一方面，孩子会因此学会用大而空的承诺去取悦他人。另一方面，许下那些难以兑现或根本不可能兑现的诺言，将会令诺言的严肃性和重要性在孩子心里大打折扣。

3. 让孩子记住，说得出一定要做得到

在日常生活中，我们要对孩子多多灌输守信、负责的重要性。要让孩子记住，答应了就一定要兑现，说得出就一定要做得到。一旦经过努力，实在无法做到，那就必须要说出正当理由，并对受承诺方表达歉意。

所以，我们要教孩子在答应别人事情前，需扪心自问一下有没有能力和把握实现。对无法肯定的事，就不要轻易答应；对相对有信心一些的事，也应留有余地，不要大拍胸脯下保证。

4. 从小要树立孩子的时间观念

在孩子小时候，我们就要树立他们的时间观念，养成不拖拉的好习惯，让孩子明白一旦有把握做到并答应他人后，务必要及时、尽快地去完成。即使孩子和小伙伴之间的约定没有多少价值，但也要教他们遵守。只要坚持下去，孩子便能通过这些小小的约束来学会利用个人力量去管理自己的言行举止。久而久之，孩子就会变得守信履诺。

5. 母亲要充分信任孩子

我们要让孩子有被人充分信任的感觉，只有越信任孩子，孩子才会越讲诚信。否则，孩子就会怕家人失望而撒谎。

比如，有些母亲因为怕孩子交上坏朋友或早恋而剥夺孩子的自由空间，甚至不顾一切地打探、侦查孩子的动向，监听孩子的电话，偷看孩子的日记……这种行为不但不能起到教育孩子的目的，反而会导致孩子逆反，严重伤害孩子的权利和情感。

6. 让孩子品尝失信的苦果

在忘记承诺后，让孩子品尝一下失信的后果，可以帮助孩子建立正确的行为准则和学会承担责任。我们要开动脑筋，给孩子品尝自然又符合逻辑的苦果。长大后，如果孩子不能把守信当成制约自身行为的规章，那

么，他们在社会生活中就会深受其害。所以，在那之前，我们要先让孩子明白不守信的后果。

7. 及时提醒和鼓励孩子

只要孩子遵守诺言，不管这诺言是多么微不足道，我们都应该及时给予夸赞和褒奖，鼓励孩子再接再厉。相反，如果孩子不遵守承诺，或者一时忘了，我们就要立刻提醒孩子，并督促孩子尽快去完成。

所谓守信履诺，即对许诺一定要承担兑现。答应了别人的事，对方自然会等待实现，一旦别人发现孩子开的是"空头支票"，说话不算数，孩子的诚信账户就会被抹黑一笔。

智慧背囊

常言道："人无信则不立。"守信履诺不只是衡量孩子道德水准的标尺，更是一张通往成功的通行证。让孩子讲信用，孩子才能懂得生活的使命和责任。

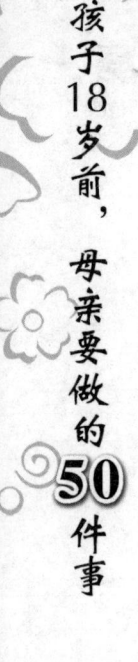

36 让孩子每年拜访一次恩师

犹太人经常挂在嘴上的一句话就是:"教师是神圣的,每个孩子都要像尊重上帝那样尊重教师。"尊敬恩师,记住恩师,不只是源自世人约定俗成的指引,更意味着一种感恩,体现了孩子的修养和品格。

蕾蕾是一个先天颚裂患儿。随着年龄的增长,她慢慢发觉了自己这个"与众不同"的嘴。因为,只要一踏进校门,就有很多孩子用异样的眼神看着自己。蕾蕾变得自卑,她觉得自己的样子一定招人厌恶,一张畸形又丑陋的嘴唇,弯曲的鼻子,歪斜的牙齿,讲起话来还结结巴巴。

有同学好奇地问蕾蕾:"你的嘴巴为什么是这样子的?"蕾蕾撒了一个小谎,称自己是小时候摔在地上被玻璃割坏了嘴巴。她感觉这样说,比告诉他们自己生来就长这德行要好受点。她坚信,除了爸爸妈妈,不会再有人真心喜欢自己了。

上小学二年级的时候,学校来了一位姓关的女老师,刚好教蕾蕾所在的那个班。关老师很苗条,有一双清澈乌黑的眼睛,很爱笑,很温柔,一笑起来就露出两个深深的酒窝。每个孩子都很喜欢她,很乐意跟她亲近。

学校有个规定,低年级孩子每年都要进行"耳语测试",所有孩子依次站在教授的门口,用一只手捂住一边耳朵,然后仔细听老师在讲台上轻声说的是什么,再把老师的话复述出来。蕾蕾的右耳先天失聪,几乎听不到任何声音,她不想把这事公之于众,因为怕其他孩子会更加瞧不起自己。

不过,蕾蕾自有办法来应对听力测试。她早就发现,没有人能会发现你是否真的捂住了耳朵,老师只会注意学生重复的话是否正确。所以,每年测试她都是假装捂紧了耳朵。

这一次,和往年一样,蕾蕾还是站在最后一个。前面的每个孩子都欢天喜地的,因为他们的听力测试都做得很好。蕾蕾心想:关老师会低声说什么呢?以前,老师们总会说"今天阳光灿烂"、"春天鸟语花香"、"天空很蓝",等等。

终于轮到蕾蕾了,她用左手紧紧捂住了左耳,同时把右耳向着关老师。然后,偷偷把左手抬起了一点儿,这样,她就能听清楚老师说什么了。

蕾蕾静静地等待着……这位温柔和蔼的关老师柔声说道:"我希望你是我的女儿。"

这几个字,如同一束温暖的阳光笔直地射向蕾蕾的心田,她那颗受伤的幼小心灵顿时激荡起来。短短一句话,彻底改变了她对人生的看法。从此,蕾蕾变得自信、开朗,也更加勇敢,而这份爱的力量一直伴随着她走过人生道路上的磕磕绊绊。

在每个孩子的人生中,可能都会出现这样一个人:他也许不曾为孩子传道解惑,但他却可以一眼洞察孩子的潜力,并永远支持孩子的各种尝试。在感到失落时,他让孩子得到温暖;在自鸣得意时,他为孩子敲响警钟,以免人生偏离轨道。他让孩子深信自己一定是独一无二。在平时,他是孩子学习的榜样,在关键时刻,他会助孩子一臂之力。

这个特别的人,就是孩子一生永远不可忘怀的恩师。

是的,教师才是孩子心灵的守护者。所以,我们必须要从小教导孩子热爱、尊重自己的恩师,让孩子每年都去拜访一次恩师。我们可以陪同,也可以让孩子独自循着那条熟悉的街道,去拜访他们的恩师。

平时,在培养孩子尊师重道的习惯时,我们要注意以下几点:

1. 让孩子尊重恩师的劳动成果

犹太人是个尊师重道的民族,他们认为:"尊重老师,就要尊重老师的劳动。"老师把自己的学识毫无保留地传授给孩子,并非奢望从孩子身上获取什么回报,而是希望看到他们学有所长,攀登知识的巅峰。犹太父

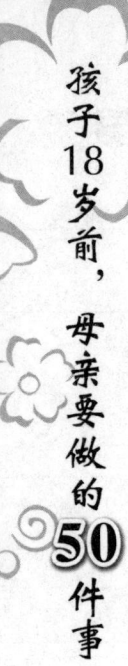

母常常对孩子说："他人为你付出劳动和艰险，你便要尊重他人。"其实，尊重老师的劳动成果，不仅是孩子与老师和谐相处的前提，更是孩子最起码的个人修养。

2. 尽力维护恩师的尊严和名声

子贡是孔子的得意门生。有一回，路过有个人当众贬低孔子，并抬高子贡。这一切，刚好被子贡听见了，他非常生气，没有因为那人在褒奖自己而留有情面。

他当即打了一个比喻："假如说每个人的才能如同一间房子，那么老师房子的围墙就有十多丈高，房子里金碧辉煌，一般人无法翻过围墙看清里面的摆设；而我的房子呢，才不过肩那么高的围墙，一眼就可看尽。"接着，他又把孔子比作太阳和月亮，它们在天上光芒四射，不是普通人所能超越的。那人听了这一番话，脸上红一阵白一阵，万分惭愧。

我们不妨教孩子学子贡那样，维护恩师的尊严和名声。

3. 调整孩子对老师的心理结构

现实生活中，一些孩子在师生关系上处理得不够和谐，皆是因为在心理上和教师形成了两个对立的阵营。与老师打交道时，我们要教导孩子不必羞怯、惊恐，要大方友好地打交道，要客观地认识和评价老师。老师也是人，也有缺点，也会犯错，并不是完美无缺的，所以不必求全责备，甚至一味把老师偶像化。孩子只有学会向老师敞开心扉，让老师全面了解自己，才能更好地求教于老师。

4. 让孩子懂得"一日为师，终身为师"的道理

爱国名将李宗仁童年时有个叫曾其新的老师，此人弯腰驼背，被大家戏称为"曾背锅"。但是，李宗仁从来不曾因为老师的丑陋外形而滋生疏远情绪，而是如同敬爱长辈一般敬爱他，一丝不苟地跟曾老师学习。

长大成人后，李宗仁成了知名的将军，仍旧不曾忘记自己的恩师。由

于曾老师老无所依，李宗仁就让他长期随军起居，自己出力、出钱奉养，无微不至地照顾老师。为了让恩师静居，他还特意在司令部驻地附近修筑了一座房屋，并派一名副官随侍在旁，自己也每天亲自前往问安。我们要让孩子懂得"一日为师，终身为师"的师生之情，学习李宗仁得恩不忘报的大丈夫行为。

5. 让孩子从内心深处真正理解信任老师

人与人之间，最重要的不就是相互理解和信任吗？孩子和老师之间更应该如此，因为只有这样，才能拉近彼此间的距离，才能沟通感情，才能更好地教与学。我们要经常鼓励孩子在行动上表现出对教师的尊重：不迟到早退、课上认真听讲、课后认真复习、按时完成作业、对老师礼貌有加。我们可以通过讲故事、摆事实，让孩子明白老师所急、所喜、所忧都来自孩子的进步和退步，让孩子理解老师的一片拳拳之心。

6. 鼓励孩子多跟老师沟通交流

根据调查研究，通常，小学低年级的孩子对老师会怀有一种特殊的敬仰和依恋之情，老师说的所有话都是真理。随着年龄的增长，知识的增多，大致从小学三年级开始，孩子对老师失去了无条件的信任，逐渐表现出批评的态度，他们会在私底下议论老师的言行举止。

此时，我们应该给予孩子正确的引导，制止孩子的议论纷纷，鼓励孩子跟老师多沟通交流，交换一下彼此的意见。

7. 作为母亲我们先要尊重老师

不管孩子换成哪位老师，不管这位老师是否有缺点，只要具备师德，我们都该尊重有加，并经常和老师交换想法，了解孩子的现状。这样家庭成长的孩子，想要他不尊重老师都难。另外，我们要起到示范作用，不要当着孩子的面议论老师的是非长短，发泄对学校的不满情绪，我们要用适当的方法去维护老师的权威。因为，孩子一旦辨别错误，就会对老师的工作和教育产生思想障碍。

有一位母亲，在回答女儿提问时，发觉老师讲解有误。于是，她对女儿说："你还有什么不懂，明天去学校问老师吧。"随后，她打电话给老师，和老师探讨了题目的正确解法。这位母亲的做法相当高明，我们一旦对老师有意见或得到孩子的抱怨，可以适时反映给老师，融洽师生关系。

当孩子反映学校的不公处理，向我们诉苦时，我们要保持清醒头脑，切不可跑去学校兴师问罪，而应心平气和地帮助孩子正面疏导，不要迁怒于老师，甚至社会，因为这无济于事。我们要教孩子做一个禁得起误解和委屈的好孩子。

智慧背囊

《吕氏春秋劝学》中有言："疾学在于尊师。"尊师重道，是孩子修养的体现。因为师恩似山，高山巍峨，使人敬仰；因为师恩如海，海纳百川，无法斗量。

37　教孩子成为一个环保主义者

有一则很有名的寓言故事，它是这样说的：

我是一条清澈的小河流，小鱼儿、小虾子、小螃蟹是我的孩子，河畔的柳树、芦苇，还有飞来飞去的鸟儿都是我的朋友。每天，我都唱着欢快的小曲儿，和我的孩子嬉戏。

曾经，人类也是我的好朋友，孩子们在我的怀抱里戏水，女人们在我身旁清洗衣物。我还被人类引入水库，流进发电厂，变出一种叫作"电"的东西，给人类带去光明。为此，我感到无比自豪，因为我能为他人带去无限的快乐。

然而，不知从何时开始，我的身体越来越差了，我的孩子也不断生病、死去。原来，是人类在我身旁建造了一座座工厂，漆黑的污水淌我的体内。人们还把各种垃圾随意往我身上扔，原先那不断流淌的河水被堵住了，开始发黑、变臭，蛇虫鼠蚁在我身旁繁殖、成长。人类从我身旁走过时，都忍不住捂住鼻子，一脸厌恶。我难过地哭了，流出来的眼泪也是漆黑污浊的，实在惨不忍睹。

人类呐，你们为何要这样对我？我问白云姐姐，白云姐姐默不作声，只为我洒下一片辛酸的泪水。我问海洋伯伯，海洋伯伯愤而悲歌道："遭不幸的何止是你，连我也受到了污染……"我问太阳公公，太阳公公一声叹息："可悲的人类，他们总有一天会懊悔的！"

河畔的柳树、芦苇已经挨不住污染，它们日渐憔悴，活泼的鸟儿也不再来跟我玩耍了。

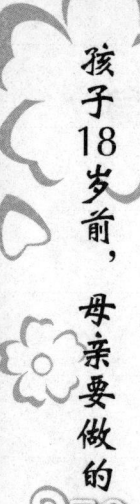

这到底是为什么？

人类啊，救救我——一条曾经为你们带去无限快乐的小河。

这不仅仅是一个普通的寓言故事，更是每个孩子都应该好好品味一番的环保故事。

环境污染，已然成为全世界面临的最重要课题之一。难以想象，如果有一天地球家园因为人类肆无忌惮的行为而毁坏时，人类要如何生活？

"我们只有一个地球"、"地球是我们共同的家园"……如今，这些口号此起彼伏。可见，人类的环保意识正在觉醒，而环保教育也是迫在眉睫。孩子是地球未来的主人，对孩子进行环保教育，增加孩子的环保意识，是一件任重而道远的事。作为母亲，我们应该和孩子一起爱护环境，教孩子成为一个环保主义者。

所谓环保教育，主要是培养孩子关爱周围环境、珍惜自然资源、关护自然界生物的意识。让孩子从小成为一个环保主义者，参与各种环境保护活动，孩子就自然会萌生保护自然及周边环境的意识，将来的环境才会变得更美好。

第一，让孩子了解自然界，激起对生态环境的兴趣。

可以说，家庭或社区是地球大环境中与孩子关系最为紧密的"小环境"，也是一个孩子环保教育的重要场所。要爱护环境和地球，我们不妨从身边环境做起，让孩子多亲近大自然。

比如，我们可以在家中开辟一个自然角或饲养区，让孩子独自打理和观察，在摸一摸、嗅一嗅、养一养的过程中，让孩子了解神奇的自然界，从而令他对生态环境产生兴趣和探索好奇心，熏陶孩子和大自然和谐共处之情。

晚饭后或节假日，还可以带孩子去野外走走、看看、闻闻，随时纠正孩子的不良习惯，给孩子解说关于动物、植物、空气、水流等环保方面的知识，从而激发孩子热爱大自然、关爱大自然的积极情感。

第二，利用环境对比进行教育，培养孩子环境意识。

我们可以带孩子去观察社区垃圾中转站，看一看社区里各式各样的环保设施，如电池垃圾回收箱、是否可利用垃圾分类回收箱、各种环保标志和环保标语牌，等等。通过亲身体验各种环境教育，让孩子深刻感觉到，哪里的环境美丽动人，哪里的环境恶劣不堪，同时了解净水和污水、空气和废气、音乐和噪声的益处和坏处等。

孩子一旦明白洁净的环境舒适而美丽，肮脏的环境令人作呕，他便能初步意识到环境保护的重要性，从而树立环境保护意识，并自觉保护水资源、不乱扔垃圾、爱护花花草草、不制造噪声，等等。

第三，让环保教育融入到每一天的生活当中去。

在日常生活中，我们应该密切关注孩子的一举一动，并及时进行环保教育。比如，一旦发现孩子出现随意采花、乱扔纸屑、随地吐痰或公众场合大声喧哗等举动，母亲应及时晓之以理，让孩子改正自身这些不良行为，增强环保意识。

吃饭时，要教导孩子不挑食，不浪费粮食，并利用说故事等形式让孩子拒食野生动物。爱护动物，也就是爱护环境。只有了解了人和动、植物之间的关系，孩子才能萌发保护动植物的潜在意识。另外，母亲可以带孩子在小区做环保宣传，一旦体验到了向他人进行环保教育的成绩感，孩子就能对环保行为更有自觉性，并积极从自己做起。

第四，在游戏活动中，培养孩子的环保行为。

游戏，是孩子幼年的主体活动，在游戏中，孩子们的主动性和积极性会得到充分的发挥，在享受个人成功的喜悦和满足之时，他们也会获得相应的知识和经验。作为母亲，我们可以和孩子一同商讨，利用生活中那些无毒无害的纸盒、木板、饮料桶、胶卷等废物来制成游戏材料和工具。从而让孩子懂得何谓"转废为宝"，让孩子学会留意生活中的废物，善加利用，这也是可持续发展的观点。

第五，通过讲故事、唱儿歌等活动，使环保教育童趣化。

通过孩子喜欢的童话故事、儿歌、有趣实验、手工制作等活动来灌输环保知识，可以使环保教育更加妙趣横生。在这些活动中，孩子会积极参与、思考和动手操作，从而获得最佳的教育效果。比如，寓言故事《我是一条小河》会对孩子产生极大的影响,使孩子懂得糟蹋环境的最终结果是害人害己。

在此基础上,我们可以开展一些节约用水的教育,向孩子说明如今人类的水资源越来越贫乏,工厂以及生活污水在没有经过处理的情况下,被直接灌进河流、湖水和海洋中,造成众多河流、湖泊的污染,不仅水无法再使用,连那些水中的小生物也死于非命……从而让孩子知道节约用水与保护水资源的严肃性和重要性。

第六,让孩子积极参与和环保有关的纪念日。

在平时的环保教育中,我们应该结合一些和环保有关的纪念日,让孩子参与一些相关活动。比如,在"植树节"时,给孩子解说森林资源及其作用、森林和人类的关系、人为破坏森林引起的各种灾难等,让孩子了解植树造林的至关重要;在"爱鸟日"时,我们则可以给孩子讲一些大量捕捉鸟类曾引发的恶果;在"世界环境日"时,让孩子说出自己最喜欢的环境,并画下来,在此过程中,提高孩子的环保意识,摆正孩子的情感态度。

第七,母亲要加强自身的环保素养。

作为孩子的第一位老师,母亲要做好榜样,和孩子一起做环保主义者。平时,要多阅读一些有关环保方面的书籍,并要注意自己的言行,从点滴做起,用自己的言传身教去影响孩子、帮助孩子、教育孩子养成良好的环保习惯。比如,不随地吐痰、不乱扔垃圾、不在公共场所大声喧哗等。为了减少白色污染,我们要以身作则平时少用一次性塑料杯、塑料袋,用竹篮子、手提袋代替。

在母亲的身体力行下,孩子有了良好的学习榜样,就会学着为环境保护出自己的一份力。同时,在孩子做出一定表现时,我们要鼓励和赞美,调动孩子环保的积极性和主动性,让孩子逐渐成为一个环保主义者。

第八,制定规则,在日积月累中,使孩子养成环保习惯。

所谓,"冰冻三尺,非一日之寒"。让孩子养成环保的好习惯,也非一天两天就能实现的。在平时，我们可以给孩子制定一些环保规则，让孩子坚持执行。比如，吃饭的时候，不可以掉米粒；垃圾要分类回收；学会开小水，并随时关水、节约用水等。久而久之，母亲只要坚持贯彻下来，孩子就会从不自觉慢慢转化成自觉行为，这也是环保教育的终极目标。

智慧背囊

只有让孩子从小树立良好的环保意识，人类共同生存的地球才会变得更美好。母亲要充分利用家庭资源，教孩子成为一个环保主义者，让环保教育得以延续下去。

择其所嗜，必先受业，乃得尝之；
择其所乐，必先有习，乃得为之。

——《大戴礼记》

关于能力

38 让孩子尽情发挥自己的创造力

在北京一所小学里，来了一个法国教育代表团，他们到访是为了进行教学考察。有一件事引起了他们的关注。在一份考卷中有一道题目问："雪化了之后是什么？"有一个学生答道："雪化了之后是美丽的春天。"但是，老师在这个答案后面画了一个大大的红"×"。

有一位代表团成员对此很不解，便询问了中国老师。老师理所当然地说："标准答案是水呀。"代表团成员表示异议："学生答雪化了之后是春天。虽然不是标准答案，可是这个回答非常有创意，很富有想象力，要是在我们学校，一定会受到更多夸赞。"

雪化了之后变成水是一个具有科学性的结论，这毋庸置疑，然而，"雪化了之后是美丽的春天"却更加具有哲人式的创造力。科学只能就事论事，而创造力赋予孩子智慧。以色列的家庭教育往往采用"狮子育儿法"：让小狮子脱离妈妈，自己学着去生存。而在中国，家教似乎走向了另一个方向，即把孩子放在一个固定模式中，循规蹈矩，亦步亦趋，贯彻以"标准答案"，实则扼杀了孩子的创造力。

在当今社会，科技突飞猛进，创造力被提高到了前所未有的地位。传统的教育已难以适应时代需求，只有大力培养孩子的创造力，才能使孩子出类拔萃，成为适应这个时代的人才。善待创造力，也就是善待孩子的生命。

事实上，每一个孩子都具备创造能力。著名教育家陶行知便这样说道："处处是创造之地，天天是创造之时，人人是创造之人。"孩子从降临到世间的那一刻开始，就对周围的一切充满了好奇，他们会用眼睛去观察周遭，会用耳朵倾听四面八方的声音，在他们内心存有追求和探索世界的愿望。孩子的思维由于不存在过多条条框框的约束，往往比成人更丰富多彩，这种思维只要发展下去，就能成为一股了不得的创造力。

作为母亲，我们应该留意孩子的创造力萌芽，保护孩子最原始的创造精神和欲望，鼓励和推动孩子尽情地发挥自己的创造力，摆脱千篇一律。否则，那份宝贵的创造意识就会被扼杀在摇篮里，孩子最终会成为缺乏主见的庸才，被时代遗弃。

可以通过各种渠道培养创造力，如家庭、学校或社会，而家庭是教育孩子的主要战场，是创造力萌发的摇篮。作为孩子的第一任老师，我们担负着培养孩子创造力的重要使命。在生活中，只要有心、用心，我们就一定能让孩子的创造力发光发热。

1. 善待孩子天马行空的提问

提问，是一种思考，是具有探索精神的表现。孩子思维活跃，年纪又小，所提的问题通常天马行空，很荒唐，有的可能我们一时难以回答。但不管孩子问的是什么问题，都渴望得到他人的解答。作为母亲，我们应该心平气和地严肃对待。

比如，有个5岁的男孩问妈妈："开电风扇有风，我们就凉快了，但是为什么不把窗户关上？开着窗，风不就跑出去就不凉快了吗？"于是，母亲就给儿子说明电风扇吹风和气温、关窗与否没关系，然后又问儿子："风还有什么用呢？"孩子随意创想，风可以刮掉树叶、吹起风车、放进房间使人凉快……就这样，母亲培养了孩子的发散性思维。

可见，我们一方面要鼓励孩子无所顾忌地提问，并给孩子以科学的回答，更关键的在于诱导孩子对问题联想出更多答案。

2. 让孩子用新眼光看待平常事

如果问孩子："4是8的一半吗？"孩子会回答："是。"如果接着问："0也是8的一半吗（上下两个0相叠加组合成了8）？"通常，孩子在经过一番思考后，才会认同这一说法。然后，如果再问："那么，3是8的一半，对吗？"这时，孩子很快就会看到竖着把8分成两半，就是两个3了。

开发创造性思维的第一步，就是摆脱固有思维。当孩子学会转换思维角度时，就会看到问题之间的联系，才会更迅捷地发现创造性问题的解决之道。让孩子用这种新的眼光换个角度来重新认识习以为常的旧事物，是开发创造力的基础。孩子一旦掌握这种思维方式，当再次遇到陌生问题时，就能采用不同的思维方式去为新问题找到解决办法。

3. 鼓励孩子大胆发挥想象

创造离不开想象，想象被心理学家誉为智慧的翅膀，它可以让孩子冲破窄小的生活领域飞向辽阔的认知世界，超越空间和时间的限制。孩子是靠想象力来开启幻想世界的，只有在自由幻想的世界里，创造思维才会萌生。

我们应尽量发掘孩子行为活动的想象能力，加以鼓励。比如，孩子拿着扫帚，一会儿把它当马骑，一会儿端起当冲锋枪，一会儿又用来堆雪人……这其中蕴涵着丰富的想象，具备发散性思维，让孩子找到同一事物的不同用处。这就是创造力。当我们看到孩子富有想象力的图画、凭想象随即拼搭的玩具、自编的童话时，就应该给予孩子夸赞。

面对孩子的异想天开、伟大抱负和建立在幻想上的未来等，母亲不要认为孩子荒唐、不切实际，或不足挂齿、不屑一顾，而应给予支持和鼓励。同时，要耐心去指导他们，使孩子知道过分夸张的表现是不可取的，引导孩子从科学的思路上去创造和想象，与实际相接近。

4. 让孩子抱持怀疑精神

创造性思维的另一个显著特点就是对已知的事情不断提出质疑：这是真的还是假的？然后，发动创造力去寻求另一种可能性。假如孩子经常带有批判性地深入探索问题，那么他的思路就会比其他孩子更开阔、深远。

当孩子对某件事物发表了自己的看法后，我们可以让孩子转而站到反方，说出与自己原观点对立的观点，并加以佐证。这样，可以使孩子体验到不同的思维模式。

5. 多带孩子去接触各种新事物

创造一个新事物需要依赖想象，但孩子的想象并非凭空而来，必须要经过丰富的生活实践才行。看得多、听得多、接触得多、想得多，这样脑袋里才可以累积下丰富的表象，即使闭上眼睛也能了然于胸。脑袋里累积的表象多了,再经过调整、重组,就能衍生新的表象,这个形象思维的过程就是创造。

我们可以通过各种活动,让孩子的生活变得丰富,让孩子的视野变得开阔。比如,常带孩子到大自然里去,观赏各种花草树木,区分它们的异同,了解动植物和人类的关系;观察各种飞禽走兽,看它们的不同形态,分清它们的特点和习性;抬头看看蓝天上变化多端、随风飘荡的白云……事物接触得越多,想象的根基就越宽广,就越可能引发新的灵感,滋生各种新想法。那种天天把孩子关在屋里,只想让孩子写字、读书、背诗的教育方式,只会把孩子变成书呆子,绝无可能使孩子成为具有创新能力的人。

6. 千万别用"不"绊倒孩子的创造力

自信,是孩子认可自己并不断进步的前提。具备自信,孩子才会勇于冒险,敢于创造。当面对孩子的奇思妙想,母亲说"不"时,可能就中断了孩子很了不起的想法。这会令孩子感到沮丧,让孩子失去自信,变得自卑。

不管在任何时候,我们都要鼓励孩子的想法,避免用"不"捆绑、限制住孩子的创造力。同时,我们也要教孩子对一些有各种可能性的事说"是"、"为什么不",而不是"我不行"。然后,想办法验证自己的想法,也许伟大的创造就由此诞生了。

7. 引导孩子进行探索性的游戏

在这个世界上,很多难以想象的发明创造就是在游戏中迸发的。

公元1609年,在荷兰,眼镜店老板汉斯的儿子和小伙伴一起拿着几个眼镜片玩弄着。他们学着大人,一会儿把镜片架在自己的鼻子上,一会儿把两片放在一前一后看向远方。突然,一个孩子惊叫起来:"快看呀,远处的教堂尖塔怎么变得那么近?"孩子的呼声惊动了柜台后的汉斯……汉斯发现,那两片镜片一片是近视镜片,一片是老花镜片。在游戏中,孩子发现了可以看到远景的现象,汉斯抓住了这一偶然发现,发明了世界上第一台望远镜。

关于能力

可以说，没有孩子探索性的游戏，就不会有望远镜这一发明。在游戏中，可以培养孩子的创造力。探索性游戏，就是要鼓励孩子在玩耍中玩出新花样，尝试各种不同的游戏法，以此培养孩子善于观察和思考的习惯。同时，在选择玩具时，要挑些比较有难度的益智类玩具。

智慧背囊

美国实业家约翰·D.洛克菲勒说："如果你要成功，你应该朝新的道路前进，不要跟随被踩烂了的成功之路。"创造力，是人类独有的能力，是孩子的第三只眼睛。

39 鼓励孩子参加一次演讲比赛

有很多孩子,平时在亲朋好友面前伶牙俐齿,可一旦在公共场合时就磕磕绊绊、词不达意。有时,明明事先经过充足准备,可是一让他脱离纸稿上台去演讲,就开始变得结结巴巴,甚至一句话都说不出来。到底是何原因造成孩子在人前人后表现出如此大的差异呢?造成孩子口头表达能力差的原因又是什么呢?

原因一:在公开场合,孩子会产生羞怯、紧张心理,以致心绪不稳。

通常,害羞、容易紧张的孩子不愿意在公众场合表达自己的看法和观点,就算脑袋中有丰富的思想也无法顺利表达出来。在大场面发言时,他们会因为担心出错而心慌意乱、精神紧张、面红耳赤,心绪难以稳定,以致大脑一片空白,把事先准备好的东西全都忘光了,等到发言结束后才会想起来。

原因二:孩子缺乏自信,有自卑心理。

一旦孩子对自己缺乏自信,就会在潜意识中进行负面的自我暗示。比如,在心里说:"我根本不善言辞,一定会失败的。"还没在公共场合讲话前,就已经先给自己打了退堂鼓。另外,心理自卑的孩子在发言时,会过于注重细节,对失误极其敏感,说出去的话则犹如泼出去的水无法收回。因此,孩子会对犯错产生恐惧,任何发言都依赖于纸稿或反复准备。

原因三:思维不够敏捷,思路不够清晰。

口头发言和写文章不同,书写可以反复修正,多做思考,精益求精,但口头发言必须一句一句接连不断地说,所以孩子必须思维敏捷、思路清晰,说话要前后连贯,不能磕磕绊绊,语句也要具备条理性。

原因四：孩子掌握的词汇量有限。

一句话是由一些词汇组成的，孩子掌握的词汇量越大，讲起话来就越头头是道，并且可以自如选择最精准、最有趣、最鲜明的词汇来陈述个人观点。词汇量丰富的孩子，不太会出现因为找到合适词语而语塞的问题。

让我们来看看下面这位母亲是如何培养孩子的口头表达能力的。

在家长会上，老师总是评价雯雯："太过安静，太过含蓄，不敢当众大声说话。"为此，雯雯妈妈和女儿长谈了一次，她先向雯雯摆清各种利害关系后，直截了当地向女儿建议："雯雯，你去加入学校的演讲班吧，练练嘴皮子，如何？"

雯雯虽然内向，但是很有主见，不一定会乖乖同意这个建议。不过，对于加入兴趣班这件事，她特别配合，雯雯妈妈轻而易举就说服了她。原来，雯雯的好朋友也在演讲班，看来母亲们的看法是一致的。

就这样，从初三一直到高二，雯雯经过了三年的演讲训练。期间，她参加过多次中学生演讲比赛。夏天的时候，还参加过为期一个月的演讲夏令营。此外，每个星期她都会在演讲班进行一次演讲。这三年，光这些演讲训练，就把雯雯的生活弄得很充实。

经过这三年的训练，雯雯在口头表达上进步神速。首先，班主任再也没有对雯雯妈妈提醒女儿在课堂上沉默寡言。再者，就是雯雯妈妈发现女儿越来越喜欢跟她答辩讲理。每次母女俩为了什么事争论时，雯雯总是头头是道地跟自己辩论，有时把她辩得哑口无言节节败退，直到她举起双手投降同意女儿的想法或计划为止。每次雯雯妈妈虽然讲输了，但内心却很高兴。因为雯雯并没有像以往那样用哭闹的方式解决问题，而是有理有据地逼她就范。

很显然，雯雯已经比妈妈更会讲理了，可以说是青出于蓝而胜于蓝。

综上原因和案例可见，口头表达能力差并非天生的，我们可以通过很多方法来提高孩子的口头表达能力。

1. 让孩子多说，在各种场合下主动地说

不同的孩子个性迥异，有的能说会道，有的安静寡言。一般来说，孩子不爱说话，有些是因为胆小，在生人面前容易紧张，在公众场合说话会忍不住脸红。对于这样的孩子，我们应鼓励孩子多说，并且要口齿清晰地大声说。比如，让孩子在课堂上踊跃发言，开班级会议时积极讨论，即便是给自己的同桌朗读散文也是一种进步。

另一种情况是，孩子可能患有多动症，思维产生障碍，注意力没办法集中，自制力差，因此语言表达能力差。对于这样的孩子，母亲要有足够的耐心，反复引导，并尽量为孩子创造一些条件，使孩子有机会表达自己的想法。比如，看完小说或电影后，让孩子向小伙伴复述小说和电影中的故事情节。

总之，不爱说话、不善言辞的孩子更应该让他们多参加演讲会、朗诵会、讨论会等。

2. 让孩子多读多看，扩大知识面，促进语言发展

思维敏捷，来自于丰富的知识储备量。如果孩子掌握的知识量越多，说话时思维就能越活跃、越敏捷。因为脑袋中大量的知识能使孩子触类旁通，思维通畅。所以，在日常生活中，我们要尽量让孩子饱览群书，增加知识储备量。

孩子的头脑丰富了，自然就有了说话的材料和兴趣。当然，也不要忽略了课本。其实，课本中有很多好文章，它们语言优美、流畅，而且富有逻辑性，尤其是那些诗词歌赋，都是值得一看的精品。在阅读文章和诗歌的时候，我们可以让孩子大声朗读，并能背诵一些，让那些名言警句更深地印刻在孩子心中，从而打下语言发展和口头表达能力的基础。

3. 给孩子创造一个发展语言的好环境

家庭的氛围，对培养孩子的口头表达能力起着至关重要的作用。所以，在家庭生活中，我们务必要做到：首先，不说粗话、脏话，言谈文

雅；其次，用词要恰当、严谨、简洁，多用成语来概括意思；最后，要多和孩子沟通、交流、聊天，就算成人说话间的用词和孩子不一样，孩子未必全明白，但久而久之，孩子自能悟出我们的意思，再经过孩子自身的模仿和运用，就能慢慢提高自己的口头表达能力了。

4. 增强孩子的胆量，增加孩子的自信

有些孩子，明明思维敏捷、天资聪颖，却无法发挥自己的长处去加入讨论并高谈阔论。如果仔细观察，我们就会意外地发现这些孩子并非清高或者冷漠，而是缺乏信心。

通常，在人前沉默寡言的孩子有时会暗自认为："我的见解也许根本没有价值，如果说出来，大家一定会贻笑大方。何况，其他人懂得可能比我多，我可不想让他们知道我知之甚少。我还是什么也别说了吧。"于是，这些孩子就会在自己心中许下一个渺茫的承诺：下一次我再发言。然而，等到下一次到来时，他们依旧默不作声，缺乏自信的魔鬼再一次打败了他们。如此，孩子只会越来越没有自信去"说"。

其实，增加孩子自信的唯一方式，就是让孩子通过发言充分展示实力，从而收回自信。在大庭广众之下说话，需要莫大的勇气和胆量，这种方式可以说是孩子克服自卑最有效的方法之一。

我们可以让孩子多参加集体活动，这是锻炼孩子胆量的好机会。那些演讲比赛、诗歌朗诵都会提升孩子的口头表达能力。在演说之前，我们要提醒孩子做足准备，当一连串精彩绝伦的话语从孩子口中源源不断奔涌而出，听众被深深感动爆发出雷鸣掌声时，孩子就可以自信地对自己说："我行，我勇敢，我是一个有激情的人。"孩子恢复了自信，再加上知识的学习和技能的训练，又何需担心口头表达能力不提高呢？

5. 采用各种方式锻炼孩子的表达能力

幼儿时期，其实是一个求知欲强盛、语言发展最迅速的时期。我们要利用好这个时期，根据孩子的特点，采用多种不同的方式去锻炼孩子的口头表达能力。比如，每天晚上，我们都可以给孩子讲一些童话、寓言或让孩子自己去翻阅各种书刊杂志，然后再复述给家人听。如此，不仅能培养孩子的口头表达能力，还能大大增强孩子的记忆力和思维活跃度。

除此以外，还有很多其他锻炼方式：让孩子看图画讲故事；和孩子一起去户外观察大自然，并把观察到的东西表述出来；向孩子提各种问题，让孩子开动脑筋解答，等等。长此以往，坚持下去，孩子的口头表达能力和逻辑思维能力都会迅速提高。

智慧背囊

美国诗人在 T.E. 休姆在《沉思录》中说道："语言就其本质而言，是一种公众事物。"所以，母亲不应该让孩子独自喃喃自语，而应让他们学会在公众场合慷慨陈词。

40 教孩子学会如何与人合作共赢

在成功者身上，胜利的秘诀大多与众不同，但总会有一些共同之处。在一项关于"杰出成功人士的童年和教育"的调查中发现，那些年幼时懂得双赢、擅长与人团结合作的聪明孩子，绝大部分都成为了出类拔萃者。由此可见，能够与人合作，是成功者的共同特征。

这是一个合作共赢的时代，一个以竞争为主导的时代，单枪匹马、独创江湖的竞争模式早已脱离了主流。而靠踩踏、拖拉他人来凸显个人的恶性竞争，更是愚蠢之至。我们应该让孩子抱着合作共赢的心态，学会与人合作，这样才能令孩子一步步迈上成功之路。

其实，合作是一件令人愉悦的事，历史上很多伟大的成就都是在通力合作下实现的。但是，如今很多孩子往往自高自大，欠缺合作共赢的意识。有些孩子不知天高地厚，会自以为是地说："我们班的小朋友太笨了，我才不跟他们玩呢！""这些玩具全都是我的，谁都不可以碰！""不用别人帮我，我自己一个人就能搞定它了！"……自私自大，简直成了一些孩子的代名词。试想，这样的孩子，何以在未来取得成就呢？

合作，绝非一般意义上的人际交往，而是在共同目标下一种互帮互利的双赢关系。也就是所谓的借助众人力量踏上成功之路。再厉害的"独行侠"，终有一天也会被疲乏。而合作的力量，远远大于个人的"全力"。因此，让孩子学会与人合作共赢，尤为重要。

1. 培养孩子跟人合作共赢的意识

在学习生活中，孩子自己也会发现，很多事单凭一己之力难以达成，只有靠两人或两人以上的合作才能一帆风顺。我们可以利用这一点，让孩子先去体验一下孤军奋战无法成功的挫败感，从而让孩子自己意识、感悟到跟人合作的重要性。

一个周末，芳芳和陶陶姐妹俩跟着爸爸、妈妈去公园爬山，爬完山后接着就是野餐。临行前，全家人围在一起分配任务：妈妈负责去购买食物，爸爸负责搞定烤肉的炉子，芳芳负责餐具，而陶陶则负责准备调料。

　　任务分配完后，妈妈提醒姐妹俩可以列一个单子，以防遗落东西。要是家里的物品不够，也能及时去购买。芳芳很快便列了个单子出来，让妈妈过目后，便开始准备了。而陶陶却不慌不忙地跑出去找邻居的孩子玩去了。

　　妈妈不相信陶陶可以把东西准备齐全，便想自己来干。但转念一想，应该给陶陶一个锻炼的机会和教训。陶陶在外面玩到晚上才归来，之后，在厨房忙活一番，搜罗了一袋子瓶瓶罐罐后，便回房休息去了。

　　第二天一早，全家人便高高兴兴地爬山去了。野餐的时候，妈妈问："陶陶，把烤肉粉给我。"陶陶在口袋里翻了半天，也没找到，最后羞愧地低下了头。显然，烤肉粉还在厨房里睡觉呢。

　　对陶陶来说，这次教训是令人深刻的。由于脱离群众，不跟人合作，致使这次的野餐留下了一些遗憾。虽然妈妈没有为此而指责她，但实际结果对她的教育远远比批评更有效。

　　在日常饮食起居上，母亲不妨试着给孩子分派一些简单的任务，或者让孩子扮演一些角色。使孩子切身体验一下不跟人合作、势单力薄的后果。如此，孩子便能深刻体会到何谓责任，何谓合作共赢。与人合作的意识，也就能烙在孩子的心中了。

2. 从小让孩子具备正直诚信的品质

　　苏联作家高尔基曾说："走正直诚实的生活道路，必定会有一个问心无愧的归宿。"诚信，是非常珍贵的品质，是安身立命之本，是立足于社会的基础。

　　教育学者曾对一些职业经理人做过一项调查，调查问卷上只写了两个题目。一个问题是：你最愿意与什么样的人交往？另一个问题是：你最不乐意与什么样的人交往？

调查结果显示，在第一个问题的答案中，"正直诚信的人"遥遥领先。在第二个问题的答案中，"不正直不守信的人"也被排在了首位。从这个结果中可以看出，正直诚信的孩子，才能值得他人信赖，才更容易被团队接纳，否则只能沦落至被淘汰的下场。

在成长过程中，我们若希望孩子公平公正地与人合作，就应该从小让诚信伴随孩子左右，使孩子成为一个懂诚信的人。

首先，在家庭中，母亲要营造一个诚信的美好氛围，让孩子在潜移默化中获得诚信品质。比如，跟孩子玩"拉钩上吊一百年不骗人"，教孩子言而有信；读一些关于诚信的故事给孩子听，和孩子一起探讨、研究故事中人的行为，用励志情节激励孩子；在孩子看电视、阅读时，有意把孩子的关注点引向诚信话题。

其次，父母要做好示范，以自身的正当言行来指引孩子，树立诚信表率。如，在向孩子许诺前，要三思，不要言不由衷；许诺孩子的事情，务必做到，一旦不能兑现，应诚恳向孩子解释、道歉，但事后仍需设法兑现。如果母亲一再破坏"诚信守则"，就会失去孩子的信任，孩子会认为"反悔"无伤大雅，慢慢地他们也会模仿。

3. 让孩子秉持公平、公正的合作观念

在将合作者的需求列入"计划书"前，我们要教孩子先考虑他人的利益。这便是公正。只有拿着这杆公平秤，孩子才能成功有效地跟人合作。公平、公正是两个比较抽象的词汇，无法用规章制度划定。所以，在教导孩子前，我们应先让孩子挣脱自私的外衣，学会付出。

> 维维和辉辉两兄弟为了争看电视，吵闹不休。一个要争动画片，一个要抢足球赛。双方都说对方霸占电视，有失公平。
>
> 于是，母亲出了个主意："孩子，让我们想出一个大家都觉得公平的法子吧！每人先讲出自己钟爱的节目，有冲突，就来协调。或者，每周一三五由维维决定，二四六由辉辉决定，怎么样？"就这样，兄弟两人拿起电视节目表，一同讨论了起来，还进行了一番谈判。

通过母亲的引导，孩子学会了如何与人协商，以求得双方都满意的结果。可见，要获得一个公平的结果，合作是必须的途径。我们应引导孩子如何与人友好相处，一起合作、探讨。

4. 让孩子学会从别人的角度看问题

维维拿着一件玩具在一旁自顾自玩得不亦乐乎，这时，辉辉却"横插一脚"，抢走玩具，并占为己有。这种现象，在日常生活中其实随处可见。它恰恰显现了孩子的一个典型恶习，即以自我为中心。这种恶习的发生，源于孩子不懂得站在他人的立场上。在应对和适应外界环境时，他们总是理所当然地从自己的角度看待问题。

通常，这类孩子不懂得体谅、关心人，并且在与其他孩子发生矛盾和竞争时，难以适应，更别提合作或分享了。若要颠覆这种"恶习"，我们就必须让孩子学会以别人的视角来考量问题，如此，才能彻底抛掉狭隘的"自我中心意识"。

那么，孩子如何能变得善解人意呢？我们可以运用"移情"策略。

比如，一群孩子玩老鹰抓小鸡的游戏，正玩得开心。突然，一个小女孩滑倒了，大哭起来。这时，我们可以悄悄问自己的孩子："如果是你滑倒了，痛不痛？伤不伤心？现在她跌倒了，你该如何做？"用这种引导方式，让孩子站到其他孩子的立场上考虑问题，从而学会体恤、关爱他人，从而孩子之间乐意合作。

智慧背囊

爱尔兰著名剧作家萧伯纳曾说道："你有一个苹果，我有一个苹果，我们交换一下，一人还是一个苹果；你有一个思想，我有一个思想，我们交换一下，一人就有两个思想。"只有懂得合作的孩子，才能获得共赢。

关于能力

41 鼓励孩子去挑战一次极限运动

勇气和魄力，是孩子胜人一筹的重要品质。做母亲的谁不希望自己的孩子勇敢无畏？但是，一些孩子的性格却呈弱化走势：遇事只知征求妈妈的意见，不离家人左右；性格腼腆，说话轻声细语，不敢独自外出；胆小怕事，怕黑；不会主动跟人打招呼，不喜欢跟同龄孩子一起玩；平时生龙活虎，一到人前就成病猫；拒绝和陌生人说话……这些以"害怕"为主调的表现，全都说明了孩子不勇敢，不敢挑战自我。

当孩子突然间害怕见人、害怕上街、害怕去某个公园时，很多母亲却不知道为什么。

造成孩子懦弱胆小的原因很多，主要是环境和教育因素：孩子的自由被过度限制，不允许独自外出；跟同龄孩子接触太少，导致不合群，缺乏交往经验；被过分宠溺，事事包办，欠缺生活经验；母亲过于严酷，孩子整天草木皆兵、战战兢兢……比如，孩子一不听话，性格急躁的妈妈张口一句："再不听话把你从窗口扔出去！"这时，孩子会吓得乖乖坐在一边，不敢再捣蛋。

孩子经常陷入"怕"的境况，势必会影响其个性发展，缺乏独立性，并给一生投下阴影。所以，母亲要及时消除孩子的恐惧感。只有摆脱害怕，变得勇敢，孩子才能真正成为有作为、有魅力的人。

一位教育心理学家分析，孩子产生害怕心理的原因和成人差不多，关键的区别在于成人懂得如何去战胜恐惧感，而孩子却不知道如何应对。我们应该细心留意孩子害怕的原因，从根本上帮助他们消除恐惧感，培养孩子勇敢无畏的品质，从而让孩子的人生所向披靡、精彩绝伦。

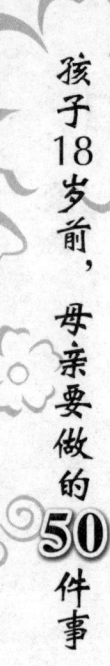

1. 多让孩子亲身体验那些"可怕"的事

面对缺乏了解的未知事物，孩子内心往往会突生畏惧。比如，那些颜色怪异的昆虫、突然从墙角窜出的老鼠、黑暗中的怪声……

很多时候，孩子对一些事物的恐惧感正是来自于母亲的影响，如当母亲看到蟑螂大呼小叫时，孩子就误以为蟑螂是种可怕的生物。在这种情况下，我们不能因为孩子莫名的恐惧而放任孩子逃避、躲藏恐惧源，而应该让孩子多去观察、了解，增加接触的机会，以帮助孩子建立起正确的认知，让孩子认识到那些"可怕"的事物其实并不可怕。如此，孩子的恐惧感便能彻底消散了。

2. 放手，让孩子自己去勇敢面对困难

一天，3岁的小圆正和小朋友们在一起玩耍，妈妈们则站在不远处，一边目不转睛地关注着自己的孩子，一边探讨着育儿经。

这时，小圆跑着跑着，突然脚下一滑，倒在了地上。倒地后，小圆并没有哭鼻子，正要若无其事地爬起来。然而，不远处的妈妈十万火急地奔了过来，万分心疼地抱起小圆，反复问："宝宝，哪儿摔疼了啊？"小圆这才意识到是有点儿疼，于是委屈地大哭起来。其他小朋友看到小圆哭，都四散而去了，原本孩子玩耍妈妈观看的温馨画面彻底破灭了。

案例中的故事在现实生活中可谓屡见不鲜，正是由于母亲的过度保护，使得原本可以勇敢以对、一笑置之的事情却以哭声收场。长此以往，孩子必然会失去那种敢于面对困难的勇气，转而变成温室里的花朵，一旦离开母亲和家庭便脆弱不堪。

作为母亲，我们要端正教育态度，从思想上遏制自己的溺爱、娇宠惯性。让孩子学会自己照顾自己，当孩子遇到问题时，让孩子慢慢学着自己去处理。面对孩子的勇敢，给予夸赞和赏识，激励孩子再接再厉更加勇敢地面对问题，这比一味呵护更有效。坚持下去，我们就会发现孩子变得越来越勇敢无畏。

3. 搞清孩子真正惧怕的东西，对症下药

在有些情况下，孩子会不自觉地做出一些口是心非、言行不一的举动，以此来掩盖他们内心真正恐惧的事物。比如，当母亲要外出办事，单独把孩子留在家中时，孩子总是哭闹不休，不顾一切地阻止母亲外出的脚步。其实，这并非孩子无理取闹，而是他们惧怕独自一人留守在家中。因此，我们要多留点心，去观察孩子的心理和行为背后的内容，了解他们真正恐惧的东西。如此，才能对症下药，药到病除。

比如，我们要以孩子的思维方式，去帮助孩子抵抗恐惧心理。

很多孩子总是在夜晚来临时，害怕那些不曾存在过的鬼怪。那是因为，从小孩子就从童话故事中知道鬼怪的可怕和可恶，因此他们惧怕鬼怪。在这种童真思想下，一味长篇大论地给孩子灌输科学和唯物主义是没用的。最有效、最能保护孩子心灵的做法是告诉孩子："当一个勇敢的孩子在屋里时，鬼怪是不敢溜出来的。你是勇敢的孩子吗？"这样，孩子就比较容易接受我们的话，并会慢慢摆脱恐惧感。

4. 鼓励孩子去冒险和挑战

有一次，明明突发奇想，跟妈妈说，想要到屋顶上去。妈妈便问他："你为什么想要到屋顶上去呢？"明明不假思索地说："上面高，站得高才能看得远。"妈妈点点头："嗯，你的想法不错，而且很有勇气，那你打算怎么上屋顶呢？"

"爬楼梯上去喽，妈妈给我安好梯子，我就能上去啦。"明明自信满满地说。"好，妈妈可以给你拿梯子，不过你要答应妈妈一个请求。"妈妈说道。"好吧，你尽管说。"明明大方地说。"爬梯子和上屋顶都很危险，所以妈妈希望和你一起上去，防止出现意外，你说怎么样？"明明想了一下，便同意了。

于是，在妈妈的帮助下明明顺利爬上了屋顶，他站在上面激动地大喊大叫，脸上溢满成功的光彩。

冒险精神和勇敢是休戚相关的，适当地让孩子去冒险一番，可以令孩子变得更勇敢。有些母亲前怕狼后怕虎，唯恐孩子出点意外，却忽视孩子

内心跃跃欲试的冒险精神。这样，只会让孩子变得懦弱、依赖性强，不利于孩子健康成长。因此，当孩子想要挑战一件需要勇气的极限运动或做有些冒险的事情时，母亲千万不要恐吓孩子："你找死呢吧？""掉下来小命就没了！"……而应对孩子的冒险精神给予支持和适当引导、保护，我们可以说："你真勇敢，让我和你一块儿去好吗？"

5. 母亲要发挥榜样的力量

孩子特别擅长模仿他人的言行，因此，母亲的榜样作用对孩子的影响很大。作为榜样，我们应该树立大无畏的勇敢形象，以此来引导孩子。当然，我们大可坦率地承认自己也曾恐惧过某些东西，但现在已经不再恐惧了。这样，孩子就能放心，原来自己并不是世界上唯一恐惧某些事物的人。然后，从我们的身上孩子也会明白，那些事物并非那么可怕，完全是可以被征服的。这样，孩子就能克服恐惧心理。

为了解除孩子的恐惧心理，我们可以做出一些解释。只有当父母承认孩子害怕的事物是客观存在的时候，孩子才会相信父母的解释。所以，我们要正确对待孩子所恐惧的事物。在平时，我们要多教孩子关于某些事物的科学知识。比如，孩子怕狗，我们就要告诉孩子狗通常不会伤害人，但要学会与它的相处之道。这样，孩子就会产生安全感。

总之，要培养孩子的勇敢品质，我们必须要多加观察孩子的心理变化，经常沟通交流，了解孩子的想法，多给他们一些锻炼的机会，有意识地塑造孩子的独立性。只要坚持下去，我们就会发现，自家娇气的"小皇帝"正渐渐变为一个勇士！

智慧背囊

大诗人歌德曾在一首诗中这样写道："你若失去了财产，你只失去了一点；你若失去了荣誉，你丢掉了许多；你若失去了勇敢，你就把一切都失掉了。"让孩子变得勇敢，也就是给予孩子拥抱一切的机会。

42 树立孩子自我保护的能力

有些母亲经常会抱怨:"我的孩子天性好动,总是喜欢到处摸,到处折腾,对电器尤其是兴趣浓厚。那些电动玩具被拆坏也就算了,最担心的是他还对插头下手,越不让他摸,他摸得越起劲。实在是太危险了,不知该怎么办好……"

孩子好动、好探索,是一种成长的需要。在孩子眼里,外面世界的一切都是那么新奇有趣,召唤着孩子。而孩子也正是通过感官对外界的碰触,才得以获得对事物的认知。孩子的这种好奇心和猎奇心是可贵的,我们应该加以重视和珍视。同时,在这个探索的过程中,孩子必须学会自我保护。作为母亲,我们可从旁协助或事先教导,但绝不能为了保护孩子因噎废食,去扼杀孩子的探索精神。

在教育孩子这个社会问题上,虽然我们主张母亲放手让孩子自行去探索,但是,"安全"却也是一个不得不担忧的大问题。要是限制过多,孩子便会缺少宝贵的生活实践,一旦遇到危险毫无经验,反应迟钝,最终得不偿失;但要是限制太少,孩子便会胆大妄为,无法无天,一不小心便真的出了危险、丢了小命。

总之,不是顾此失彼,就是两头撞墙,令众母亲头疼不已。

其实,二者未必不可兼顾。解决问题的最有效方法,就是教孩子学会自我保护。其实,孩子本身便具有一定的自我保护潜能,所以,父母大可以松开手,让孩子自我锻炼、自我保护、自我成长。如此,不仅保证了孩子的人身安全,也促进了孩子的心理发展,令孩子健康、顺利、平安地成长。

1. 给孩子全面灌输自我安全意识

孩子年纪小，缺乏生活经验，因此自我安全意识薄弱。什么事情不能做、什么地方不可以去、什么食物吃不得、什么东西不能去碰……这些，他们一知半解，偏偏还特别热衷于干那些存在危险的事。比如，看到灯泡一亮一暗，就去研究插头，甚至想用利器把插头撬开。一出现这类情况，母亲便大惊失色、惊恐万分，立刻定下"清规戒律"，也不给孩子机会自我解释一下。

由于孩子惘然不知被禁止的内在原因，不具备安全意识，出于好奇或逆反心理，很快便会继续尝试，结果就可能真的酿成悲剧。因此，若想真正让孩子心服口服地接受我们的劝告，我们应先把自我安全意识灌输给孩子。

比如，可以通过影视、书本、广播等媒介，让孩子亲眼目睹、亲耳听闻因不注意安全而导致的一系列灾祸，以此丰富孩子的间接社会经验，此时，就可列出一些必要的安全守则：过马路要遵守交通法规，绿灯再行；使用电器要注意安全事项；独自在家不可以开门让陌生人进来；不吃陌生人递过来的任何食物；不要随身携带小刀等尖利的危险物件，等等。通过案例教育，让孩子增强自我防护意识。

2. 给孩子体验危险的机会

出于对孩子的爱，一些母亲总是无微不至，看见孩子握着小刀削铅笔，就唯恐孩子会划伤手指，便出手接过替孩子代劳。如此一来，孩子便失去了从实际体验中学习如何应对周围情况的机会。

当孩子面对一些道德价值观错误的网站、报刊杂志、电影图书时，我们不应该让孩子与之绝缘，而是要教孩子如何分辨是非对错，提高孩子的判断能力。此外，针对一些犯罪行为，比如拐带儿童、贩卖毒品等，我们应和孩子一起分析这种社会现象，指导孩子怎么应对陌生人。这样，就算没有母亲守护在身边，孩子也能运用自己的知识和经验来自我保护。

3. 让孩子掌握意外发生时的应急措施

我们要从小事入手，让孩子掌握一些基本的应急措施，以备不时之需，比如，遇到意外和危险情况，要知道如何拨打报警电话110、120等；铭记一些基本的急救或者受伤后的医疗常识；和歹徒狭路相逢时，学会如何找机会逃脱魔掌等。生活中的陷阱和危险，无处不在。如果事先不给孩子打好一剂预防针，那么在遭遇意外时，孩子可能毫无招架之力，无法及时独自化解险情。

一天，苗苗在回家的路上，被几个街头小混混拦住，让她交出身上所有的钱。可是苗苗身无分文，小混混便唆使她给妈妈打电话要钱，否则不放她走。于是，苗苗计上心来，声称自己有一张银行卡，可以去银行提钱。贪财的小混混相信了苗苗。

在银行办理业务的窗口边，苗苗逮住机会写了一张求救字条递给工作人员："后边几个人是坏蛋，替我打110。"然后，苗苗借口推脱要等待办理，和小混混在大厅候着。过了一会儿，警察来了，苗苗也顺利脱险了。

在遇到危险时，苗苗能如此灵活机智，全因妈妈在平日里对其进行的安全意识教育。

孩子不可能永远生活在妈妈的羽翼之下，踏出家门后，也难免遇到各种各样的危险和困境，只有让孩子学会应急措施，他才能独自面对外面的风雨，这比妈妈一直在孩子身旁无微不至地保护、守候更有效。

4. 传授交通安全知识，避免发生"马路意外"

据网上调查报道，每年有近万名孩子在交通事故中受伤，其中一半孩子都在9岁以下，"马路"显然成了孩子的一个意外伤害群发地。其实，如果母亲能及早让孩子掌握交通安全知识，很多意外事故完全是可以避免和杜绝的。

比如，在进行户外活动时，要让孩子靠边游戏，远离疾驰而过的车辆；在过马路时，要让孩子走人行横道线，要遵守红绿灯，教孩子如何绕

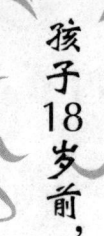

过前后左右的车辆；在路口时，要放慢脚步，不要横冲直撞……这些都是最基本的交通安全知识。

正上六年级的淼淼是个调皮顽劣的男孩，每天骑自行车上学时，他总热衷于和同学们并排列出一个很宽的自行车长方队。浩浩荡荡，场面实在壮观。路上的其他车辆也不得不恼怒地给孩子们让路，所以不曾出过什么意外。

可是一天，领头男孩的自行车前轮撞到了一块石头，车子"哐"的倒地，尾随其后的自行车也一溜烟全被带倒了。结果，同学们或多或少都受了些小伤，淼淼的右手更是不幸地骨折了。

妈妈了解清楚事情起因后，虽然心疼孩子，但还是抓住这个机会对儿子教育了一番，让淼淼意识到，他会受伤，根本原因是他不遵守交通规则所致。

除了靠实际案例，我们还可以通过图片、动画、演讲等形式，给孩子传授交通安全知识。比如，孩子兴致勃勃地在观看动画片时，一旦发现画面里出现交通安全方面的情节，一定要特意指出，加以强调。我们要不遗余力地教导，只有这样孩子才会懂得交通规则的严肃性，才能避免在马路上发生惨烈的意外事故。

5. 在室内，也要让孩子时刻保持警惕

也许有些母亲认为，家是最安全、最无害的港湾，但是千万别忘了，生活中处处埋藏着陷阱。据统计，孩子60%的意外事故不是发生在户外，而是发生在家中。比如，孩子下楼时从楼梯上滚下来，或者玩电插头时触电等。如果我们在平时能教给孩子一些室内安全常识，这类事就不会天天上报了。

在家庭生活中，作为母亲，我们要隔三差五地警告孩子如何避免危险。比如，角落里那些电源开关、墙壁上的插座插头、厨房里的燃气灶……这些都属于危险电器，我们要让孩子时刻保持警惕，在对使用方法一知半解的情况下，不要随意乱动。平时，更要经常解说家庭用电安全常

识，以提高孩子的自我保护能力。在做家务时，要一步一个脚印地教给孩子使用天然气的安全知识，让孩子了然于胸。

另外，在饮食方面，也要让孩子慢点"下嘴"，在吃东西之前要警惕食物是否变质，以求安全饮食、健康饮食。

智慧背囊

在心智未成熟的成长阶段，孩子对意外伤害往往缺乏警惕性和预见性。此时，母亲要做一盏指路明灯，为孩子引导方向，树立孩子自我保护的意识，从根本上保护孩子。

43 教孩子抵制眼前的诱惑

心理学家曾对一批4岁左右的孩子做过一项调查：

研究者把孩子们带进一间陈设简单的屋子，然后给每个孩子一颗非常美味的糖果。同时，告诉他们，如果马上吃掉糖果只能享受一颗；如果等到20分钟后再吃，就能多得到一颗糖果，也就是说，总共可以享受到两颗糖果。

有些孩子迫不及待，瞬间就把糖果吃了；有些孩子则忍住吃的欲望，耐心等待。为了使自己能控制住想吃的糖果，他们有的干脆闭上眼睛，眼不见为净，有的坐在椅子上喃喃自语……结果，这些"耐住寂寞"的孩子享用到了两颗糖果。

研究者继续跟进研究参与这个实验的孩子们，直到他们统统高中毕业。最终得出一个结论，那些抵制住诱惑吃到两颗糖果的孩子，在青少年时期，为了等待机遇仍能卧薪尝胆，他们具备一种为了更高远的目标而暂时放弃眼前利益的能力，即所谓的自制力。而另外那些急不可耐就吃掉唯一一颗糖果的孩子，在青少年时期，则表现得固执己见、浮躁、优柔寡断，当眼前出现诱惑时，他们无法控制自己，一定要立马满足，否则，就没有办法静下心来继续做其他的事。

简而言之，那些能抵制眼前诱惑的孩子的成功率，远远高于那些自制力薄弱的孩子。

在孩子的学习和生活中，也有很多"糖果"诱惑着他们。比如，在课堂上，偷偷聊天的诱惑就相当于"糖果"，如果孩子能抵制住这颗"糖果"，学会等待，那么孩子的学习效率就会大大提升，那么孩子就吃了双份的"糖果"。但如果孩子受不住诱惑，那么即使吃到了眼前的"糖果"，却失去了更多有意义的"糖果"。

所以，我们要培养孩子的自制力，让孩子把有限的时间和精力放在积极有益的地方。

1. 培养自制力，需母亲以身作则

有一个幼儿心理实验，让孩子看有关"自制力"的影像：等爸爸回家了再开饭、公共场所不乱跑、参观展览时不乱摸等。结果，看过影像的孩子比没看过影像的孩子自制力强。可见，培养孩子的自制力，需要榜样作用。对孩子而言，身边最容易模仿的对象就是母亲，母亲自身的自制力将直接影响孩子自制力的培养。

对此，林女士深有体会。比如，林女士和朋友在家打牌，女儿姗姗就打开电视机，坐到旁边做功课；周末林女士没有按时起床，姗姗就理所当然地赖在床上看小说，荒废了每天的英文早读；林女士有事没顾上打扫房间，姗姗书桌上的东西也弄得乱七八糟……

可见，如果母亲自身冲动、懒散、行动缺乏自制，那么只有先增强自己的自制力，才能教孩子如何抵制诱惑。其实，在生活中，母亲若能监督自己做到"不受干扰，精力集中；言出必行，令行禁止；灵活机动，随机应变；抱定目标，持之以恒"等自制行为，那么，孩子在母亲的以身作则下，其自制力必能得到提高。

2. 鼓励孩子克服困难，坚持到底

很多孩子知道迷恋游戏、电视、玩乐不好，但屡改屡犯。可见，自制力需要一种不容妥协的、坚定顽强的毅力，需要孩子克服困难，坚持到底。

亮亮一度痴迷于武侠小说，不仅成绩下滑，还整天委靡不振。但当他意识到问题的严重性后，他依靠自己的力量，抵制了看小说的欲望。亮亮强大的自制力并非天生，而是得益于母亲从小对他进行的自制力培养。

通常，家长会在孩子获得成功后大加赞美，在孩子努力过程

中表现出的自制力却视而不见。妈妈则很看重儿子努力的那个过程，不管结果如何，她总是会先对亮亮为了达成目的而坚持的精神给予鼓励。有时，当亮亮尽了很大的力去做一件事却失败时，也会想要放弃，这时，妈妈就会鼓励他："再试试看吧！""还有没有更好的办法呢？"

当亮亮完成起来确实困难重重时，妈妈便在行动上提供帮助。有一次，亮亮用橡皮泥做大象，大象鼻子总也粘不起来，他就有些泄气了。于是，妈妈给了他几根牙签，让他再试试。亮亮立刻坚持下去，并完美地完成了作品。

我们千万不要小瞧那些战胜困难之后的成功，正是这些小成功支撑起孩子的自制力。自制力，是一种自行支配个人行为的能力，是一种挑战自我的意志力。孩子的中枢神经系统尚未发展成熟，自制力会比较薄弱，所以当孩子有始有终地完成一件事时，我们要鼓励他们，以此培养孩子的自制力。

3. 在游戏中，培养孩子的自制力

春春刚上学，还不太适应小学生活，加上她性格外向、急躁，因此，在很多事上总是很难控制自己，比如，上课随便插嘴、好动坐不住、跟同桌争吵……春春妈妈觉得在女儿这个年龄段，长篇大论的说教没有任何作用。她发现在游戏中反而更容易让孩子明白事理，培养孩子自制力的效果也非常好。比如，让春春当"老师"，她就不自觉地变得很有耐心；学校开展安全教育活动，春春作为"女交警"，竟然史无前例地站在原地"指挥交通"，一步也不离开；和同学玩过家家，春春成为"妈妈"后，立刻变得小心谨慎。

可见，通过游戏，可以使孩子的自制力行为与日渐长，在积累中变成习惯。因此，我们应该多鼓励孩子参与各种培养责任心和自制力的游戏，孩子就能在自然有趣的氛围下发展自制力。

4. 用科学的方法帮助孩子自制

丽华的成绩一直名列前茅，但自从迷恋上网络游戏后，成绩一落千丈。妈妈气得又骂又揍，丽华当下保证不再玩，可背地里还是乐此不疲。上初中后，丽华自己意识到如此下去不行，很想

抵制诱惑，但总是控制不住，以失败告终。妈妈想：以前女儿一门心思在玩上，管教又不得法，所以解决不了问题，现在好了，孩子自己想戒瘾，我应该用科学的方法帮她。

通过一系列心理咨询和查阅书籍，妈妈找到了解决方法。青春期的孩子，容易产生逆反心理，说教不顶用，于是，妈妈改掉了唠叨的坏习惯，写了张纸条放在女儿书桌上："孩子，我知道你很烦恼也很矛盾，你虽然知道沉溺在游戏中很糟糕，但却深陷其中不能自拔。知道为什么吗？因为你的自制力太薄弱了。"

第二天，丽华就主动找妈妈打听怎么提高自制力。妈妈说："没有什么特别的方法，自制力是通常日常生活中的一件件小事逐步磨炼出来的。比如，按时起床，还是睡懒觉；是使劲看电视，还是先完成作业。如果在小事上，多加锻炼，碰到大事，也不会抵制不住诱惑了。高尔基不是说过嘛，哪怕是对自己小小的克制，也会使人变得坚强。"

丽华想了想说道："明早我6点起床，慢跑半小时，妈妈你要督促我。"妈妈听后很高兴。

为了进一步提高自制力，妈妈还制定了一套"自制力五途径"：控制时间，制定时间表，让孩子做什么都有条不紊；控制交往对象，拒绝跟那些把孩子拉向网吧的同学交往；控制诺言，一旦承诺了就必须达成；控制目标，不好高骛远，先一步步实现小目标；控制情绪，乐观开朗地面对学习和生活。

一学期后，丽华不仅戒掉了游戏瘾，而且自制力极强。

智慧背囊

诗人但丁说："测量一个人力量的大小，应看他的自制力如何。"可见，自制力是一种很强大的力量。它能帮孩子搬开情绪上的绊脚石，也能让孩子言行更加得体。自制力强的孩子，总能获得意想不到的结果。

44 让孩子集中注意力于一个目标

有人曾经这样问大发明家爱迪生:"您成功的第一要素到底是什么呢?"

爱迪生给出的答案是:"我认为吧,成功的第一要素是,能够将你身体和心智的能量坚持不懈地运用在同一个问题上,而不厌其烦。你整天都在做事,不是吗?每个人都是如此。如果你早晨6点爬起来,晚上11点入睡,那么你就做了差不多17个小时的事……这期间大多数人做了很多很多件事,而我,只做了一件。也就是说,只要将那些时间全都花费在一个目标、一个方向上,那就能取得成功。"

智慧的犹太人始终认为:"天才,始于注意力。"若想要孩子思维活跃、能力超群,甚至成为小小天才,就要让孩子学会集中注意力于一个目标,攻克目标,成就自己。

不过,大多数孩子的注意力都比想象中更难以集中,做事分心是习以为常的事。有一部分孩子的情况甚至更糟糕、更严重,只要有任何一点风吹草动,都会把他们的注意力从原先的事上瞬间抢走。即便对某门学科有非常浓厚的兴趣,仍无法自主、自觉地集中注意力去学习和研究。

注意力是心灵的唯一门户,意识上的一切都要经由它而进来。一位犹太母亲也曾对孩子这样说过:"注意力,是通向知识世界的一扇窗户,没有它,再丰富的知识也无法进入孩子的内心。"所以,为了避免孩子的心灵门户长久关闭,母亲必须帮助孩子提高他们的注意力和专注度。

注意力是否高度集中，从"一天"的行为上就能看出如此大的差异，那么，一个月或一年呢？不言而明，差别就更巨大了。因此，著名史学家卡莱尔才会这样说："最弱小的人，如果集中精力于一个目标，也能有所建树；反之，最强大的人，如果分心于太多琐事，很可能最终一事无成。"

注意力，可分为"无意注意"和"有意注意"，前者到后者的转变和过渡需要一个发展过程。由于学龄前孩子的无意注意占主要优势，注意力便很容易被分散和转移。有些母亲不了解这一点，一门心思给孩子布置各种枯燥乏味的习题，并强迫端坐在书桌前，孩子自然难以达到这种要求。作为母亲，我们一定要遵循、关注孩子的心理变化，关心培养孩子的有意注意，为有效培养孩子的注意力打好基础：

1. 让孩子的生活过得有规有律

生活节奏和各种活动的时间长短，都会对孩子的注意力造成一定影响。因此，孩子的生活作息，母亲一定要安排妥当、适当，务必让孩子的生活有张有弛、动静相宜。当一项活动转换至另一项活动时，要给孩子一个缓和、轻松的过渡。比如，孩子在户外和小伙伴追逐嬉戏，身心处于一种全然忘我的兴奋状态，回到家中后，很难立刻进入阅读、写作等安静活动项目中。如果我们强行令孩子沉下心来，并集中注意力，是违背科学和生理运作规律的。

不同年龄段的孩子，其集中注意力的时间也大不相同。在为孩子安排各项活动时，我们应把时间周期计划周详、周密，万不可强迫孩子从早到晚坐着一动不动干同一件事。

2. 提高孩子的自我控制能力

孩子注意力容易被分散的另一个原因是自控能力差。当眼前出现新鲜、刺激的事物时，成人可以自我约束尽快回神，而不至被影响，但是孩子却很难做到如此。因此，我们可以有意识地制造一些特殊情境，逐步提高孩子的自我控制能力。大可以利用游戏的方式，将集中注意力这一要求作为游戏角色的行为准则，让孩子身临其境。

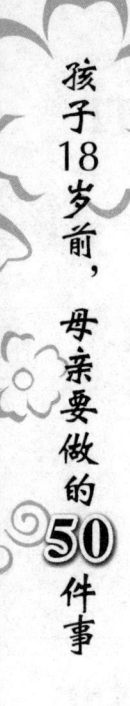

比如，和孩子一起玩"交通警察"的游戏，警察身份设定为每隔3分钟就换一次岗。让孩子扮演交通警察，以此循序渐进地增长孩子注意力的持续时间，并把外在游戏准则化为内在自我控制。

3. 让孩子对自己树立起信心

一个自信的孩子，在集中注意力上也会更为出色。我们可以通过正面引导，或者让孩子获得一些成功经验，这对树立孩子的自信心很重要。只要他们内心承认自己能够集中注意力、心无旁骛地学习，那么孩子便真的就能做到。

在平时，我们要经常对孩子说："孩子，你很棒，我挺你！我相信只要再坚持一下，你会做得比昨天更好。"这种鼓励和心理暗示对增强孩子的自信心有很大帮助。

4. 在兴趣中，增强孩子的注意力

俗话说得好："兴趣，是最好的老师。"任何人在做感兴趣的事情时，都会投入而专心，孩子也是如此。对孩子来说，在一定程度上注意力直接受兴趣和情绪的影响。因此，我们应该把培养孩子的兴趣爱好和增强注意力相互结合起来。

除此之外，也可以利用孩子热爱故事的特点，给孩子买一些故事书，引导孩子阅读的兴趣，从而使孩子的注意力在有趣的阅读活动中得到增强。

5. 给孩子提供一个安静的学习环境

我们应该给孩子提供一个独立、安静的学习空间，以免孩子学习分心。

有的母亲认为，孩子在自己房间做功课，我在客厅看电视或打电话，这完全是"井水不犯河水"。还有一些母亲则频繁进出孩子的房间，一刻不得闲，冷不丁还突然在旁边问一句："这道题怎么又做错了？"甚至，遇上什么独自做不了的事，就使唤孩子帮个忙。如此，孩子的思维不断来回切换，又如何集中注意力在功课上呢？

有一回，丽丽在做作业时，妈妈坐在旁边翻看一本小说。恰好丽丽对

这本书很感兴趣，每次妈妈翻动书页，她就抬头问："妈妈，看到哪儿了？男主角出场了没？"反复几次后，妈妈就明白不能坐在孩子身旁了，于是赶紧离开。切记，一旦孩子开始学习，母亲就应该为孩子提供一个安静的环境。

智慧背囊

作家叶永烈说："犹如凸透镜可以使万千条阳光集中到一个焦点，从而引起燃烧一样，精神智慧的光芒也只有在聚焦效应之下，才能形成突破性的成才能量。"帮助孩子提高注意力，也就是为孩子提供成才的能量。

45 让孩子直面挫折微笑以对

高高的台阶上,一个4岁小女孩"嗖"的跳下来,母亲在下面稳稳接住。这是一个游戏,母女俩玩得不亦乐乎。反复几次后,母亲突然松手,小女孩跌在了地上,吓得哇哇大哭。

这在很多母亲看来,实在不可思议。作为一个慈母,为何要如此残忍地对待自己的孩子?

就这样,被"骗"倒在地的小女孩委屈地坐在地上闹脾气,不愿起来。这位母亲并没有上前抚慰女儿,而是站在一旁循循善诱:"你一定非常生气是吧?怨我怎么没有把你接住是吧?妈妈只是希望你记住,任何事都不可能一帆风顺,不幸、意外和挫折常伴左右。只有笑对挫折,摆平挫折,你才能真正成为一个抗挫能力强的孩子。"

一些母亲,往往对孩子太过娇惯、溺爱,不愿看到孩子遭遇挫折和失败。对孩子百依百顺,孩子若想要什么,哪敢不从;出门在外,左右保护,不敢让孩子受一丁点儿的委屈;不管是游戏,还是竞赛,想尽一切办法让孩子赢……这样做,对孩子的成长没有任何益处。长此以往,孩子衣来伸手、饭来张口,一旦离开母亲的避风伞,遇到一点点磨难,便束手无策,惶恐不知所以然,甚至产生心理障碍,毫无抗挫能力。

逆境、困难、挫折、磨难……人们虽然抗拒这些,但它们有其存在的意义。古今中外,成大事者,无一不在年少时经受过挫折。古人也常道:"富家子弟多纨绔"、"家贫出孝子"。

其实,在每个人的心中,都有一种无可预知的潜能,这种潜能在平日

关于能力

里不会轻易被激发，只有在一些较特别的情况下，才会被触动。对孩子来说，当他们遭受挫折时，当他们找不到问题的答案时，如果能笑对挫折，与挫折化敌为友，便能把挫折变为成功的动力。

孩子不可能一辈子待在母亲筑建好的安乐窝里，他们总有一天要离开爱的港湾，迈向更宽广的天地，他们会经历风雨，会大开世面，会遇到形色各异的挫折。那么，我们的羽翼能有多宽阔呢？能否遮挡孩子一生的风雨呢？如果不曾经历过挫折和磨难，他们又如何具备抗挫能力，如何在大风大浪里奋力前行呢？

让孩子经历一些磨难和挫折，未尝是坏事。很多时候，挫折正是一笔财富。人生在世，不仅需要快乐，也需要挫折和考验。就好像幼苗不仅需要阳光，也需要凉夜和冰冷的露水才能使其成熟。

若真要直面挫折，并微笑以对，却需要莫大的智慧和勇气。所以，教导孩子如何面对挫折，积极乐观地搞定各种磨难，是需要所有母亲认真对待的一个问题。

1. 教给孩子科学正确的"挫折观"

美国知名的人本主义心理学家马斯洛说过："挫折对孩子来说未必是件坏事，关键在于对待挫折的态度上，相同的挫折在产生消极情绪，甚至心理障碍的同时，也可以磨砺孩子的意志使之奋发向上。"

在面对周遭的人、事、物时，孩子的态度常常错综复杂，极易受情绪等因素的影响。一旦遇到挫折，孩子可能会情绪低落，无法以正确的姿态去应对遭遇。这时，我们要从旁观察，并适时提醒孩子："挫折并不可怕，你是一个勇气十足的孩子，一定可以做得很好"、"从失败中汲取经验，下次就能搞定这个问题了"……

我们要有意识地把挫折视为教育的良机，培养孩子的抗挫能力，指引孩子重新站起来，充满自信地再次尝试。同时，让孩子明白，每个人都会遇到挫折，而挫折是可以被战胜的，只要直面它，只要有自信，就可以打败它。

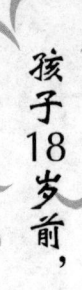

2. 让挫折给孩子一些锻炼的机会

众多发达国家早已意识到"挫折教育"的重要性，并提出了五花八门的方法来增强孩子的抗挫折能力。比如，在日本，孩子从2岁就要开始锻炼：在白雪皑皑的寒冬，让只穿着单裤的男孩和穿短裙的女孩，站在露天体验"冷酷"的滋味，以此来磨炼他们与恶劣环境斗争的意志力和抗挫能力。

所以，我们要趁早改变以往那种"温室养花"的育儿方式，放开手脚，让孩子走出母亲的"庇护塔"，不要忧虑他们会摔着、饿着、伤着。孩子跌倒了，不要帮扶，鼓励他们自己站起来；如果孩子挑食、厌食，就不妨饿他们一两顿；孩子自己的事情，让孩子自个儿去解决，母亲不要插手，比如，要吃饭自己去拿、衣服自己去穿等。

在日常生活中，我们要给孩子安排一些力所能及的事情，万不可把孩子前进中的所有障碍都清除得干干净净，给孩子一些锻炼的机会。

3. 调整一下孩子的心理和情绪

7岁的维维在外出玩耍时，一不小心把新衣服蹭破了。当妈妈发现这个情况时，维维低着头一声不吭。于是，妈妈询问道："新衣服弄坏了心里很难过是吗？担心妈妈会责骂你是吗？"听到妈妈这样说，维维赶紧解释："妈妈，我是不小心弄坏的。我现在可心疼它了……"妈妈顺势开导："傻孩子，我理解你现在的心情，虽然新衣服弄坏了，但你能主动自我反省，这让妈妈非常高兴！"

孩子遇到挫折后，可能会感到恐惧或情绪低落，此时，我们要帮助孩子调整，让孩子认识到，磨难并不等于绝境。

4. 适当地批评一下孩子

有些母亲怕自己把话说重了，伤了孩子的自尊心，所以就算孩子犯了大错，也不敢说孩子半句不是。时间一久，孩子便养成了一种坏习惯，即只听得进褒扬、称赞的话，无法接受任何批评之言。结果，在学校，孩子一旦遭到老师或同学的责怪就逃课、厌学、打架、闹事，与他人发生冲突；在家里，母亲稍有责备，孩子就哭闹不休、大闹不止，直到母亲把好话说尽了，才善罢甘休。

作为母亲，要让孩子懂得，每个人都有弱点和软肋，有些甚至自己并不清楚，但别人很容易看见。只有当别人出言批评指出时，才会清楚自己错在何处、何错之有。别人指出那些毛病，并非出于讨厌，而是在帮助自己改正。缺点并不可怕，改正了才是好孩子，才更招人喜欢。总之，必要的批评，可以使孩子得到感悟，变得通情达理，并增强自身的抗挫能力。

5. 让孩子自己去体验挫折和真实世界

当母亲说教或下命令时，孩子的逆反思想便会蠢蠢欲动。所以，与其强制对孩子灌输成人的认知和经验教训，不如放开怀抱，让孩子自己去体验挫折，认识真实的世界，让孩子更独立。我们应大力满足孩子想要独立的愿望，引导他们自己"走路"。亲身经历挫折、困境和生活的艰辛，这便是一种学习和成长。让孩子拜生活为师，远比片面说教更有作用。

一天傍晚，莎莎和妈妈在外出回家的路上，看到了一个卖西瓜的水果摊，顿时嘴馋，莎莎求着妈妈买。妈妈为难地说："这里离家还有好长一段路，抱着回去，太费力了，改天再买吧。"莎莎立刻不高兴了，叫道："我想吃西瓜，我想吃西瓜嘛。你要不让买，我以后啥都不听你的！"妈妈思考了一下，便说："好，买可以，但你必须自个儿抱回家。"莎莎答应了。莎莎抱着西瓜，没走几步路，便累得一头汗，一路休息了好几次，妈妈始终"袖手旁观"。

在这里，通过挫折教育，孩子体验到了现实的经验教训。古人说："纸上得来终觉浅，欲知此事须躬行。"孩子通过书本、师长的言传身教获得经验，总是不如自己亲身去体验来得深刻。

智慧背囊

挫折并非"一无是处"，对孩子来说，挫折是良师益友。不管孩子遇到何种挫折，母亲都应引导孩子直面挫折，这才是最佳的教育方法。只有笑对挫折，与挫折握手言欢，孩子才能真正"破茧成蝶"。

己所不欲，勿施于人。行有不得，反求诸己。

——《白鹿洞书院揭示》

关于交往

关于交往

46 带孩子一起去拜年

春节期间最重要的大事之一,便是拜年。带着自己的宝贝疙瘩"举家出访",是温馨美好的,却也烦恼多多。孩子往往不怎么喜欢大人们那些"社交"活动,也总喜欢给妈妈们闹出一些"意外之喜"。

据调查,在过年走亲访友这样的社交活动中,很多孩子沉默寡言,不是害羞胆怯,就是傲慢孤僻。面对作客或者迎客,他们"走而上策",能回避则回避。遇到孩子这种表现,很多母亲都很无奈,并为孩子的人际交往而担忧:若长此以往,孩子如何能游刃有余地与人交往呢?

对此,成功的妈妈们为我们提供了一些建议。

提倡以身作则的张伟妈妈说:"孩子具有非常强悍的模仿能力,周围的环境和他人的行为,尤其是母亲的身教对孩子的影响很巨大。如果母亲本身很少跟亲朋好友往来,孩子又如何能体会到交往的重要性呢?若想孩子性格变得开朗,遇事沉着,那么母亲和他人的交往也要广泛一些,让孩子有很好的模仿对象。"

擅长使用一些"小手段"的丽芳妈妈说道:"若想培养孩子的人际交往能力,首先就要让孩子乐于跟着父母跑动。我女儿丽芳是一个很内向的孩子,每次带她去串门儿,她总是低头一声不吭。有一次,我故意约了两个有差不多大孩子的朋友一起去郊游。一听说有两个小朋友跟自己一起玩,丽芳一下眉开眼笑,高兴地带上自己最喜欢的玩具,跟着我一起去参加聚会。三家人聚在一起,气氛非常活跃。孩子们也学着妈妈们的样子抱拳拜年,彼此问候。以往,丽芳在长辈们面前总是不爱说话,一见到陌生人,尤其紧张,死死躲在我身后。那天,几个孩子凑在一起,互

相比谁更有礼貌,叫人叫得特别响亮,丽芳也变得开朗了,跟其他孩子相处得非常好。"

其实,拜年不仅增加了孩子的社交范围,也为孩子提供了一个模仿和学习的场所。我们在与亲朋好友聚会时,也要为孩子们提供一个聚会场所。这样做,一方面孩子不会打扰父母的应酬,父母可以轻松一些;另一方面,孩子们也得到了与人相处的机会和提高自身交往能力的机会。

另外,在拜年时,我们千万不要忽视孩子的情绪。在孩子精神不振之时,可以聊一些和孩子有关的话题,也可以让孩子发表一些自己的"高见",或者,可以让孩子展示一下个人特长,比如唱歌、跳舞、讲故事,等等。如此,孩子就不会感到无聊或被冷遇,就能感受到与人交往的乐趣。

带孩子一起去拜年,除了要避免孩子无聊、孤独外,还有一点母亲一定要注意,那就是孩子的年龄。不同年龄段的孩子,对其应有不同的要求。

未满周岁的孩子如何拜年?

假如孩子未满周岁,那么我们无须对其太过苛刻,孩子有权享受"唯我独尊"的待遇。这个年龄段的孩子,不必要求他们给每位亲朋好友都拜年;出门拜访的时间安排应遵循孩子日常的作息;拜年活动的时间不宜过长,必要时可以早退;避免让孩子频繁参与拜年活动。总之,以不打破孩子的日常习惯为准,不要累着孩子,也不要因为拜年打乱生活环境。

对幼儿而言,神经系统、免疫系统的功能还很不成熟,适应、抵御、挑战环境变化的能力都很有限,他们需要母亲的仔细保护,不该频繁地接触"社交领域"。我们千万不要因为顾忌礼节或长辈的要求而强迫孩子,亲朋好友自然会包容小小幼儿的力不从心。

1~2岁的孩子如何拜年?

带1~2岁的孩子拜年是一件愉悦的事,因为他们对事物好奇,总是兴高采烈,很好打交道也很合作,他们举止仪态非常有趣,常能带给长辈快乐。不过,我们可千万别高估了孩子的应变能力,拜访前,应该做好万全准备。否则，将无法给孩子的"社交经历"留下更多美好、成功的经验。

出门时，我们要记得让孩子带上他们习惯吃的食物或一些喜欢的小零食，就算孩子已经可以食用一些成人食品，但还是可能会对别家的食物不习惯。还要记得为孩子带上一套备换的衣服，以防孩子弄脏衣服，没有干净衣服穿。到了亲朋好友家，可以拜托主人为孩子提供一个相对安静的场所午睡。

试想，一个没吃饱、困倦，或衣服脏兮兮的孩子如何能保持愉悦的情绪呢？虽然，这个时期的孩子乐于交往，但也极易疲劳，并且没有让自己安静下来的控制力。这时，母亲要及时给予帮助，比如，把孩子带去安静的房间，稍作休息。

3～4岁的孩子如何拜年？

这个年龄段的孩子非常有个性，他们的思维能力和智慧开始显现，并且出人意料，他们有主见，并且很独到。不过，有些时候，又突然变得像个婴儿一般幼稚、不可理喻，他们发起脾气来不分场合和时间，还不易劝解。总之，和这个时期的孩子一起去拜年，是一次冒险，母亲不得不做好"颜面扫地"、"哭笑不得"的准备。就算当下已经气得七窍生烟，也别奢望正闹脾气的孩子可以体谅我们，为了我们的处境而收拾一下杂乱的情绪。这种奢望，就跟希望天上掉馅饼差不多。

确实，孩子乱发起脾气来，简直可以令父母难堪到想挖地洞躲起来。遇到这种情况，我们必须理智，必须比孩子成熟。我们可以把孩子带去一个没人的场所，让他安静地待上一阵，以"时间疗法"治伤。

如果在出门前孩子想带上几件喜欢的玩具，我们应该尊重、理解这类意愿。虽然，这时期的孩子渴望外面的花花世界，但胆怯是免不了的，出门在外必须随身携带一些熟悉之物，以便自我慰藉。同理，不要看到孩子玩得兴致高昂，就放心地把孩子独自留在主人家，自己上别处转悠。因为，就算孩子玩得不亦乐乎，也不会忘了妈妈，隔一会儿，他们就会回头去看看，确保妈妈就在身边才会安心，才会继续玩。为了避免孩子受惊，母亲不可离开太久。

5～6岁的孩子如何拜年？

通常，这个年纪的孩子已经上了幼儿园，有了一定的人际交往经验，小事小灾会少很多。很多时候，他们喜欢把自己当成成人，他们急需一种更成熟、更公平、更自然的交往方式，他们不再甘愿受到父母的指挥。对此，我们应该宽容一些。

对这个时期的孩子来说，拜年的乐趣来自于同辈间的交往。所以，我们应该让孩子多跟同龄孩子相处，并且不要打搅他们。当然，孩子间的交往，不可能一帆风顺，哭闹、打架在所难免。但是，不到万不得已，母亲不要出面，应让孩子自行解决。孩子之间自有规则，也自有和好如初的本事。

另外，带孩子一起去拜年时，一定要注意一些拜年礼仪，防止那些不经意的失礼行为给原来愉快的拜年带去不和谐。哪些礼节需要孩子注意呢？

第一，在语言方面的拜年礼节。

首当其冲的是称呼，尤其是让孩子拜访长辈，称呼是最起码的礼貌。事先，我们要教导孩子，见到什么人称呼什么。得体的称呼，会令长辈心情愉悦，从而增进孩子和长辈之间的情谊。

除了问候通常的"新年好"之外，还应教孩子一些简单的吉利话。比如，拜访老人说"寿比南山"等；见到叔叔可以说"步步升高"等；见到哥哥、姐姐可以说"更上一层楼"等。尤其要提醒孩子的是，万不可说不吉利的话，比如，杀、病、死、穷等词语。虽然有点迷信，但是听者心中会不舒服，特别是商人或老人。万一，孩子不小心说漏嘴，母亲应马上圆场或岔开话题。

第二，在行为方面的拜年礼节。

过年期间，每家都会备上各种糖果。如果孩子不爱吃，千万别当众生硬地拒绝主人的殷勤，否则不仅辜负了他人的一片盛情，也会显得孩子没礼貌。遇到这类情况，可以让孩子先道谢，然后尝一点儿。如果主人再次奉上，可以说："很好吃，但我已经吃饱了，谢谢叔叔。"反之，如果碰上孩子爱吃的东西，则要适可而止，不要一副"吃不了兜着走"的馋样儿。

关于交往

带孩子拜年，总会遇上各种意外，比如，孩子突然哭闹不休或打碎主人家物品。如果孩子闹脾气后无法哄好，就要及时告辞主人。如果孩子失手打碎花瓶或碗碟，母亲要即刻以"碎碎"平安等说辞来圆场，然后表示歉意，打扫碎片；如果被打碎物品有一定价值，母亲应为孩子的过失加以赔偿。

智慧背囊

英国哲学家约翰·洛克说："礼貌是儿童与青年所应该特别小心地养成习惯的第一件大事。"带孩子去拜年，是考验孩子礼节的一个最佳渠道。

47 鼓励孩子自己去调解纠纷

在漫漫成长过程中，孩子会接触到各类各样的人和事，遇到各种各样的问题和纠纷。很多母亲认为，自己孩子的年纪尚小，不具备自行解决各类问题的能力。其实，这种观点大错特错，实际上，即便是再小的孩子，也懂得利用一些计谋和策略来解决麻烦。因此，我们无须冲在孩子前头包办一切问题，也不要在孩子不需要帮助之时自作主张替孩子解决问题。

让孩子学着自己调解纠纷，这是孩子成长过程中必不可少的一课。妈妈们一定要记住，孩子如果失去锻炼的机会，独自解决问题的能力就会衰退，一旦遇到难题便会束手无策。美国心理学家经过研究发现，孩子是否能成功解决问题，最主要取决于孩子的经历而非智商。

我们应该适时放手，让孩子有更多尝试、验证的机会，并给予满满的鼓励和具体的行为指导，让孩子积累经验，得到锻炼，从而增强独立处理问题的能力。有时，母亲只要稍作指点，孩子便能比较完善地解决问题。

张茵喜欢做个"懒"妈妈，只要女儿嫣儿自己能解决的事情，她都会"袖手旁观"，最多也就是给嫣儿一些意见或一个框架。在培养女儿解决问题的能力方面，她引导孩子把焦点放在解决问题的方法上。

比如，嫣儿5岁时，有一次在院子里玩，回来后委屈地对张茵说："妈妈，我的玩具小熊不见了，小伟告诉我被洋洋拿走了！妈妈，你帮我要回来吧。"张茵无可奈何地对女儿说："妈妈管不了其他小朋友，你自己想办法拿回来吧。"嫣儿立马说："我明天去幼儿园跟老师说。"

"嗯，这是个办法，但不怎么好。你想啊，洋洋拿走玩具小熊可能不是故意的，只是忘了还给你，也许他的妈妈突然叫他回家，他没来得及给你。要是告诉老师，他一定觉得丢脸死了！你再想想看，还有没有更好的办法。"见嫣儿做沉思状，张茵继续说："你慢慢想，想出来了自己去解决吧。"

两天后，嫣儿得意地告诉张茵，洋洋把小熊还给他了。原来，嫣儿编了个童话故事，趁洋洋在场的时候讲给大家听。故事大致是说，小猴突然被猴妈妈叫走了，匆忙间带走了小松鼠的玩具，小猴发觉后，第二天把玩具还给了小松鼠，正因为丢失玩具而哭泣的小松鼠高兴地上蹿下跳……结果，洋洋第二天把小熊还给了嫣儿，还道了歉。

张茵夸赞道："这多好呀，不但没影响和洋洋的关系，还把小熊拿了回来。以后遇到麻烦，要多考虑几种办法，然后选最佳的去做。"

在嫣儿7岁时，有一件事给张茵留下了深刻的印象。

有天，嫣儿垂头丧气地回来，晚饭没吃几口就放下了。张茵问她怎么了，嫣儿难过地说："今天可郁闷了。上课时王立悄悄把我的笔藏了起来，我打了个手势让他还给我。结果被老师看见了，以为我在捣乱，当众批评了我！"

"这件事嘛，有两个解决方法，一是忘记它，反正生活中总有很多这样的误会，你可以不理会。另一种是澄清它，想办法让老师知道你的委屈。该怎么做，你自己决定吧。"张茵很快给女儿提供了选择方案。

当晚，临睡前，张茵的丈夫神秘兮兮地说："老婆，你知道女儿怎么处理这件事的吗？你一定想不到，她给老师发了封电子邮件！"原来，嫣儿的学校新开了"打字课"，老师让每个孩子用电脑写周记，嫣儿便在周记里述说了自己的委屈，并电邮给了老师。老师明白事情原委后，很快回复了一封道歉信。

嫣儿解决问题的沟通能力，与日渐长，超出了张茵的想象。作为母亲，张茵很是欣慰。

人们常说："授之以鱼，不如授之以渔。"孩子遇到问题，张茵并不是一味代劳或为孩子出头,而是教孩子一些常用技能,并鼓励孩子自己去调解纠纷,这是一种锻炼孩子交往能力的好方法。掌握解决问题的技能,跟学习其他技能一样,在起初,都必须经过不断磨炼。

作为母亲,该如何磨炼孩子自行调解纠纷、解决问题的能力呢?

1. 多提问,训练孩子解决问题的思考能力

一位育儿专家给孩子们出了这样一道题目:如果从二楼往下丢一个鸡蛋,如何做才能让鸡蛋不破?这道题并非脑筋急转弯,也没有任何官方答案。育儿专家出这道题的唯一目的,便是以此激发孩子如何解决问题的思考能力。这就是所谓的"头脑风暴游戏",我们也可以借鉴,在平日多向孩子提问,让孩子思考多种处理问题的方法。

当然,我们不需要完全仿效育儿专家的这道题目,而是提问一些在日常生活中总是会碰到的问题。比如,妞妞很喜欢跳舞,可是因为肥胖,被淘汰了,她该怎么办呢?菲菲受大孩子的欺负,害怕去学校上课怎么办?诸如此类问题。提问后,我们要鼓励孩子把所能想到的办法都列举出来。不管那些主意有多么荒诞、可笑,都不能取笑孩子。然后,跟孩子一起分析这些想法,也可以让孩子和其他小朋友一起讨论,选出大家认为最好的办法。

只要经常重复这种训练,在面对难题时,孩子就能多动脑子,想出尽可能多的解决方法,从而更灵活、更有效、更机智地处理问题。

2. 让孩子在生活中锻炼解决问题的能力

提高孩子调节纠纷、解决问题的能力,不能光是纸上谈兵,最终要付诸实践和体验。我们应该有意识地为孩子设置一些锻炼的机会,包括设置挫折。比如,让孩子独自去邻居家借东西,故意晚点去学校接孩子,把给家政公司打电话清理下水道的任务交给孩子……从中让孩子学会与人沟通,提高遇事的应变能力。

一位母亲下班到家时,发现早已放学的女儿百无聊赖地蹲在家门口。原来,门锁由于长时间没有上油而很难打开,女儿被困在家门外。见到妈妈回来,女儿立刻喜上眉梢,赶紧把钥匙递给

妈妈："这锁可难开了，我打不开。还是妈妈来开吧！"

这位理智的母亲并没有为女儿代劳，而是做出一副无能无力的表情说道："这么简单的问题不需要妈妈出马吧？假如我今天不回家，你怎么办？"女儿顿时感到很委屈，眼泪开始打转，这位母亲又说："你仔细想想，别人要是遇到这种事会怎么做？"

女儿想了想，一拍脑瓜："往孔里滴几滴润滑油吧！"但很快又垂头道："可现在没油……"母亲没有吭声，又想了会儿，女儿开始翻书包，掏出文具盒的时候，笑了。随即，她用削笔刀削了点儿铅笔芯末，然后把它们倒进钥匙孔里，门就这样被顺利地打开了。

在日常生活中，孩子一旦遇到突如其来的事件，母亲应让孩子学会自己去解决。比如，停电了，怎么点蜡烛；遇到火灾，怎么使用灭火器；煤气泄漏，该怎么控制等。如此，一旦孩子独自一人时发生什么意外情况，也能得心应手地处理了。

3. 让孩子独立处理人际问题

只有学会与人相处，学会解决问题，孩子才能在人际关系中游刃有余。作为母亲，我们要相信孩子可以通过实际操练，最终寻得解决问题的方法。

一位母亲让儿子去楼下书报亭买本杂志，孩子买回了杂志，并找回了一张五元的纸币。回到家，他把书和钱统统递给了妈妈。然而，母亲发现这张纸币缺了一个角，便对儿子说："儿子，你把这钱拿回去，让叔叔换张好的。你要考虑清楚怎么对叔叔说，人家才肯换。"

过了一会儿，孩子回来了，手里依旧拽着那张缺一角的五元，气愤地说："我让叔叔给我换一张，他说我无理取闹，让我走开。"

母亲说："你还得再去一次，想想怎么和叔叔谈判。"

孩子又出去了，但这次仍然没有成功："我跟叔叔说，要是他不给我换，我就不买他的杂志了，可他还是不换给我，怎么办？"

"你再想想，有没有其他好点的办法？"

孩子再次去了，回来时手舞足蹈，递给妈妈一张完整的五元。妈妈忙问："你是怎么换来的？"孩子兴奋地说："我对叔叔说，是他先不诚信的，如果不换，我就把这事告诉所有同学，不让他们来买杂志，让他失去一大批老主顾。叔叔一听，就马上给我换啦。"母亲高兴地称赞了孩子的机智。

其实，很多时候，看似一件很简单的事情，我们完全可以帮孩子很快地处理掉，但是孩子以后遇到相同的问题时该怎么办呢？所以，让孩子独立处理人际问题，不仅能让孩子学会独立思考，还能锻炼他们独立调解纠纷、解决问题的能力。

智慧背囊

美国教育家杰罗姆·布鲁纳认为，父母应该充当孩子的"脚手架"，为孩子处理问题提供一个"框架"，然后让孩子自己动脑筋、想办法去处理。

48　让孩子自己招待一次他的小客人

当家里来了小客人，孩子要么漠不关心，要么霸道无比，不准小客人动自己的任何东西，也不愿意陪小客人玩耍。你是不是也遇到过这种问题？是不是也总是因此而颜面尽失？面对这种情形，我们可以让孩子自己招待一次小客人，争当一个礼貌、好客的小主人，引导孩子学会分享和交往。

　　磊磊是个很讨大人和小朋友喜欢的男孩儿，可是，每次家里来了小客人，在大人们愉快聊天之时，孩子们却总是状况连连，最后闹得家长们带着各自的宝贝不欢而散。磊磊的妈妈王佩英决定让磊磊充当一回"招待人员"，搞好"招待工作"。

　　下午5点左右，王佩英回到家对磊磊说："今天，家里要来几位客人。妈妈给你布置一个任务，招待两位小客人。你得保证让他俩玩得开心，能做到吗？""能！"磊磊腰杆挺得笔直，把手举到眉前，向王佩英敬了个礼。

　　随后，磊磊帮着王佩英准备客人穿的拖鞋，收拾屋子，还特意为小客人准备了一些零食。王佩英笑着开玩笑道："这些都是你喜欢吃的东西，舍得给其他小朋友吗？"磊磊正儿八经地说："要想小客人玩得开心，当然要准备一些好吃的，嘴巴满足了，就不闹啦！"

　　刚准备完毕，门铃就响了。磊磊见到了他今天的"招待对象"，原来是冯阿姨家的媛媛和王阿姨家的小辉。磊磊礼貌地让两个小客人穿上拖鞋，然后把他们带去了自己的房间，让他们玩自己的玩具。看到小客人们玩得很开心，磊磊顿时松了一口气，跑去跟妈妈汇报战果："我把玩具给了媛媛和小辉，他们在屋里玩得很开心！"

王佩英当即表扬了磊磊，表扬的同时，王佩英又问儿子："虽然他们现在挺高兴的，但是过会玩腻了，无聊了，该怎么办呢？"磊磊拍了拍胸脯道："妈妈，看我的！"

磊磊重新回到自己的房间，边和他们一起玩儿，边观察他们。看他们玩得差不多了，磊磊便婉转地对他们说："嘿嘿，去我家的书房看看吧，书房电脑里还有很多好玩的小游戏呢！你们玩不玩？""玩！"小客人们高兴地答应了。

到了书房，磊磊打开游戏，对小客人们说："我先给你们示范一遍，然后再让你们玩，好不好？"小家伙们自然没有异议，于是，磊磊开始示范。然而，由于玩得太投入了，磊磊把小客人忘在了一边。

这时，媛媛急道："快给我们玩一玩呀！"磊磊赶紧让位给媛媛。媛媛玩了一次后，接着小辉玩。由于游戏太有意思，小辉玩得忘了时间，忘了周围的一切，任凭磊磊和媛媛如何在一旁催促，他都只是嘴里"嗯"着，屁股却坐着一动不动。

当下，磊磊心里非常生气，有没有搞错，这明明是自己的家、自己的游戏，他却霸占着不放手。磊磊很想骂小辉一顿，或揍他一顿，但一想到自己是绅士，是小主人，就忍住了。为了不让一旁的媛媛哭闹，他还拿出了自己最喜欢的巧克力，让媛媛饱了口福。

这次的招待任务圆满完成，通过这番锻炼，磊磊懂得了照顾、忍让，也懂得了如何跟小伙伴友善交往。

让孩子招待小客人，不仅体现了孩子的礼节和教养，更培养了孩子的人际交往能力。那么，在面对小客人时，该如何教孩子礼貌、和善呢？我们可以试试以下三个方法：

1. 经常带孩子去模范小朋友家"偷师"

所谓近朱者赤，近墨者黑，多让孩子接触一些懂礼貌、善交际的同龄人，孩子自然会受到感染。平日，我们可以经常带孩子去一些模范小朋友家做客，让孩子和他们一起玩，在偷师的同时，也让孩子自己站在小客人的立场上，体谅小客人的心情。离开时，可以鼓励孩子邀请小朋友来自己家回访。

回到家后，我们可以询问一下孩子：你今天玩得开不开心呀？你和小朋友都玩了些什么？一个人玩有趣还是跟其他人一起玩有趣？对方小朋友是怎么招待你的？要是那个小朋友也来咱们家做客，你打算怎么招待人家？……总之，我们要让孩子自己去体会交往的乐趣，同时引导孩子向模范同龄小朋友学习。

2. 事先做足准备，事后大加鼓励

在小客人来访之前，我们可以先跟孩子达成协议——不准把小客人弄哭。然后，问一问孩子："张莉莉要来家里做客了，作为小主人，你准备怎么去招待她呢？"我们可以给出一些提点，比如，小客人一进家门，要问好；小客人饿了，可以拿出小甜点招待；小客人无聊了，可以选择一些玩具和小客人一起玩。最后，提醒孩子为即将到来的招待做足准备工作。

一旦孩子表现良好，我们就要给予嘉奖和鼓励，比如，"你今天表现得非常好，你是一个称职的小主人"、"你可以主动向小客人问好，还把自己喜欢的漫画书给小客人，你真是懂事"等。一旦孩子做的事得到了鼓励和肯定，孩子就会继续保持下去，并养成习惯。因此，当孩子表现出色时，我们绝不要吝惜赞美之辞。

当然，假如孩子已经养成了"无礼"的恶习，是无法仅靠一次拜访或一次待客就能轻易改变。所以，在平时，我们要让孩子多跟同龄孩子交往，耐心引导，让孩子学会"应酬"。只要坚持，相信孩子一定会有巨大的进步。

3. 通过角色扮演，让孩子得到经验

在家里或者幼儿园里，可以教孩子玩一玩角色扮演的游戏，让孩子轮流当小客人和小主人，通过反复扮演，使孩子得到当客人和主人的经验，从而刺激孩子以最快的速度学会交往。比如，让一个孩子从敲门开始演练，该如何问候，如何招待；让孩子特意扮演"不懂礼貌"的反面人物或

"懂得交往"的正面人物，在强烈对比中慢慢懂得如何做一个受欢迎的小客人或如何当一个无可挑剔的好主人。

让孩子招待小客人是值得鼓励的事，但是为了防止发生不愉快的事情，作为母亲，一定要注意以下几点：

注意一，不要随意干涉孩子们的交往。

当孩子和小客人在一起玩闹时，除非他们需要必要的协助，否则不要去打扰，给他们一些自由的空间。当然，如果孩子们太过喧哗，影响到大人，那么我们可以适时打断："哇，你们玩什么这么热闹？我来看看！"然后查看他们的行为是否安全，在不破坏孩子们兴致的前提下，提醒孩子小声一些，以免伤害孩子的自尊。

注意二，保持公正公平，一视同仁。

不管是自己的孩子，还是客人带来的孩子，我们都应保持公正无私的态度。不要因为是别人的孩子，就敢怒不敢言或者吝惜赞美。该赞美就赞美，该劝诫则劝诫。比如，家中一向以来的规则是"不可以穿着溜冰鞋进客厅"，那么，就不要破例，不要纵容，应该让小客人也遵守大家共同的规则。

注意三，让孩子出于自愿地去分享。

我们不要勉强孩子把自己的东西跟小客人分享，尤其是孩子万般珍贵或极易弄坏的物品。与其让小客人眼红、孩子又不舍得而闹得不可开交，不如事先帮孩子把喜爱之物收起来，拿出一些孩子愿意分享的东西。一旦来不及收起，就尊重孩子，让孩子拿一些其他玩具作为交换。这么做可以让孩子明白，在别人家做客时，别人也会有不愿意分享的东西。强迫孩子分享，只会令孩子产生反感，从而厌恶小客人来访，厌恶与人交往。

注意四，不要强迫孩子招待陌生客人。

一些偶尔来访的朋友及其孩子，孩子不熟识，会感到惊恐，所以刚开始不要勉强孩子招待。我们可以请孩子在一旁当小助手，帮忙端茶递水之类的。多次以后，孩子自然会掌握招待技巧，也会知道如何当一个好主人。平时，我们可以让孩子参与一些简单的家事，培养孩子成为一个好助手，直至成为好主人。

注意五，让孩子知道小客人的特殊习性。

作为母亲，我们应该事先打听好小客人的一些特殊习性。比如，事先确认小客人是否对某种食物会有过敏反应，以免误吃，也避免孩子因为小客人不吃自己给的东西而排挤对方。此外，还应事先了解小客人当下的身心发展。比如，小客人太年幼无法握牢玻璃杯，这时就要事先准备塑料杯，以免发生意外。

智 慧 背 囊

英国剧作家莎士比亚说："在宴席上最让人开胃的就是主人的礼节。"让孩子懂得礼节、学会招待小客人是一项人生必要的技能。

49 鼓励孩子大胆向路人问路

不管是生活、工作，还是娱乐，孩子都和陌生人有着千丝万缕的联系：孩子吃陌生人生产的食品，补充身体的能量；孩子在网上四处浏览，接收着陌生人传播的信息；孩子在街上行走，享受着陌生人打扫的干净街道……教孩子处理好和陌生人的交往，将会使孩子在社会中更游刃有余地把握住人际交往的平衡。

大多数孩子面对陌生人时，都会有一种潜在的恐惧感或逃避情绪，尤其是在母亲的千叮咛万嘱咐下："不要和陌生人说话！"更是把陌生人视为洪水猛兽。当孩子在陌生人面前低头不语、结结巴巴或面红耳赤时，当孩子跟人交流出现障碍时，母亲才意识到让孩子远离陌生人是错误的，而应让他们学会和陌生人交往。

若想当一个有智慧的母亲，就应该放手让孩子自己去认识、接触陌生人，让孩子成为"主角"，而我们只需要给孩子一些恰当的引导、积极的鼓励、全面的评价就行了。总之，母亲应该成为"配角"，这才是聪明的做法。

周末，万芳带女儿佳佳去植物园玩。从植物园出来后，由于路线不熟，母女俩迷路了，不知道如何才能到公交站。万芳对佳佳说："你去问问那个婆婆去公交车站怎么走吧？"佳佳面露难色："还是妈妈去问吧……"

"佳佳长大了，可以自己去问了呀。"万芳鼓励道。佳佳一看妈妈坚持要她去问路，顿时紧张起来，小脸儿涨得通红，低着头使劲扯自己的小包。佳佳的神情很明白地显示了，她恐惧跟陌生人打交道。万芳自我反省了一下，自己似乎从来没要求佳佳主动去和陌生人打交道过。每次，这孩子一见到生人，就羞怯地躲在自己身后一句话也不说。

孩子敢于向路人问路，懂得如何正确地跟陌生人打交道，是一种交往能力，也是一种生存技能，是长大后迈入社会所必需的基本素质。所以，万芳决定趁此机会帮佳佳突破长久以来的心理屏障，培养她与陌生人沟通、交往的能力。万芳思考了一下，灵光一闪："佳佳，我们来玩石头剪子布怎么样？"这是佳佳乐此不疲的一个游戏。

佳佳立马积极响应："好啊，好啊！那赢的人做什么？输的人又做什么？"

"输的人就去问路，怎么样？"

佳佳想了想，一狠心答应了。为了防止佳佳过一会儿输了赖皮，万芳强调道："说话可要算数哦，不讲信用的孩子不是好孩子。要是你输了做不到怎么办？"

佳佳拍着胸脯保证道："妈妈，我一定遵守规则！愿赌服输！而且谁说我就一定输？"万芳拍了拍佳佳的肩说："嗯，妈妈相信你！那我们开始吧！"

第一轮，万芳输了，佳佳高兴得蹦跶起来。于是，万芳找了个路人，问了一次路。第二轮，佳佳输了，这下她可傻眼了，呆愣了半天，最后终于耷拉着脑袋朝一个婆婆走过去，都站到人跟前了，还是低垂着头，把那个婆婆吓了一跳。佳佳盯着自己的鞋尖，低声问："婆婆，请问附近的公交车站怎么走啊？"婆婆是个热心人，详细地告诉了佳佳行走路线。打听完毕，佳佳红着脸说了好几声谢谢赶紧跑回来。

见佳佳顺利完成任务，万芳一把抱住她，鼓励道："佳佳真棒，妈妈就知道你准行！"随即又问："那我们还继续玩吗？"佳佳不假思索地答："玩呀！"就这样，母女俩一路问一路玩，万芳和佳佳分别都问了好几次路。到最后，对佳佳来说，问路不再是件可怕的事了，轻轻松松便完成了。

回到家，万芳兴奋地高喊："特大好消息咯！佳佳今天干了一件特了不起的事！"佳佳爸闻声而来，抱起佳佳高兴地问："啥好消息这么高兴呀?""女儿以前不敢问路,今天一个人问了8次路,而且脸不红心不跳,了不起啊!"

在万芳的赞扬下,佳佳乐滋滋地给爸爸讲起了玩游戏和问路的整个经过……

在孩子不敢问路、羞于跟陌生人对话时,万芳没有像其他母亲那样怒其不争:"瞧你,扭扭捏捏的,真没出息,你看人家小朋友,胆子多大啊!"也没有唉声叹气:"连问个路都不敢,以后难成大器呀……"更没有睁一只眼闭一只眼:"算了,反正小事一件,我自己问问算了。"而是灵活机动,利用既科学又讨巧的递进式方法,打着玩游戏的幌子引导、刺激孩子,使孩子在玩耍中逐步掌握与陌生人交往的能力。

胆怯、怕生、害羞等行为表现并非孩子天生,而与其所处的生活环境息息相关。我们与其哀其不幸、怒其不争,不如找出孩子胆怯的原因,只有对症下药,才能彻底解开孩子的心结。

通常来说,孩子出生后6～8个月,就开始踏进"认生"期,而造成孩子"怕生"的潜在原因不外乎以下五种:

1. 性格差异。每个孩子的性格、脾气都不同,有的内向,有的外向。假如孩子天性害羞胆小,自然会比较容易羞于和陌生人打交道。

2. 人际网狭窄。母亲总是事事为孩子操劳、代劳,以为是为孩子着想,但却使得孩子在成长过程中,缺少和陌生人接触的机会,从而得不到锻炼。

3. 防御心作祟。在行为发展初期,孩子会对家人产生强烈的依赖感。如果母亲不加以影响、疏导,容易使孩子对他人产生不信任感和防御心,从而间接影响人际关系。

4. 父母管教态度。一些母亲忙于工作,极少和孩子交流,一旦孩子吵闹,就怒喝:"不安静就要惩罚!"或者,让孩子走开。这些错误沟通,会造成孩子遇事怯懦的性格。

5. 缺乏自信。在与陌生人沟通和接触的过程中,孩子因为技巧不佳而受挫,最终导致孩子失去信心,羞于表现自我,选择以逃避的方式掩饰自己。

那么,我们该如何循序渐进地改变孩子怕生的心理,让孩子大胆与陌生人交往呢？

1. 先打好预防针，降低孩子的恐惧心理

在陌生客人上门前，我们可以先给孩子打好预防针，让孩子心里有个准备。比如，来的是什么人，有多少人，来干什么的，应该怎么打招呼，等等。母亲也可以事先扮演一下客人，与孩子操练一番，从而降低孩子的恐惧心理。

另外，我们要告诉孩子，陌生人不是"大灰狼"。有些母亲害怕孩子被坏人拐跑，就谎称陌生人都是"大灰狼"，以此吓唬孩子。这么做，孩子确实不易被拐骗，但是却会给孩子留下阴影，导致孩子对陌生人充满了恐怖的幻想，不敢接触、沟通，从而因为失去与陌生人交往的机会而无法适应社会。

2. 增加孩子和陌生人交往的机会

现在的孩子大多数都是独生子女，养在金窝里，这无形中让孩子失去了很多与人交往的机会。因此，我们在节假日可以多带孩子去参加一些社团活动，不仅可以培养孩子的社会责任感，还能拓宽孩子的人际关系网，增加孩子和陌生人交往的机会。

娜娜是一个漂亮可爱的女孩，和亲朋好友在一起时，表现得很活泼。可是，有一次在一个同事的聚会中，妈妈发现，别的孩子都玩得很高兴，偶尔还会蹦出几句英语，而向来英语很好的娜娜却一声不吭。一些大人问她名字时，她也不答。后来，妈妈给娜娜报了一个演讲班，增加孩子与陌生人交往的机会。如今，娜娜学会了主动对陌生人说"你好"。

3. 在日常生活中，让孩子慢慢勇敢起来

很多母亲在生活中总是给予孩子过多保护，她们认为，让幼小的孩子单独和陌生人相处具有潜在的不安全因素。但是，丹丹的妈妈可不这么认为。5岁的丹丹活脱脱是一个"小人精"，不但和同龄孩子打成一片，跟陌

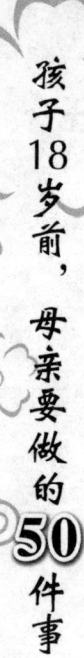

生人也可以聊得火热。在公交车上，要是听到什么感兴趣的话题，也会适时地插嘴。妈妈从不嫌孩子话太多，唯一的要求就是不跟陌生人走，不随便吃陌生人的食物。

妈妈会如此大胆、放心，是有理由的。丹丹不到1岁的时候，就会自己拿着钱去买糖果，从第一次的羞怯到现在成为超市的常客，妈妈感到很欣慰。

只有让孩子把与陌生人。交往视为常态，孩子才能融入社会。母亲不要唯恐发生意外而让孩子只生活在狭窄的圈子里"与世隔绝"，这对孩子的成长非常不利。

4. 在游戏和故事中，启发孩子

如果孩子平时喜欢布娃娃，那么我们可以利用布娃娃和孩子玩角色扮演的游戏，表演一些发生过或未曾发生过的小故事，间接地增加孩子的交往经验，在游戏中，我们还可以了解孩子的心理，并树立其自信。

通常，3岁左右的孩子已经可以听懂故事，我们可以通过故事中的交往内容，来引导启发孩子，比如害羞的小兔子是如何勇敢地跨出第一步的，用这种富有趣味性的故事来帮助孩子克服怕生心理。

智 慧 背 囊

敢于和陌生人打交道，是当今社会必需的一项生存能力，如果孩子能在这方面"长袖善舞"的话，这种生存能力将成为孩子的宝贵财富。

关于交往

50　让孩子走出封闭，摆脱孤独

如今的孩子，很多都是独生子女，生来便孤单，尤其是城市中的孩子，被围圈在钢筋水泥构筑的高楼深巷中，接触最密切的无非是电视、电脑、游戏机等。

一项未成年人现状调查报告显示，约20％的孩子存有中等程度的孤独，约22％的孩子承认没有知心好友，约45％的孩子认为"大多数人是无法值得信赖的"，约36％的孩子冒出过离家出走的"奇思妙想"。

在孩子的成长过程中，人际交往占据着举足轻重的地位，尤其是"关键期"，即孩子的少年时期。亲子关系疏离、师生关系紧张或同学关系僵硬，这些都会直接拖累孩子性格、品质的发展。因此，母亲必须重视培养孩子的人际交往能力，帮助孩子摆脱孤独，这是一种驾驭人生、完善自我的能力。如何让孩子从内心走出，摆脱孤独，学会交往，也成了我们需要关注的重要课题。

关注一：警惕孩子患上"社交恐惧症"。

在王女士的书桌上，摆放着儿子健健的两张照片。第一张照片，健健眼神游离、恍惚，有点呆若木鸡。第二张照片，大眼睛神气活现，看上去活泼开朗。这正是健健患上"社交恐惧症"前后的照片。健健之所以会有如此巨大变化，得此"怪病"，源于他迷恋上了电脑。

从小，王女士就给儿子配备了电脑，出发点是希望孩子早接触早成才。2岁多的时候，健健就学会了电脑游戏；4岁多时，会自己开电脑看动画片；6岁多就学会了网上冲浪。刚开始，王女士还为孩子小小年纪就成为电脑通而沾沾自喜，可慢慢地，她

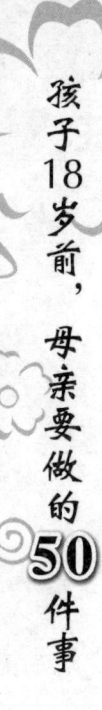

发现有些不太对头。

除了吃饭、睡觉,健健整天趴在电脑前,叫他吃饭半天没反应,一离开电脑就目光涣散、无精打采。慢慢地情况越来越糟糕,甚至出现了言语障碍,说话结结巴巴,怕看见生人,家里来客拜访,他就关上门躲在房间里。不仅如此,健健在学校沉默寡言,不会主动跟老师问好,也不与同学交往,一碰上集体活动就躲得远远的。

王女士意识到问题很严重,立刻去心理诊所征询心理医师。心理咨询师告诉王女士,健健是由于长期使用电脑,不参加户外活动,不跟人交往而患上了轻微的"社交恐惧症"和"自闭症"。

经过心理医师的指点,王女士仔细观察健健,千方百计地让他离开电脑,加入集体。

首先,她把健健赶去户外,让他回归大自然,找回失去的童真。每个周日,王女士都会把健健的几个表兄弟聚集起来,带他们去踏青,任由孩子们在泥巴里打闹、翻滚,一开始健健很木讷,很快就撒野玩起来了。

除此之外,王女士总是设法让孩子多跟人打交道。比如,每次外出作客、会见朋友,她都会带上健健,碰到一些电脑问题,还让健健出马解答。在客人、朋友的赞赏下,健健自信了起来,说话也不打结了。家里来了客人,接客、让座、端茶递水、攀谈等工作也让健健参与其中,学习如何迎客。学校组织的各项活动,王女士鼓励健健踊跃参加,比如,演讲、踢球、下棋等,以此来锻炼他的人际交往能力。

与此同时,王女士没有因噎废食,没有禁止孩子使用电脑,她让健健把网上的朋友请到家中,面对面地交流。如今,健健仍然喜欢电脑,但不再沉迷,性格也发生了翻天覆地的变化,各种年龄层次的朋友很多,人际交往能力甚至比一般的孩子还要强。

关注二:让孩子当小志愿者,锻炼交往能力。

如果孩子性格内向,不爱跟人打交道,我们不妨让孩子当几回小义工或小志愿者,以此培养孩子的交往能力。

关于交往

在科技馆中，一群孩子围着一台庞大的计算机，解说牌前一个小女孩绘声绘色地为孩子们讲解。小女孩满脸笑容，亲切可人，说话条理清晰。她便是科技馆的小志愿者莎莎。

据莎莎的妈妈说，女儿是此类活动的"活跃分子"，她组织能力很强，在班中是中队委员，还是学校小记者，在孩子之中非常有号召力。莎莎妈妈自豪地说："莎莎敢于独自跟团出游，平时，也经常会跟着我一起去做义工。小时候，莎莎很腼腆，不爱说话，但经过这些锻炼，大大增强了她的人际交往能力。"

为了让莎莎学会与人交往，莎莎妈妈总是会找出很多事让她去做。比如，3岁多的时候，她就让女儿去拿报纸和牛奶；5岁多的时候，莎莎就能和表哥在姑妈的店铺帮忙卖文具；6岁多的时候，莎莎甚至已经可以独自跟团旅行，对莎莎来说，最大的乐趣就是可以认识很多有趣的陌生人，并且她会跟陌生人主动搭讪，自我介绍，有时彼此还会留下联系方式。

除了独自出游，最大的收获就是莎莎在做志愿者的过程中，学会了尊重他人，与人为善。通过解说、谈心、陪幼儿做游戏这些活动，莎莎不仅口头表达能力变得很强，而且增长了不少知识。

关注三：和同龄孩子一起绘画，学会合作。

在艺术培训中心的绘画室里，3个小女孩，3张画纸，画着一只小公鸡，只见她们脑袋顶着脑袋，一边商量，一边涂鸦。一个孩子负责画草稿，一个孩子负责描边，另一个孩子负责上色。不一会儿，一只雄赳赳气昂昂的公鸡就出现在了画纸上。还别说，这幅画完全看不出来是"拼接"的。孩子们的妈妈说，让孩子同画一幅画，就是为了让孩子在绘画中学会沟通和合作。因为，绘画不仅可以培养孩子的创造力，还能令孩子懂得协作、自制。

有些孩子在与人交往中，会产生自私、狭隘、妒忌等消极心理。比如，争抢座位，不让别人碰自己的东西，看不起家境差的孩子，妒忌比自己厉害的孩子……针对此类情况，我们可以在孩子绘画中，引导孩子产生合作意识，培养孩子良好的交往方式。

一次，涛涛和一帮小朋友在公园里用鞋底印画画。当他们需要互相交换鞋子时，涛涛皱着眉头对妈妈嘟囔："妈妈，我用自己的鞋子画就行了，别换来换去的好吗？太麻烦了……"妈妈无所谓地说："可以，你要是实在不愿意借用别人的鞋子，就用自己的鞋子画好了。"

等到孩子们画完后，所有的画作放在一起一比较，其他孩子的作品五花八门，有向日葵、海鸟、河流等，画面又丰富又好看；而涛涛的作品呢，由于只有一种鞋印而显得异常单调。妈妈随即问涛涛："现在想不想借鞋子，把画弄好看一些呢？"涛涛使劲地点了点头。从那以后，涛涛不再自私，还会经常把自己的画笔借给其他孩子。

很少有母亲会把绘画和人际交往联系在一块儿，其实，与其给孩子讲太多大道理，还不如让孩子在点滴小事中学会合作。比如，让孩子轮流借用绘画工具和材料，分工协作完成一件作品。

关注四：不要用"金钱"买交情。

小葛的爸爸是一家外企总经理，而妈妈也常年出差，两个人都非常忙，没有时间陪儿子。每次小葛去幼儿园都是司机接送，回家了则跟奶奶待在一起。虽然小葛很懂事，但是性格却很内向，平时话也不多，唯一比较玩得来的朋友就是同班的亮亮，每次去亮亮家串门儿，都舍不得走。妈妈觉得儿子实在太孤独了，心里非常心疼，于是她想到了一个排遣孩子寂寞的办法，花钱请其他孩子来陪儿子玩。

只要小葛提出要到哪个同学家玩，不管是白天还是晚上，妈妈立刻就会一个电话打给对方妈妈，然后让保姆提着一大堆的礼品和玩具，领孩子去玩。亮亮家自然成了上门重点户，有时候，刚要午睡，电话便来了："亮亮妈妈，我家小葛想跟亮亮玩，哎，实在没辙，这孩子太孤独了……"时间一久，亮亮妈妈虽然有点儿烦，但实在不好意思拒绝。

为了让小葛能多一些跟人交往的机会，妈妈可谓用心良苦。

她特意请了一个师范大学的女学生来做家教，其主要任务就是陪小葛玩。妈妈还经常找一些理由，花钱请小朋友们和他们的父母一起活动，不是去高档的酒店聚会，就是去一些昂贵的旅游景点，并且费用妈妈全包，每次开销都非常大。对此，很多父母在背后议论纷纷。

如果孩子孤单寂寞，确实需要创造一些机会，让孩子与人交往，结交更多的朋友，但是，通过大把花钱来满足孩子，却并非良策。也许，一开始孩子可能会感到快乐，但长此以往，会让孩子滋生唯我独尊的优越感，到时候，不仅没有人会愿意跟孩子玩，在失去平常心的状态下，孩子也无法良性地与人交往。

很多时候，孩子比成人更加孤独，比成人更渴望结识朋友，所以，作为母亲，我们必须懂得以正确的方式去帮助孩子摆脱孤独。

智慧背囊

美国人际关系学大师卡耐基认为，一个人的成功30%靠才能，70%靠人际关系。每位母亲都应该明白，让孩子学会与人交往，其实是在教孩子如何成功，这关乎孩子的一生。